绿色创新系列丛书

数字化转型战略

DIGITAL
TRANSFORMATION STRATEGY

王纪奎◎著

电子工业出版社
Publishing House of Electronics Industry
北京·BEIJING

未经许可，不得以任何方式复制或抄袭本书之部分或全部内容。
版权所有，侵权必究。

图书在版编目（CIP）数据

数字化转型战略 / 王纪奎著．—北京：电子工业出版社，2023.10
（绿色创新系列丛书）

ISBN 978-7-121-46300-6

Ⅰ.①数… Ⅱ.①王… Ⅲ.①企业管理－数字化－研究 Ⅳ.① F272.7

中国国家版本馆 CIP 数据核字（2023）第 172975 号

责任编辑：胡　南　李楚妍
印　　刷：中国电影出版社印刷厂
装　　订：中国电影出版社印刷厂
出版发行：电子工业出版社
　　　　　北京市海淀区万寿路 173 信箱　邮编：100036
开　　本：720×1000　1/16　印张：20.75　字数：290 千字
版　　次：2023 年 10 月第 1 版
印　　次：2024 年 11 月第 4 次印刷
定　　价：108.80 元

凡所购买电子工业出版社图书有缺损问题，请向购买书店调换。若书店售缺，请与本社发行部联系，联系及邮购电话：(010) 88254888，88258888。
质量投诉请发邮件至 zlts@phei.com.cn，盗版侵权举报请发邮件至 dbqq@phei.com.cn。
本书咨询联系方式：010-88254210，influence@phei.com.cn，微信号：yingxianglibook。

顾问委员会：

管晓宏　中国科学院院士

王怀民　中国科学院院士

郭仁忠　中国工程院院士

徐文伟　华为科学家咨询委员会主任

薛　澜　清华大学苏世民书院院长，清华大学人工智能国际治理研究院院长

周　红　华为战略研究院院长

单志广　国家信息中心信息化和产业发展部主任

余　江　中国科学院科技战略咨询研究院研究员，博士生导师

肖　然　华为战略与产业发展副总裁

黄　瑾　华为云战略与产业发展总裁

王丽彪　华为企业BG副总裁

编委会：

蒋　勇（华为）　　　　　　　李　欢（华为）

宋联昌（华为）　　　　　　　苏立清（华为）

胡康燕（华为）　　　　　　　袁万海（华为）

钱　雷（华为）　　　　　　　李连捷（华为）

施锦诚（上海人工智能实验室）　曹盈盈（华为）

王晓宁（赛迪）　　　　　　　乔　维（华为）

刘　梅（华为）　　　　　　　胡　南（电子工业出版社）

李楚妍（电子工业出版社）

推荐序一

在当今信息时代,数字化转型已经成为各个国家和地区及各行各业发展的重要方向。随着技术的飞速发展和全球经济的联系日益紧密,数字化转型不仅仅是一种选择,更是一种必然趋势。本书旨在探讨数字化转型的战略性意义,深入研究国家、行业和企业在数字化转型中的方法和实践,展望未来趋势与商业愿景。

第一章,深入分析各国的数字化转型战略,为读者提供借鉴和启示。第二章,介绍新技术趋势,帮助读者了解和把握新技术的应用和影响。第三章,探讨不同行业在数字化转型方面的共性和特点,帮助读者把握行业发展方向。第四章,介绍企业数字化转型的定义、愿景与目标,结合战略规划与组织变革思路,帮助读者厘清企业数字化转型的步骤和路径。第五章,介绍华为数字化转型的愿景、战略规划和实践经验,探讨企业数字化转型的关键因素和策略。第六章,深入探讨业界数字化转型的方法论和成功案例,为读者提供实践经验和启发。第七章,总结并展望未来趋势、商业愿景与畅想,探索数字化转型面向未来带来的创新、效率提升和商业模式变革。

从系统工程方面来说,数字化转型需要考虑战略定位、行业特点、业务需求、架构规划、技术创新、组织、流程、人才等各个方面。《数字化转型战略》一书汇集了国家、行业和企业层面的数字化转型实践和思考,旨在为读者提供系统全面的视角和实用的指导。本书致力于帮助读者理解数字化转型的意义和价值，并为实施数字化转型提供有益的启示和指导。无论您是国家决策者、城市规划者、企业高管还是数字化转型的从业者，本书都将为您提供宝贵的知识和见解，帮助您在数字化时代取得成功。

　　让我们一起踏上数字化转型的征程，共同探索数字化的未来，开创更加繁荣和可持续发展的新时代！

管晓宏
中国科学院院士

推荐序二

数字化、智能化、绿色化进程不断加快,新技术、新业态、新模式层出不穷,为推动经济全球化、增强世界经济发展韧性注入了强大动力。以科技创新为驱动力的数字化转型已经成为全球瞩目的焦点。《数字化转型战略》,专注于探索数字化对国家、企业和社会的影响,通过深入分析国家战略、数字经济、各行业趋势及前沿技术的演进,为读者提供了全面的技术、企业、行业与国家洞察,分享了华为自身的数字化转型实践,呈现了跨行业的成功案例,为企业和领导者提供了可贵的经验。

在数字化时代,我们需要重新审视未来的业务战略,思考如何将数字化转型与国家战略相结合,以及如何更好地利用新技术提高效率,改善企业流程与决策,改善用户体验,增强创新能力,甚至改善商业模式,让新技术为企业创造客户价值打造源动力。我们可以运用系统工程思维,思考数字化转型与业务战略的关系,构建起数字化转型战略的系统性思考方法论与全景思维框架。

作为一本以数字化转型为主题的综合性著作,《数字化转型战略》分七部分为读者呈现了从国家、行业到企业,从战略、业务到执行,从技术、商业到实践,从规划、方法论到评价体系的丰富的内容、深刻的见解和实际的案例展示,为广大读者提供了深刻的洞察力和实用性的指南。无论您是一位企业家、政府官员、学者还是技术从业者,都能从中获得宝贵的知识和经验。

　　企业对数字化转型方法论的理解需要博采众长，精益求精，本书也介绍了业界数字化转型方法论，包括微软、埃森哲、德勤和清华等公司与大学的数字化转型方法论与评价体系，数字化转型战略不仅在于对数字化转型现状的深入剖析，更在于对未来的预测与展望，以及面向未来的科学假设和商业愿景，这将有助于您更好地规划未来的决策和战略，以适应不断变化的数字化时代。智能世界2030的展望和未来的基础科学和前沿技术，有利于读者拓展认知边界、扩展感知世界及增强数字体验，并探索有可能为企业、行业、国家与世界带来革命性的影响。

　　本书的作者，曾在EMC、IBM、思科、HP等多家外资企业担任重要职位，为企业战略的顶层规划与战略方向提供了业务规划、架构设计与战略咨询等工作；在华为10年，也担任了多个关键领域的重要职务，从事包括运营商数字化转型战略规划、地区部数字化赋能客户战略、企业BG数字平台赋能行业数字化转型战略、公司战略部战略场景规划等重要工作。我相信这些经历能使他深刻了解数字化转型的核心战略，并为企业数字化转型决策提供重要的参谋指导。

　　通过本书的阅读，希望有助于您深刻理解数字化转型战略，愿您在数字化时代取得巨大的成功！在这个充满挑战和机遇的数字化时代，让我们共同探索未来，建设更加美好的数字化世界。

徐文伟

华为科学家咨询委员会主任

推荐序三

过去20年，随着宽带通信、智能设备、AI和云计算的迅速发展，数字技术极大丰富了人们的生活，从打电话、上网浏览信息，到即时通信、地图导航、电子银行、网上购物等，数字化技术已经成为越来越多人们生活中不可或缺的重要部分。

未来20年，通过数字化转型，可能会进一步改善我们的生活、生产和环境。比如人的健康与幸福，通过穿戴式传感器、无线通信与云计算，可以更好地支持运动健康和慢性病的管理，AI计算还能辅助进行药物和疫苗的快速设计和高效筛选；数字化技术可以支持无处不在的自动和智能机器，提升人的生活质量，提高各行各业的作业效率；数字化技术可以帮助建设绿色可持续发展的环境，例如进行高效的能源变换和调度、帮助设计低成本高效率的能源转换催化剂和储能材料；在虚实融合的数字世界上，数字化技术还能帮助发展"远在天边、近在眼前"的体验，丰富人们的生活、帮助人们的学习成长、帮助各行各业在数字世界实现快速迭代改进等。

周红

华为战略研究院院长

前言

我是王纪奎,目前担任华为科学家咨询委员会CTO,负责为华为公司未来科学与技术发展提供咨询建议,同时有幸担任了近10年的北京航空航天大学特聘教授。在过去的25年中,我一直聚焦在ICT与数字化相关行业,涵盖了战略、业务、应用、技术、集成、服务、架构规划和综合咨询等多个领域。

自2008年起,我开始研究与讲授云计算,2012年我着手研究大数据,2015年开始研究人工智能、5G,以及后来的数字孪生、元宇宙、Chat GPT、量子计算等各种新兴技术。这些新技术会对企业、行业、城市和国家带来哪些影响?如何结合新技术赋能行业数字化?我在这些方面一直孜孜不倦地学习与研究,并和很多业界的院士、教授,企业CEO、CTO、CIO沟通交流。

我从2014年底加入华为,开始负责华为运营商BG的数字化转型战略规划,在2~3年间为超过100位的全球运营商CEO交流了数字化转型战略,并开发出相应的课程"数字化转型战略与华为实践""运营商数字化转型十全之策",成为华为运营商BG3.5万人的必修课。2017—2018年,我在南太地区部进一步针对数字化转型战略赋能行业,与80多位企业CXO交流。2018—2019年,应公司企业BG总裁特邀成为数字平台CTO,承担起数字平台赋能行业数字化转型的战略规划,并为全球超过100位CEO和超过80位市长讲述了数字平台赋能企业（或政府）数字化转型的方案，期间也以规划咨询CTO身份负责了全球智慧城市顶层规划咨询方法论与评价体系。2020年应公司战略部总裁邀请，负责公司战略场景，站在整个华为面向未来的视角思考与规划未来的战略场景，并在教育、医疗健康、水利水务、城市数字经济等领域进行深入研究，近期在重点研究面向未来的科学与技术发展。我还曾在HP、Cisco、IBM、EMC和亚信科技等公司担任过关键职位，通过云、大数据、人工智能等科技创新赋能企业战略的顶层规划与战略方向。

我开发的"移动互联网与云计算导论""科技创新赋能企业战略""数字化转型战略""运营商数字化转型十全之策""数字平台赋能行业数字化转型""New Technology Empower Digital Transformation""战略场景选择与思考"等课程，已使全球超过8万名华为员工、伙伴与客户受益。这些与数字化转型相关的经历和与众多企业、政府部门交流的经验，使大家希望我能够将这些沉淀成书，让更多的读者了解技术、战略与数字化趋势，分享这些经验与教训。我的能力有限，于是向公司苏立清、宋联昌、胡康燕、李欢、袁万海等老师请教，分别学习了他们在华为数字化转型实践、华为数字化规划咨询、华为针对全球数字化转型的战略及执行、国家ICT战略、数字化转型方法论等相关领域的经验。同时，我参考了赛迪王晓宁老师针对数字化转型相关的素材。在写作的过程中，从官网等渠道重点研究了埃森哲、德勤、清华、阿里等数字化转型领域的方法论，尤其是微软数字化转型的方法论和成功经验，博采众家之长奉献给读者。

本书的写作过程还得到了蒋勇、钱雷、李连捷、施锦诚、曹盈盈、乔维、刘梅等同事的大力支持。

同时，电子工业出版社的胡南与李楚妍通过专业、细致的编辑与修订，使得本书更具备可读性与简洁性。

另外本书的内容质量和结构的系统性也获得了管晓宏院士、王怀民院士、郭仁忠院士的认可，并为本书写序与推荐。

需要重点强调的是：书的构思、内容架构和未来思考获得了我的直接领导——华为科学家咨询委员会徐文伟徐总的重点指导，为本书撰写了序言。

本书在构思、策划与写作的过程中，获得了清华大学苏世民书院院长、清华大学人工智能国际治理研究院院长薛澜，华为战略研究院院长周红，国家信息中心信息化和产业发展部主任单志广，中国科学院科技战略咨询研究院研究员余江，华为战略与产业发展副总裁肖然，华为云战略与产业发展总裁黄瑾，华为企业BG副总裁王丽彪等领导和老师的指导与帮助。

同时，感谢我的太太和儿子在我晚上或周末加班加点准备材料、构思大纲及写作过程中给予的理解与支持。

在数字化时代，我们需要重新审视未来的科技趋势和业务战略，思考如何将数字化转型与国家战略相结合，以及如何更好地利用新技术。这本书将帮助您深入了解这一领域，为未来的数字化转型提供宝贵的参考指南。此外，我也期待未来继续为大家讲授有关数字化转型的课程，分享更多洞见和知识。

本书所有的案例及素材来源于华为公司可以对外公布的PPT、网站，并获得了客户授权，其他相关的案例源于正式的官网及相关研究与洞察。

由于数字技术的日新月异，政府/行业/企业数字化转型战略规划也需要与时俱进，书中相关的新技术与行业洞察等很难做到及时更新。后续，我们会通过电子版的方式每年为读者提供更新信息。另外，数字化转型战略包含了各种方面，本人在某一方面的研究会比较有限，所以不可避免有些观点与认识会有所不足，敬请读者谅解与指正。

最后，我要感谢您的关注与信任，期待这本书成为您在数字化转型领域的重要伙伴。愿您在数字化时代取得巨大的成功！

王纪奎

目录

01 第一章　数字化转型相关国家战略解读

第一节　数字经济与数字化战略　　003
第二节　制造升级战略　　014
第三节　国家数字基建规划战略　　019
第四节　国家大数据（数据中心）战略　　023
第五节　绿色双碳——碳达峰、碳中和战略　　025

02 第二章　数字技术洞察

第一节　云　　030
第二节　大数据、数据要素与数据治理　　034
第三节　物联网　　039
第四节　人工智能　　042

第五节	虚拟现实	048
第六节	数字孪生	055
第七节	3D 打印	060
第八节	O2O	063

03 第三章 行业数字化转型趋势

第一节	互联网行业	070
第二节	电信行业	074
第三节	金融行业	080
第四节	制造业	084
第五节	汽车行业	090
第六节	医疗行业	097
第七节	教育行业	102
第八节	水利水务行业	106
第九节	电力行业	112
第十节	政府领域	116

04 第四章 企业数字化转型

第一节	数字化转型的核心洞见	123
第二节	数字化转型战略规划	124
第三节	企业数字化转型的战略定位	127
第四节	企业的商业模式选择	141

第五章 华为数字化转型战略与方法论

第一节	华为数字化转型概述	150
第二节	华为行业数字化转型的方法	152
第三节	华为数字化转型成熟度评估模型	161
第四节	华为公司及其愿景	168
第五节	华为的价值主张	169
第六节	华为公司战略概述	170
第七节	智能联接	173
第八节	云计算	182
第九节	华为业务战略	204
第十节	华为的数字化转型实践	211

第六章 数字化转型的主要方法论及行业案例

| 第一节 | 业界数字化转型方法论 | 236 |
| 第二节 | 数字化转型行业案例 | 254 |

第七章 未来预测与展望

第一节	未来科学与商业愿景	292
第二节	新技术趋势	298
第三节	未来智能世界2030	308

第一章
数字化转型相关国家战略解读

在企业数字化转型过程中,国家战略对数字化转型的影响和促进在很大程度上会影响企业数字化转型战略的外围大环境,也将决定企业数字化之路的政策指引与环境支持。所以,如何借助综合战略,在国家数字化转型过程中占据制高点,抢得先机,是企业数字化转型战略制订成功的重要方面。当前,全球170+个国家发布数字战略,发展数字经济,促进经济持续增长,本章将重点对全球典型国家数字战略进行解读。

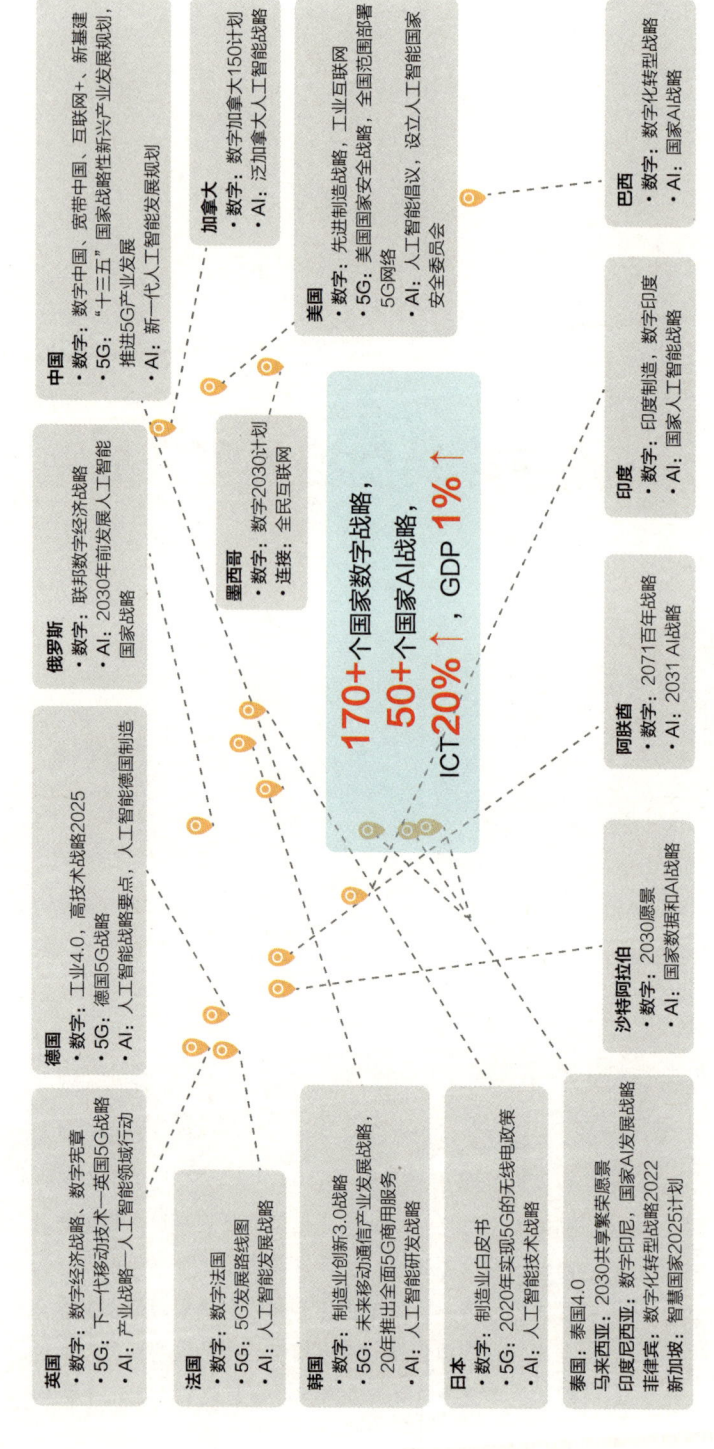

部分国家数字战略

第一节　数字经济与数字化战略

一、数字经济概览

（一）数字经济发展的内涵和外延

1. 发展趋势

数字经济是继农业经济、工业经济之后的主要经济形态，是以数据资源为关键要素，以现代信息网络为主要载体，以信息通信技术融合应用、全要素数字化转型为重要推动力，促进公平与效率更加统一的新经济形态。数字经济发展速度之快、辐射范围之广、影响程度之深前所未有，正推动生产方式、生活方式和治理方式深刻变革，成为重组全球要素资源、重塑全球经济结构、改变全球竞争格局的关键力量。

2. 数字经济发展特点

以数字技术创新为核心驱动力，以绿色健康发展为总体目标，以数据为新生产要素的数字化、智能化进程，重构人类的生产方式、生活方式、社会运行及政府治理方式，引领经济社会变革。与此同时，在技术融合、产业融合、空域融合的共同推动下，出现了平台化、共享化、虚拟化的新的生产组织形式，个性化定制新消费需求。

3. 数字经济发展根基

一是关键技术创新方向，如万物互联、智能计算、软件技术、量子技术、数字金融、绿色安全等。二是数字基础设施架构。三是信息基础设施，如5G、数据中心、云平台、光网+物联网、工业互联网、卫星互联网等。四是融合基础设施，如数字能源、智能交通、智慧电网等。五是创新基础设施，如联创中心、重点实验室、产业服务平台等。

4. 狭义数字经济的内涵

一是数字产业化，以云、管、端、芯、屏为代表的数字技术所驱动的核心产业。二是产业数字化。数字技术赋能生产、生活及社会运行各领域。

5. 广义数字经济的外延

围绕数据要素价值化、数字治理，呈现数字经济的两大外延。一是数据要素价值化。"数据"是新型生产要素，促进数据流通及价值化发挥，是数字经济发展的核心抓手。二是数字治理。数字空间与现实空间的深度融合，深刻改变了传统世界的运行方式，需要创新治理技术、治理手段和治理模式，提高治理水平，保障数字经济更好更快发展。

（二）数字经济创新发展的场景

1. 数字经济——经济发展的新业态、新模式

新业态、新模式是以数字技术创新应用为牵引，以数据要素价值转化为核心，以多元化、多样化、个性化为方向，经产业要素的重构融合而形成的商业新形态、业务新环节、产业新组织、价值新链条，是关系数字经济高质量发展的活力因子，具有强大的成长潜力。

数字经济的业态和模式有两种发展态势。一是数字化、平台化。即以数字技术为基础，通过整合数据、算法、算力实现居中撮合、链接多个群体以促进其互动的服务中枢，提供生产、分配、交换、消费、服务等信息收集、处理、传输及交流展示的数字交易服务和技术创新服务。数字平台大致可分为交易结算和物流配送类（B2B电商）、信息撮合类（网贷平台）、技术赋能类（工业互联网平台）三类。二是共享化、聚集化、智能化。共享化经济是从服务业向制造业延伸的过程，未来新的生产关系是生产资料

归A所有、归B使用。聚集化产业群是对产业资源进行优化配置，在线虚拟产业集群是未来产业集群的一个模式，线上线下融合发展。智能化无人经济是将流程化的固定工作交给智能产品，通过智能服务引导，打造无人超市、无人工厂，实现无人配送。

2. 数字社会——社会发展的新需求

疫情催生出新需求，使包括在线化服务及消费、在线教育平台、互联网医疗、协同办公平台和软件等大量涌现并被广泛应用。消费者对便捷、绿色、健康生活的新追求催生出新需求，包括智慧家居、智慧社区等。平台经济与移动互联网应用催生出新就业需求，包括数字经济时代企业的灵活用工新模式（如短期、任务制用工模式）、职工个性化就业需求（如基于平台做网红、知识分享等）、突破传统的利益分配方式（如个人与平台利益分成合作模式、个人微经济模式等）。

3. 数字政府——政府治理的新机制

数字技术创新和应用的融合发展，使得治理新技术、新手段、新模式在技术创新和需求的强牵引下不断涌现，为实现超大范围协同、精准滴灌、双向触达和超时空预判提供了可能。一是数字化的服务创新。政府部门依托"数字政府"建设，发挥数据资源的核心作用，积极推进"互联网+政务"服务，一网通办、一网通管等政务平台涌现，提高社会治理和资源调配的反馈效率。二是服务化的制度创新，立足于服务数字经济发展、牵引企业合规，构建符合新业态、新模式、新机制、新需求的服务型政策制定和制度设计。

（三）数字化转型与数字经济的关系

加快数字化转型是实现数字经济发展目标的主要路径。数字化转型是从传统经济向数字经济转变的动态过程。从构成要素来看，数字经济包括数据要素和数字技术两个关键要素。在向数字经济迈进过程中,数据要素的价值不断显现,成为并列于资本、劳动和自然资源的新要素;数字技术向更深层次、更广领域渗透融合,数字技术赋能传统产业与实体经济的重要作用不断增强。在此过程中,需持续激活数据要素潜能,推动数据技术产品、应用范式、商业模式和体制机制协同创新,并支持经济、社会与政府的数字化应用成功。这一动态创新过程即为数字化转型。

数字化转型与数字经济是发展手段与发展目标的关系。一方面,数字生产力的快速发展将引领生产主体、生产对象、生产工具和生产方式变革调整,驱动实体经济体系重构、范式迁移,由此,需对工业经济时代形成的基础设施、产业形态、治理体系等进行数字化变革,从而实现数字经济发展目标。另一方面,数字化转型并非无的放矢,而是坚持以数字化发展为导向,充分发挥海量数据、广阔市场空间和丰富应用场景的优势,充分释放数据要素价值,激活数据要素潜能,以数据促进生产、分配、流通、消费各个环节高效贯通,促进数字技术向经济社会和产业发展各领域广泛深入渗透,推进数字技术、应用场景和商业模式融合创新,形成以技术发展促进全要素生产率提升、以领域应用带动技术进步的发展格局,最终实现数字经济健康发展的战略目标。

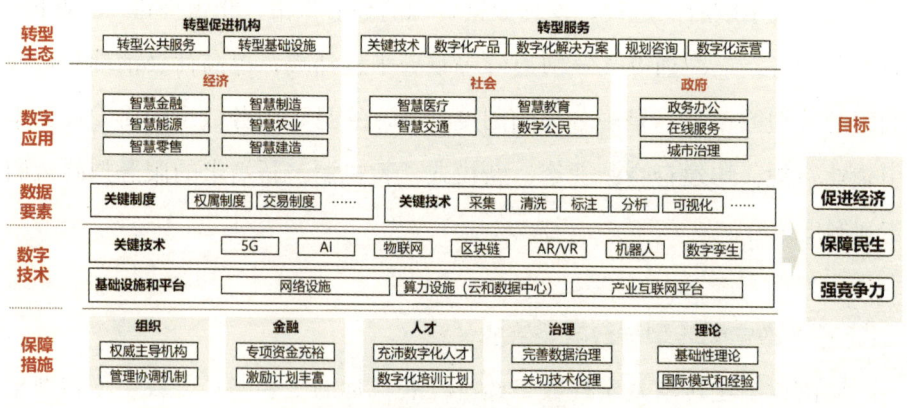

国家视角下的数字化转型

二、美国数字经济领先战略

在美国，有关互联网、云计算、大数据及其相关的战略和政策问题的讨论已经成为新闻媒体的日常热门话题。美国主要商业和政策智库近年来持续发表有关的研究和咨询报告。在过去一年中，反映高层主流战略政策意图和思路的刊物《外交》杂志几乎每期都刊有与网络经济、网络安全和大数据战略有关的主题论文。总之，互联网和大数据在美国和全球已经发展到了这样的规模和程度——没有任何商业、产业或政府可以对其影响所及熟视无睹。美国从政府政策层面到行业层面对数字经济领跑全球都有一系列战略举措。

（一）在IT和互联网领域的扩张上，美国强调把美国的哲学标准推广到全世界，试图建立全球统一标准

美国目前拥有世界上最强大的信息通信产业，把产业自愿原则及美国标准推向全球，是有利于美国信息通信产业界的。2020年10月15日，美国国务院发布《关键与新兴技术国家战略》，明确指出要引领反映民主价值观和利益的全球技术规范、标准和治理模式的发展。

具体来看，在5G领域，2020年3月通过的《美国保护5G安全国家战略》，强调通过"布拉格5G安全会议"机制参与国际5G安全原则的制定。在人工智能领域，美国国防部已针对未来智能化战争推出人工智能伦理准则。在基础设施领域，美国的"网络空间日光浴室委员会"提出"分层网络威慑"战略，计划在ICT领域直接派遣外交官参与安全标准的制定，力求让美国在高技术标准领域拥有绝对话语权。在太空探测领域，美国国家航空航天局公布了月球探索国际合作的"阿尔忒弥斯协定"，要求参与的国家遵循其一系列原则。

科技战略竞争既是创新力的比拼，更是规则话语权的较量，而掌握安全规则标准主导权就容易建立科技霸权"软"约束条件。西方国家数字科

技领域的标准制定已然政治化，美国及其盟友担心中国在国际标准制定组织渐长的影响力，因此将进一步重视在该领域的合作。

（二）美国信息通信产业发展战略最突出的表现之一，是由政府精心选择并牵头组织部分具有战略性、前瞻性、有助于产业技术领先地位维护的重大科技项目

美国政府力图全面控制和抢占新时期科技制高点，保持以信息通信产业为代表的新兴产业的优势地位。美国颁布《高性能计算法案》，并据此实施了"高性能计算与通信计划"（HPCC）。该计划的目标主要是扩大美国在高性能计算与通信技术方面的领先优势，并为信息基础设施建设提供支撑技术和应用软件。2018年12月，美国通过《国家量子计划法》，授权美国国家标准与技术研究所（NIST）、国家科学基金会（NSF）和能源部（DOE）三家机构在2019—2023年投入12.75亿美元资助相关项目研究，确保其在量子信息科学领域的持续领先。计算机产业是美国的战略产业，美国政府通过长期基础性研究资助、计算机基础设施研究资助，以及计算机产业人才资助，支持计算机技术的发展。

（三）美国IT企业利用自己的技术优势、产品优势、市场优势等形成的垄断优势，实施全球化经营战略，产品、服务遍及全球各地

美国IT企业在开展全球化经营、向各国输出资本和高新技术的同时，依靠自己拥有的核心能力，实行产品和服务的品牌输出，不仅在与经销商的交易中处于有利地位，而且能比竞争对手获得更多的利润，享有更高的获利空间。2020年2月，时任美国总统特朗普提出MAGA（Microsoft，Apple，Google，Amazon）组合：它们均突破了1万亿美元市值大关，承载了"让美国再次伟大"（Make America Great Again，MAGA）的使命。它们的共同特点是：以信息技术为基础，用户规模庞大，掌握了复杂且敏感的数据，对经济活动和社会舆论有较强的影响力。以苹果公司为例：市值超3万亿美元，按世

界银行公布的2020年世界各国GDP数值作为参照物,苹果公司的市值仅次于美国、中国、日本和德国的GDP,相当于全球第五大经济体。

美国IT企业在产业链各个环节都扮演了重要角色。美国云计算产业在过去14年间孕育出了众多市值涨幅超过10倍的千亿级世界巨头,包括开荒者Amazon、专注于CRM云解决方案的Salesforce、通过转云突破增长瓶颈的Adobe、云端HR管理软件企业Workday等。

(四)美国长期关注科技人才的培养、配置和聚集

美国拥有世界上数量最多、最优秀的科技人才队伍,是全球科技论文发表量和发明专利申请量最多的国家。一方面,美国重视理工科人才的培养。近年来,美国连续修订、出台了《2022年美国竞争法案》《联邦政府关于科学、技术、工程和数学(STEM)教育战略规划(2013—2018年)》等一系列有关国家未来科技人才发展规划的重要法案,并设立专门的科学、技术、工程和数学(STEM)教育计划,鼓励学生研修相关课程。另一方面,通过"筑巢引凤"聚集创新人才。拜登上台后提出的"美国就业计划"重点在于投资与基础设施建设相关的新兴技术,呼吁国会向技术研发领域投资超过3250亿美元。美国组建了劳伦斯伯克利实验室、林肯实验室和贝尔实验室等850多个国家实验室,再加上众多知名高校的研究平台,为聚集高素质科技创新人才提供了重要载体。世界闻名的硅谷、"128号公路"和北卡罗来纳州研究三角园等科技工业园区,为理工科人才提供了大量就业岗位,同样吸引和聚集了全球最高端的从事技术研究、发展和生产的人才。

三、中国数字经济规划与数字化转型

(一)"十四五"数字经济规划

2021年3月,我国出台了"十四五"规划。坚持创新在我国现代化建设全局中的核心地位,把科技自立自强作为国家发展的战略支撑。

"十四五"数字经济发展规划

2025年—全面扩展期，2035年—繁荣成熟期

数字经济核心产业增加值占GDP比重：7.8%→10% | IPv6活跃用户数：8亿 | 千兆宽带用户数：6千万 | 软件和信息技术服务业规模：14万亿
工业互联网平台应用普及率：45% | 全国网上零售额：17万亿 | 电子商务交易规模：46万亿 | 在线政务服务实名用户规模：8亿

大力推进产业数字化转型

重点产业：企业（研发设计｜生产加工｜经营管理｜销售服务）；工业｜农业｜水利｜商业｜物流｜金融｜能源

园区产业集群：园区数字基础设施建设｜馈通整合产业数字化建设｜学化新社区｜区域经济圈跨区域协同｜同和快速需求驱动

市场化和公共服务双轮驱动

加快推动数字产业化

关键技术突破：高端芯片｜操作系统｜工业软件｜核心算法｜智能制造｜数字孪生｜城市大脑｜边缘计算｜麒麟组合｜下一代移动通信技术｜量子信息｜神经芯片｜类脑智能｜第三代半导体

核心产业竞争力提升：基础软硬件｜核心电子器件｜关键基础材料和生产装备的供应保障｜产业链的供给水平

培育新业态新模式：新兴在线服务｜数字经济｜共享经济｜新个体经济

发挥数据要素作用

强化高质量数据要素供给：
- 依法合规数据采集、处理、服务
- 数据资源标准体系建设
- 数据分类分级管理
- 政务数据开放共享
- 建立健全国家公共数据资源体系

加快数据要素市场化流通：
- 构建市场规则
- 培育市场主体
- 完善治理体系
- 促进市场流通

创新数据要素开发利用机制：
- 应用需求为导向，促多各行业数据开发利用
- 激活数据、技术、场景深度融合
- 鼓励重点行业创新数据开发利用
- 鼓励政务数据公共化提供新数据开发利用

持续提升公共服务数字化

政务服务：一网通办｜重大突发公共事件的快速响应和联动处置

社会服务：智慧教育｜数字文旅｜数字健康｜社会保障

数字生活：智慧社区｜智能家居｜"云生活"服务｜数字乡村

城乡数字化统筹：智慧城市｜数字乡村

优化升级数字基础设施

加快建设信息网络基础设施：
- 建设高速泛在、天地一体、云网融合、智能敏捷、绿色低碳、安全可控的智能化综合性信息基础设施
- 加快建设：光纤网络、IPv6、5G网络、卫星互联网等基础设施

推进云网协同和算网融合发展：
- 加快构建算力、算法、数据、应用资源协同的全国一体化大数据中心体系
- 布局全国一体化算力网络国家枢纽节点，建设数据中心集群
- 推动实施"东数西算"工程
- 持续推进绿色数据中心建设：绿色、低碳、集约、高效

有序推进基础设施智能升级：
- 稳步构建智能高效的融合基础设施
- 高效布局人工智能基础设施
- 推动农林牧渔业基础设施和生产装备智能化
- 推动能源、交通运输、水利、物流、环保等基础设施智能化升级
- 城市基础设施智能升级、生活服务数字化

治理体系

完善多元共治新格局
- 强化协同治理和监管机制
- 增强政府数字化治理能力

安全体系
- 风险防范
- 数据安全
- 网络安全

保障措施

- 加大资金支持力度
- 加强统筹协调和组织实施
- 提升全民数字素养和技能
- 实施试点示范
- 强化监测评估

国际合作

- 数字丝绸之路
- 贸易数字化

"十四五"数字经济发展规划

坚定实施数字化转型战略，把数字化转型升级作为未来10年发展的机会窗口。数字化将成为整个中国经济转型的核心部件。加强关键数字技术创新应用，加快推动数字产业化，推进产业数字化转型，实施"上云用数赋智"行动，推动数据赋能全产业链协同转型。在重点行业和区域建设若干国际水准的工业互联网平台和数字化转型促进中心，深化研发设计、生产制造、经营管理、市场服务等环节的数字化应用，培育发展个性定制、柔性制造等新模式，加快产业园区数字化改造。深入推进服务业数字化转型，培育众包设计、智慧物流、新零售等新增长点。加快发展智慧农业，推进农业生产经营和管理服务数字化改造。

数字经济7大产业将催生10大场景。未来5年中国的数字经济、数字社会和数字政府浪潮不会停止，数字技术和实体经济将深度融合，催生出大量的新产业和新模式。

	数字经济重点产业
01	云计算 加快云操作系统迭代升级，推动大规模分布式存储、弹性计算、数据虚拟隔离等技术创新，提高云安全水平。以混合云为重点，培育行业解决方案、系统集成、运维管理等云服务产业
02	大数据 推动大数据采集、清洗、存储、挖掘、分析、可视化算法等技术创新，培育数据采集、标注、存储、传输、管理、应用等全生命周期产业体系，完善大数据标准体系
03	物联网 推动传感器、网络切片、高精度定位等技术创新，协同发展云服务与边缘计算服务，培育车联网、医疗物联网、家居物联网产业
04	工业互联网 打造自主可控的标识解析体系、标准体系、安全管理体系，加强工业软件研发应用，培育形成具有国际影响力的工业互联网平台，推进"工业互联网＋智能制造"产业生态建设
05	区块链 推动智能合约、共识算法、加密算法、分布式系统等区块链技术创新，以联盟为重点，发展区块链服务平台和金融科技、供应链管理、政务服务等领域应用方案，完善监管机制
06	人工智能 建设重点行业人工智能数据集，发展算法推理训练场景，推进智能医疗装备、智能运载工具、智能识别系统等智能产品设计与制造，推动通用化和行业性人工智能开放平台建设
07	虚拟现实和增强现实 推动三维图形生成、动态环境建模、实时动作捕捉、快速渲染处理等技术创新，发展虚拟现实整机、感知交互、内容采集制作等设备和开发工具软件、行业解决方案

	数字化应用场景
01	**智能交通** 发展自动驾驶和车路协同的出行服务。推广公路智能管理、交通信号联动、公交优先通行控制。建设智能铁路、智慧民航、智慧港口、数字航道、智慧停车场
02	**智慧能源** 推动煤矿、油气田、电厂等智能化升级,开展用能信息广泛采集、能效在线分析,实现源网荷储互动、多能协同互补、用能需求通知调控
03	**智能制造** 促进设备联网、生产环节数字化连接和供应链协同响应,推进生产数据贯通化、制造柔性化、产品个性化、管理智能化
04	**智慧农业及水利** 推广大田作物精准播种、精准施肥施药、精准收获,推动设施园艺、畜禽水产养殖智能化应用。构建智慧水利体系,以流域为单元提升水情测报和智能调度能力
05	**智慧教育** 推动社会化高质量在线课程资源纳入公共教学体系,推进优质救生衣资源在线辐射农村和边远地区学校,发展场景式、体验式学习和智能化教育管理评价
06	**智慧医疗** 完善电子健康档案和病历、电子处方等数据库,加快医疗卫生机构数据共享。推广远程医疗,推进医学影像辅助判读、临床辅助诊断等应用。运用大数据提升对医疗机构和医疗行为的监管能力
07	**智慧文旅** 推动景区、博物馆等发展线上数字化体验产品,建设景区监测设施和大数据平台,发展沉浸式体验、虚拟展厅、高清直播等新型文旅服务
08	**智慧社区** 推动政务服务平台、社区感知设施和家庭终端联通,发展智能预警、应急救援救护和智慧养老等社区惠民服务,建立无人物流配送体系
09	**智慧家居** 应用感应控制、语音控制、远程控制等技术手段,发展智能家电、智能照明、智能安防监控、智能音箱、新型穿戴设备、服务机器人等
10	**智慧政务** 推进政务服务一网通办,推广应用电子证照、电子合同、电子签章、电子发票、电子档案,健全政务服务"好差评"评价体系

(二)京津冀数字化转型:一极两翼,雄安先试

京津冀地区的数字化转型"以终为始",服务于京津冀协同一体的目标,形成了北京一极领先,天津、河北两翼紧随其后,雄安新区先行先试,带动区域内城市协同治理、产业协作,县域经济联动发展的总体格局。从产

业+数字化的角度看,打造"北京科创策源、数字标杆—天津数据创新、制造强市—河北承接技术、产业升级"的产业发展新高地;从治理+数字化的角度看,不断提升新型基础设施建设水平,加强数据资源汇聚,有序开展数据共享开放工程,全面提升城市治理和民生服务水平;从发展+数字化的角度看,呈现出三大模式:高新区走产城创新融合发展路线,城区走深度一体化发展路线,县市走新型城乡一体化发展路线;从绿色+数字化的角度看,应用物联网、大数据、人工智能等技术,通过立体监测、智能预警、数据共享和平台协作,实现大气、水污染的联防联治,共同守卫碧水蓝天。

(三)长三角数字化转型:一超多强,多极网络

长三角地区的数字化转型形成了"一个超级城市(上海)+多个发达城市+散布的发达区县"彼此紧密联系的多点网络格局。上海立足三大先导产业、六大重点产业,聚焦产业链供应链数字化、工业互联网与消费互联网"两网贯通"、服务业与制造业"两业融合"、工业场景开放和工业数字底座等内容,提升制造业数字化、网络化、智能化发展水平。杭州、无锡、南京、合肥、苏州等重点城市围绕城市大脑、社会治理、公共服务着力提升城市能级,并加快产业数字化转型,共建科技创新共同体,带动区域一体化、现代化先行。其他城市紧抓长三角区域产业转移与产业升级换代契机,积极承接长三角中心城市高质量产业转移,实现产业高质量发展,通过共建数字长三角,推进智慧城市建设。

(四)粤港澳大湾区数字化转型:开放互补,重视基建

粤港澳大湾区依靠开放与要素流动促进数字化转型,以基础设施投入服务数字化转型。一是通过数字化人才的流动与互补支撑数字化转型。一方面,依托本土高校开设相关课程,利用内地信息产业优势,实现数字技术相关专业的集群式发展。另一方面,利用好香港的优势教育资源,积极吸引海外科研人员以香港为枢纽联通内地与全球,聚集世界人才,构建大

湾区一体化产学研体系。二是通过数字技术赋能产业数字化转型。依托人工智能、大数据新一代信息技术，发展工业互联网，对产业链的各个环节实行智慧化管理和控制。加速数字新技术在金融、医疗等现代服务业的深度应用，实现传统产业、制造业和服务业的数字化转型。三是通过以新基建为代表的数字基础设施为大湾区的数字化发展提供物质基础。一方面，升级公共事业和公共服务的传统基础设施，如对传统的公路、铁路等物理基础设施进行智能化升级。另一方面，建设新型基础设施。如深圳构建全球领先的5G产业生态，推进5G基础设施建设，实现5G全市全覆盖。

第二节　制造升级战略

一、美国：重归制造战略

2008年金融危机以后，美国政府强烈意识到制造工业是经济的重要组成部分。2011年，美国总统科技顾问委员会（PCAST）发布的报告提出，美国制造业领先优势不断丧失，这一趋势已从低端制造产品领域逐渐向电脑、显示器等高技术产品贸易领域延伸，极大地削弱了美国本土的创新控制力。美国认识到，无论以后科学技术怎样进步，经济结构发生怎样变化，都不能忽视制造业发展。将各领域先进技术与工业制造技术相结合，推动再工业化成为美国重塑竞争优势的主要方向，先进制造战略、工业互联网应运而生。美国实施再工业化战略，不是简单地回归传统制造领域，而是致力于制造业里最高端、附加值最高的领域，全力强化技术优势，重点制造别国无法制造的产品，尤其是大型、复杂、精密、高度系统整合的产品，与新兴工业化国家形成错位发展，在研发、设计、技术、工艺、品牌、营销等关键环节抢占制高点。

为了实现这一战略，美国逐步启动制造业振兴国家级政策，着力兴建制造业创新研究中心，加快发展技术密集型先进制造业，实现再工业化。在行业层面，通过革命性的生产方式重新改造制造业和发展高端制造业，重构全球制造业竞争格局，重塑美国制造业的全球竞争优势，推动美国经济再次走上可持续增长之路。

美国政府自金融危机后出台了一系列相关法案促进重归制造业战略实现。美国提出的《国家先进制造业战略》客观描述了全球及美国制造业面临的挑战，明确提出了实施美国先进制造业战略的三大原则和五大目标。为保证有效落实，该计划不仅规定了衡量每个目标的近期和远期指标，而且指定了参与每个目标实施的主要联邦政府机构，展现了美国政府振兴制造业的决心和愿景。三大原则：一是完善先进制造业创新政策；二是加强"产业公地"建设，"产业公地"是指制造商，尤其是中小企业所共享的知识资产和有形设施；三是优化政府投资。五大目标：一是加快中小企业投资；二是提高劳动力技能水平；三是建立健全伙伴关系；四是调整优化政府投资；五是加大研发投资力度。美国《国家先进制造业战略》的主要意图在于贯彻落实"再工业化"战略，应对先进制造业发展新挑战，抢占先进制造业发展制高点。

行业组织工业互联网联盟的组建，宣告企业界进军工业4.0时代的号角吹响。软件和互联网经济发达的美国更侧重在"软"服务方面推动新一轮工业革命，希望用互联网激活传统工业，保持制造业的长期竞争力。"工业互联网"的概念最早由通用电气于2012年提出，随后美国上5家行业龙头企业联手组建了工业互联网联盟（IIC），将这一概念大力推广开来。除了通用电气这样的制造业巨头，另外4家企业分别是IBM、思科、英特尔和AT&T等IT企业。工业互联网联盟采用开放成员制，致力于发展一个"通用蓝图"，使各个厂商、设备之间可以实现数据共享。其目的在于通过制定通用标准，打破技术壁垒，利用互联网激活传统工业过程，更好地促进物理世界和数字世界的融合。

尽管上述标准的建立和最终批准可能需要几年时间，但一旦这些标准建立起来，将有助于硬件和软件开发商创建与物联网完全兼容的产品。最终结果可能是使传感器、网络、计算机、云计算系统、大型企业、车辆和数以百计其他类型的实体得以全面整合，推动整个工业产业链效率的全面提升。

二、欧盟

（一）欧洲部分发达国家工业战略

自欧债危机后，欧盟在采取各项救助与财政整顿措施的同时，立足长远，提出了"再工业化"战略，期望产业结构升级与制造业回归。2010年，欧盟提出"欧洲2020战略"，其三大发展重点中的"智能增长"就涵盖了"再工业化"的主要内容。而于2012年10月发布的《指向增长与经济复苏的更强大的欧洲工业》报告，就更明确地设定了"再工业化"战略的目标，即到2020年将工业占欧盟国内生产总值的比重由当时的15.6%提高到20%。在成员国层面，包括法国、当时的成员国英国及西班牙在内的许多国家纷纷制定了相应的"再工业化"战略。如英国2011年发表的《强劲、可持续和平衡增长之路》报告中提出了六大优先发展行业；法国于2012年新成立了生产振兴部来重振法国工业；西班牙于2011年以"再工业化援助计划"的方式，由政府出资约4.6亿欧元资助国内的再工业化项目等。而这其中，德国的"工业4.0"战略引起了世界各方的广泛关注。

（二）德国"工业4.0"战略目标

德国"工业4.0"战略体现了以其创新制造技术方面的优势开拓新型工业化的目标，是对"工业1.0"（机械制造设备的引入）、"工业2.0"（电气化的应用）和"工业3.0"（信息化的发展）的延伸。"工业4.0"战略通过深度应用信息通信技术（ICT）和网络物理系统等手段，以智能工厂和智能生产为重点进行工业技术领域新一代关键技术的研发和创新，使生产成本大幅下降、生产效率大幅提高，促进产品功能多样性、个性化和产品性能大幅提升。"工业4.0"战略作为一种全新的工业生产战略，通过技术实现了实体物理世界和虚拟网络世界的相互融合，反映了人机关系的深刻变革，以及网络化和社会化组织模式的应用。在"工业4.0"战略中，企业是创新的主体，由政府出资资助企业、社团组织，特别重视中小企业的参与，力图使中小企业成为新一代智能化工业生产技术的创造者和使用者。政府部门、科技界、高校和企业界组成创新战略伙伴关系，旨在促进不同行业组织的跨界合作，促进传统产业的工业化和信息化深度融合，推动工业由加工制造向智能制造转型升级，实现战略新兴产业和高技术产业的加速发展。

（三）德国"工业4.0"战略内容

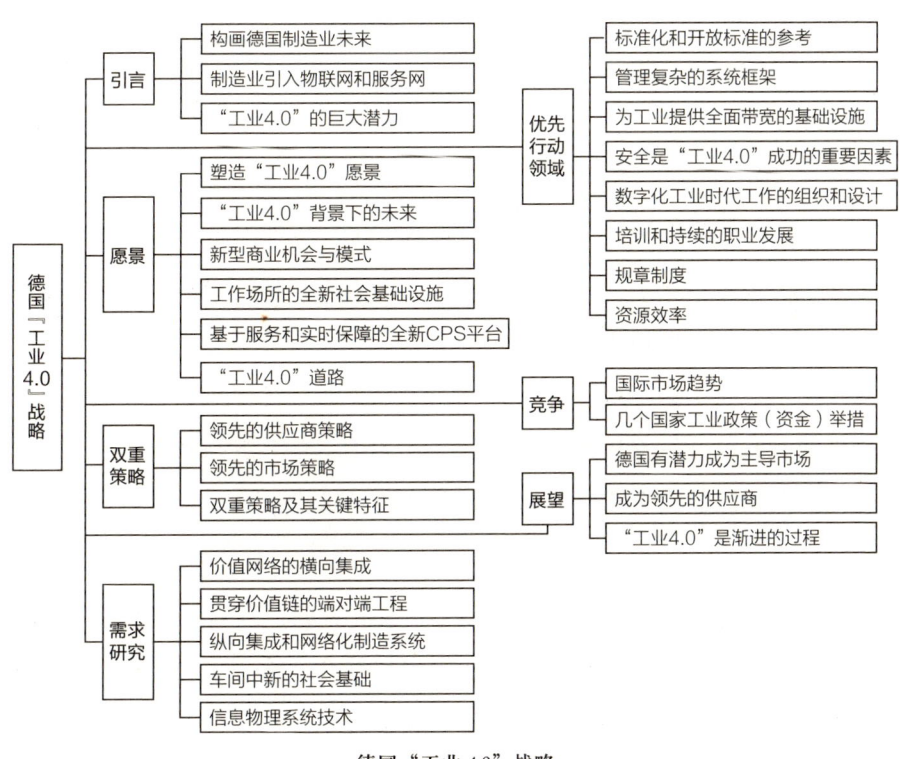

德国"工业4.0"战略

德国"工业4.0"战略可以概括为1个核心、2重战略、3大集成和8项举措。

1. 1个核心

"工业4.0"的核心是"智能+网络化",即通过虚拟—实体系统(Cyber-Physical System,CPS)构建智能工厂,实现智能制造的目的。CPS系统建立在信息和通信技术(ICT)高速发展的基础上。

2. 2重战略

一是领先的供应商战略,关注生产领域,要求德国的装备制造商必须遵循"工业4.0"的理念,将先进的技术、完善的解决方案与传统的生产技术相结合,生产出具备"智能"与乐于"交流"的生产设备,为德国的制造业增添活力,实现"德国制造"质的飞跃;二是领先的市场战略,强调整个德国国内制造业市场的有效整合,构建遍布德国不同地区、涉及所有行业、涵盖各类大、中、小企业的高速互联网络。

3. 3大集成

一是关注产品的生产过程,力求在智能工厂内通过联网建成生产的纵向集成;二是关注产品整个生命周期的不同阶段,包括设计与开发、安排生产计划、管控生产过程及产品的售后维护等,实现各个不同阶段之间的信息共享,从而达成工程数字化集成;三是关注全社会价值网络的实现,从产品的研究、开发与应用拓展至建立标准化策略、提高社会分工合作的有效性、探索新的商业模式及考虑社会的可持续发展等,达成德国制造业的横向集成。

从集成方向上看,"工业4.0"完成了水平集成、垂直集成和端到端集成。水平集成指同类企业跨区域合作的信息整合。垂直集成一种是在工厂里,由不同层面的设备和传感器实现端到端数字整合;另一种是不同层面的垂直企业信息整合。端到端集成指产品从设计到交付，实现端到端信息整合。

4. 8项举措

一是实现技术标准化和标准开放的参考体系；二是建立模型管理复杂的系统；三是提供一套综合的工业宽带基础设施；四是建立安全保障机制；五是创新工作的设计和组织方式；六是注重培训和持续的职业发展；七是健全规章制度，包括企业如何进行数据保护、数据交换过程中的安全性、保护个人隐私、协调各国不同的贸易规则等；八是提升资源效率，不仅包括原材料与能源，也涉及人力资源和财务资源。此外，各类可量化的关键绩效指标体系（KPI）也是评估企业资源利用效率的可靠工具。

第三节 国家数字基建规划战略

一、美国数字基建战略

美国在数字基建领域实施了《美国复苏与再投资法案》《美国国家空间数据基础设施战略规划》《联邦大数据研发战略计划》《增强联邦政府网络与关键性基础设施网络安全》《美国重建基础设施立法纲要》等战略计划，通过数字基础设施建设提升产业竞争力、实现基础设施现代化，达到拉动经济增长的目的，并在国家竞争中确保主导优势。主要实施4项举措。

一是加强顶层设计和战略部署。美国2021年11月15日签署了《基础设施投资与就业法案》，新增了在基建上的支出。

美国新增5500亿元基建支出计划

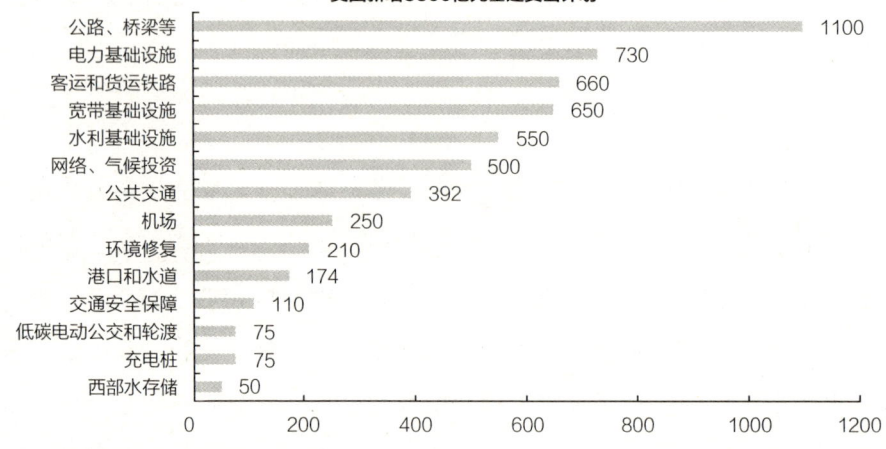

项目	金额（亿元）
公路、桥梁等	1100
电力基础设施	730
客运和货运铁路	660
宽带基础设施	650
水利基础设施	550
网络、气候投资	500
公共交通	392
机场	250
环境修复	210
港口和水道	174
交通安全保障	110
低碳电动公交和轮渡	75
充电桩	75
西部水存储	50

资料来源：美国白宫，中信期货研究所

二是提升基础设施复原力。基础设施复原力是指基础设施抵御自然或公共危机及迅速恢复的能力。2015年9月，联合国将建设具有复原力的基础设施列为《改变我们的世界——2030年可持续发展议程》的目标之一。新冠疫情暴露了各国生物和数字领域的安全漏洞，使各国更加重视提升基础设施复原力。美国土木工程师协会特别针对基础设施的恢复力提出建议，以加强经济部门的抗风险能力。在此背景下，拜登政府推出了联邦紧急事务管理局的"建设弹性基础设施和社区"项目，有针对性地提高弱势社区的基础设施复原力，利用数字技术建立基础设施预防性维护系统，提高基础设施的灵活性、延长生命周期。此举不仅比修建被损坏的基础设施更节省成本，从而产生巨大的经济和社会效益，还有助于防止因基础设施停摆造成人身伤害和产生经济损失。

三是拓展多元融资渠道。2018年，美国政府推出《美国重建基础设施立法纲要》，充分发挥联邦基金的引导与杠杆作用，以2000亿美元联邦基金撬动后续2万亿美元基建投资，引导和鼓励地方政府和私人资本进入数字基建投资领域，通过开展"公私合营"的方式，建立全新投资收益模式，划分权责、风险共担，推进基础设施更新。

四是筑牢数字基建全球主导地位。"一带一路"在数字化和新型基础设施建设方面取得的进展刺激美国开始重新审视自身的海外基建政策。出于对冲"数字丝绸之路"的目的，美国利用盟友体系重塑基建规则，并通过将基建议题安全化等手段与中国展开竞争。2021年4月举行的美日首脑会谈就加强5G基站和海底电缆等通信基建合作达成共识，鼓励其他国家采购由日本电气公司和富士通等日本电信设备制造商主导的5G"开放"基站。根据协议，美日计划分别投资25亿和20亿美元共同开发推广5G与6G技术。

二、欧盟：关注"下一代欧盟"复兴计划

2020年5月欧盟提出预算总额超过1.8万亿欧元的"下一代欧盟"复兴计划，主要包括支持成员国投资与改革、拉动私人投资重启欧盟经济、提升危机应对能力三项。"下一代欧盟"复苏基金是本次计划的实施主体，复苏基金的最大投向是支持欧盟成员国的绿色和数字转型项目，包括电力领域清洁技术和可再生能源发展、建筑能效优化、宽带服务提速、公共管理数字化、数字技能的教育和培训支持等。

三、日本：开拓"新资本主义"（投资19.8万亿日元）

日本的国家数字基建战略是开拓"新资本主义"，主要在数字化和优势产业两个领域加强投资。

一是数字化投资（包括6G、AI、量子）。在全国推广5G、加速6G的研发和社会安装。推进数据活用和电子化。实现"数字田园都市国家构想"。利用AI提高生产效率，推广远程办公、无人机快递、自动配送、自动驾驶。致力于国产量子计算机的开发，同时支持量子密码通信、量子测量传感、量子材质、量子模拟等技术领域发展。

二是优势产业投资（包括半导体、蓄电池、宇宙产业）。支持在国内建造尖端半导体工厂，防止技术外流。确保车载蓄电池和半导体在国内生产，大量投资零件供应链、服务站、修理点。支持作为创新抓手的start up计划，支持国内新创企业向世界市场迈进，促进新创企业与大企业之间的协动。通过开发小型卫星星座等卫星火箭新技术，以及通过政府采购提供风险投资支持等，使宇宙产业市场规模翻一番。

四、中国新基建国家战略

2020年4月，国家发改委新闻发布会正式明确了新型基础设施的定义：新型基础设施是以新发展理念为引领，以技术创新为驱动，以信息网络为基础，面向高质量发展需要，提供数字转型、智能升级、融合创新等服务的基础设施体系。

2021年3月发布的《中华人民共和国国民经济和社会发展第十四个五年规划和2035年远景目标纲要》中，明确将新型基础设施作为我国现代化基础设施体系的重要组成部分，提出统筹推进传统基础设施和新型基础设施建设，打造系统完备、高效实用、智能绿色、安全可靠的现代化基础设施体系。用"加快建设新型基础设施"一整节内容，对新型基础设施的建设发展提出要求，要求围绕强化数字转型、智能升级、融合创新支撑，布局建设信息基础设施、融合基础设施、创新基础设施等新型基础设施。

新基建正是主动顺应数字经济新时代的举措，为未来全球数字经济发展竞争奠定了坚实基础。综合国家发改委的设定范围和各类资金投向，从上中下游产业链来看，新基建涉及的具体行业包括：能源、化工材料、建筑、农业、机械军工、信息通信、批发零售、医疗、交通运输、金融和公共事业。

第四节　国家大数据（数据中心）战略

一、美国大数据战略

美国将大数据视为强化美国竞争力的关键因素之一，把大数据研究和生产计划提高到国家战略层面，并大力发展相关信息网络安全项目。

美国在大数据中心建设方面具有突出优势。数量上，2020年年底，由全球超大规模运营商主导的大型数据中心总数增至597个，自2015年年底以来增加了1倍多，美国继续占据主要云和互联网数据中心站点的40%。在超大规模运营商中，亚马逊、微软和谷歌投资建设的大数据中心达340个，占总数的一半以上。2020年亚马逊和谷歌建设的大数据中心超60个，占2020年新增数据中心的一半。项目规模上，美国在超大型数据中心建设方面表现出色，2021年上半年北弗吉尼亚、硅谷、芝加哥和亚特兰大的在建项目规模都在200MW以上。除了在建的1.2GW大型项目，仍有219个总规模达3.3GW的项目在规划筹备中。美国在以大数据中心和人工智能为代表的储存计算层面仍保持领先地位。

二、英国大数据战略

英国大数据战略包括5个方面的内容。

一是创造一个数据可使用、可访问、可获取的环境，确保英国在数据方面处于世界领先地位，保护人们的数据权利和私营企业的知识产权。

二是确保有利于增长和可信赖的数据制度，政府将与监管机构合作，提供及时、简单和实用的指导，并创造更多新兴技术安全试验的机会。支持充满活力的竞争和创新，建立公众信任并维持高数据保护标准，使公众成为蓬勃发展的数字经济的积极参与者。

三是改变政府对数据的使用以提高效率和改善公共服务。英国政府将改进利用数据推动创新和生产力的方式，同时也将有效地衡量公共服务的执行效果，并确保公众可以有效利用服务。

四是确保数据基础设施的安全性和弹性。英国政府将确定风险的规模、性质、适当的应对措施，考虑新出现的风险，塑造一个安全的技术环境，改善经济中的网络风险管理，确保数据在收集、存储和传输过程中得到充分保护，面对既有和新风险时具有很好的恢复能力。此外，数据使用也会带来其他风险，政府和企业也需增加数据使用对环境影响的责任。

五是倡导国际间数据流动。英国政府将继续捍卫数据所能带来的好处，并与国际伙伴合作，确保数据不受国家边界和不适当的监管制度的限制，以充分发挥其潜力。具体包括建立制度、方法，确保数据跨境流动时得到保护；消除不必要障碍，促进数据跨境流动；在国际上推动数据标准建立；推广英国开放、透明和创新的价值观。

三、中国大数据战略

2016年12月，《大数据产业发展规划（2016—2020年）》发布。2020年，《工业和信息化部关于工业大数据发展的指导意见》对我国工业大数据发展进行了全面部署，进一步促进大数据与工业深度融合发展。

一是加快数据汇聚。设置4项重点任务，多种举措推动工业大数据高质量采集汇聚，为深挖数据要素价值打好坚实基础。支持工业企业实施设备数字化改造，引导工业设备企业开放数据接口；推进工业互联网建设，加快工业设备互联互通；组织开展工业数据资源调查，整合重点领域统计数据和监测数据，在重点行业建设国家级数据库，支持企业建设数据汇聚平台；建设国家工业互联网大数据中心，建立多级联动的国家工业基础大数据库。

二是推动数据共享。数据自主有序流动是激发数据要素价值、扩大数据生产力乘数效应的重要途径。

三是深化数据应用。融合应用是构建数据驱动闭环的根本牵引力。

四是完善数据治理。提升数据质量，保障数据可用可管、完整准确和安全可信。

五是强化数据安全。安全是工业数据发展必须守住的底线，也是制约工业数据发展的天花板。

六是促进产业发展。技术产业是数据深化应用的有力支撑。

第五节　绿色双碳——碳达峰、碳中和战略

气候变化是人类共同面临的重大挑战。为应对挑战，2015年12月，全球气候变化巴黎大会通过了《巴黎协定》，为2020年后全球气候治理做出安排，推动碳中和成为全球发展共识。近200个国家提交了温室气体减排NDC，推进2050全球碳中和目标，全球共44个国家/地区宣布碳中和目标。

一、欧洲双碳战略

欧盟践行低碳发展30余年，在目标制定与顶层框架设计方面始终走在全球前沿。欧盟碳排放权交易体系（EU-ETS）起源于2005年，是世界上参与国最多、规模最大、最成熟的碳排放权交易市场。2007年欧盟提出2020年"20-20-20"目标。2011年制定了2050能源路线图与低碳经济路线图。2018年提出"全人类的清洁星球，建立繁荣、现代、有竞争力且气候中和的欧盟经济体的长期战略愿景"。在2019年发布"欧洲绿色协议"，再到2020年提出"欧洲气候法"，并于2021年4月就"欧洲气候法"条例达成了临时协

议。通过不断地修正碳中和政策，欧盟旨在到2050年实现温室气体净零排放的目标。

2021年7月14日，欧盟委员会公布了名为"Fit for 55"（"减碳55"）的一揽子气候计划，提出了包括能源、工业、交通、建筑等在内的12项更为积极的系列举措，承诺实现在2030年底温室气体排放量较1990年减少55%的目标。这也成为欧盟目前最新、最关键的低碳发展政策。

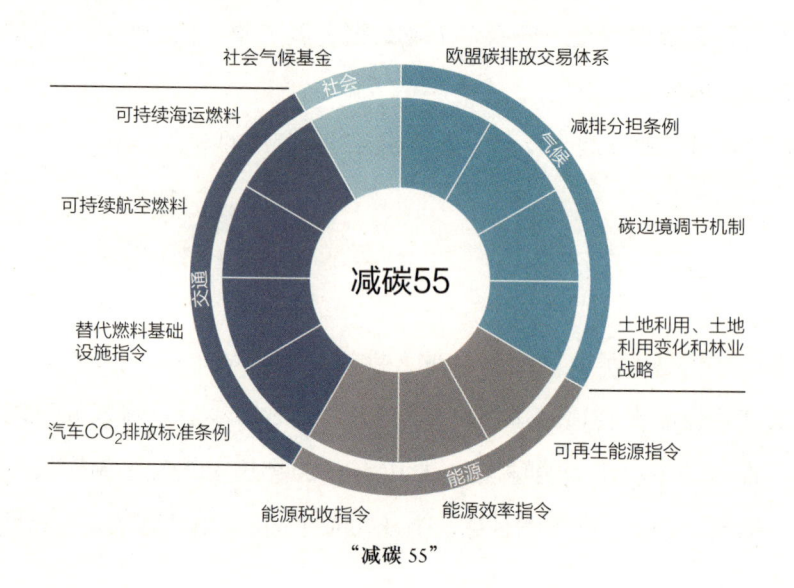

环形图（"减碳55"）包含以下内容：
- 社会：社会气候基金
- 气候：欧盟碳排放交易体系、减排分担条例、碳边境调节机制
- 能源：土地利用、土地利用变化和林业战略、可再生能源指令、能源效率指令、能源税收指令
- 交通：汽车CO_2排放标准条例、替代燃料基础设施指令、可持续航空燃料、可持续海运燃料

"减碳55"

二、中国双碳战略

中国能源安全新战略强调四个革命、一个合作。能源消费革命：能源消费总量、强度双控，推动产业结构转型、终端用能清洁化、低碳化；能源供给革命：清洁多元的能源供应体系；能源技术革命：构建绿色能源技术创新体系；能源体制革命：能源领域和关键环节市场化改革；能源国际合作：确保全球范围内的能源形态供应、能源市场稳定等。2021年中国向国际社会承诺，二氧化碳排放力争于2030年前达到峰值，努力争取2060年前

实现碳中和。

2021年2月，《国务院关于加快建立健全绿色低碳循环发展经济体系的指导意见》提出提升可再生能源利用比例，大力推动风电、光伏发电发展；加快大容量储能技术研发推广，提升电网汇集和外送能力；加强新能源汽车充换电、加氢等配套基础设施建设；加快信息服务业绿色转型，做好大中型数据中心、网络机房绿色建设和改造，建立绿色运营维护体系。

2021年3月，《中华人民共和国国民经济和社会发展第十四个五年规划和2035年远景目标纲要》进一步指出要坚持生态优先、绿色发展，推进资源总量管理、科学配置、全面节约、循环利用，协同推进经济高质量发展和生态环境高水平保护。规划提出构建现代能源体系，加快发展非化石能源，坚持集中式和分布式并举，大力提升风电、光伏发电规模，加快发展东中部分布式能源，有序发展海上风电，加快西南水电基地建设，安全稳妥推动沿海核电建设，建设一批多能互补的清洁能源基地。

2022年8月科技部会同国家发改委、工业和信息化部、生态环境部、住房和城乡建设部、交通运输部等九部门联合印发《科技支撑碳达峰碳中和实施方案（2022—2030年）》，提出支撑2030年前实现碳达峰目标的科技创新行动和保障举措，并为2060年前实现碳中和目标做好技术研发储备，为全国科技界及相关行业、领域、地方和企业开展碳达峰碳中和科技创新工作起到指导作用。

第二章
数字技术洞察

数字化浪潮席卷全球，正在改变企业的产品和服务交付价值的方式和速度。企业正在逐渐变成软件和技术企业，或者不断使用软件和技术构建产品，或者受到软件和技术的深度影响。数字化转型的关键特征，就是将各领域业务跟新的数字技术进行融合，实现更高的效率、更好的体验，以及创新的商业模式。数字化转型战略，理解与应用各种数字技术是必选项。

未来10年，云计算、AI和物联网将创造10万亿美元级的经济价值，5G和机器人将创造5万亿美元以上，AR/VR、区块链以及量子计算的市场空间也将超过万亿美元。全球数字技术创新布局，将创造数十万亿美元价值。构筑自立自强的数字技术创新体系，加快前沿技术研发布局，抢占未来数字技术竞争制高点也已经成为国家战略。

第一节　云

对于数字化转型来说，云计算不仅仅是实现IT资源池化、提升性能、降低成本和简化管理的工具，更是为产业数字化转型提供丰富的服务。政府及企业将因数字化、智能化而变得敏捷、高效、生机勃勃。开放、灵活、易用、安全的云化数字平台，将成为实现整个社会数字化的基石和土壤，激发行业创新和产业升级，成为企业应对不断提升的客户期望、快速变化的竞争格局及市场不确定性的关键业务引擎。因此，企业必须启动全面云化转型以支撑数字化转型，面对越来越激烈的市场竞争。随着云服务的日趋成熟，云已经成为企业数字化转型的基础。

一、云计算发展趋势

从全球来看，各国政府都非常重视云计算的发展，出台了系列政策，推动云计算技术在政府及产业中落地。中国发布一系列推动企业上云的政策，鼓励和引导企业上云，如工信部发布《推动企业上云实施指南（2018—2020年）》，给出明确的上云目标、原则和要求。美国、欧盟和日本等发达经济体，也出台了一系列措施，推动企业将云计算、大数据和传感控制等技术应用于企业生产场景，带动企业价值链升级，促进企业的数字化转型。近年来，尽管互联网行业仍然是云计算产业的主流应用行业，但是交通物流、金融、制造、公共服务等行业领域的云计算应用水平正在快速提高，占据更重要的市场地位。如果我们将之前以互联网应用推动的云称为云1.0，那么现在传统政企市场推动的云则迈向了云2.0阶段。综合中国信息通信研究院、互联网数据中心（IDC）等研究机构的数据，预计到2023年底，中国云计算产业规模将超过3000亿元。在产业发展趋势方面，预计2023年政府和企业上云率将超过60%，上云深度将有较大提升。

然而，企业全业务上云不仅是一个技术问题，同时也是一场变革，涉及企业应用整体治理体系的变化、企业组织架构的适配、企业云化文化和思维方式的塑造、项目实施管理、持续的运营运维优化等。这对企业全业务上云提出了很大的挑战，企业迫切需要一套覆盖应用治理、方案实施等全面的方法论及技术体系来支撑。

二、技术革新动力

从技术方面分析，云计算是数据中心的技术革新："混合云"中的公有云部分的业务需要大型化数据中心承担，数据中心的大型化已成必然趋势，同时在运营和管理方面对云运营商提出了更高的要求；虚拟化也是云实现的关键技术，按照IDC的研究，虚拟化由于具有提高资源利用率、节能环保、可进行大规模数据整合等特点成为一项具有战略意义的新技术。

云计算促使大规模分布式存储技术进入创新高峰期。在云计算环境下，存储技术将主要朝着安全性、便携性及数据访问等方向发展。云计算采用分布式存储的方式来存储数据，采用冗余存储的方式来保证存储数据的可靠性，以高可靠软件来弥补硬件的不可靠，从而提供廉价可靠的海量分布式存储和计算系统。

分布式计算技术成就云计算的核心。资源调度管理是云计算的核心，因为云计算不仅将资源集中，更是资源的合理调度、运营、分配、管理。云计算数据中心的突出特点，是具备大量的基础软硬件资源，实现了基础资源的规模化。但如何合理有效调度、管理这些资源，提高资源的利用率，降低单位资源的成本，是云计算平台提供商面临的难点和重点。业务/资源调度中心、副本管理技术、任务调度算法、任务容错机制等资源调度和管理技术的发展和优化，将为云计算资源调度和管理提供技术支撑。

不过，正成为业界关注重点的云计算操作系统有可能使云计算资源调度管理技术走向新的道路。云计算操作系统是云计算数据中心运营系统，是指架构于服务器、存储、网络等基础硬件资源和单机操作系统、中间件、数据库等基础软件管理海量的基础硬件资源和软件资源的云平台综合管理系统，可以实现极为简化和更加高效的计算模型，以低成本实现指定服务级别、响应时间、安全策略、可用性等规范。

现在云计算的商业环境对整个体系的可靠性提供了更高的需求，为了支持商业化的云计算服务，分布式的系统协作和资源调度最重要的就是可靠性。未来成熟的分布式计算技术将能够支持在线服务（SaaS），支持在跨越数据中心的大型集群上执行分布式应用的框架。

三、关注安全和隐私

安全与隐私将是云计算需要重点关注的问题。云计算作为一种服务式的应用模式，在形态上与传统互联网相比发生了一些变化，势必带来新的安全问题，例如数据高度集中使数据泄露风险激增、多客户端访问增加了数据被截获的风险等。云安全技术是保障云计算服务安全性的有效手段，它要解决包括云基础设施安全、数据安全、认证和访问管理安全以及审计合规性等诸多问题。

云计算本身的安全仍然要依赖于传统信息安全领域的主要技术。云计算具有虚拟化、资源共享等特点，传统信息安全技术需要适应其特点采取不同的模式，或者有新的技术创新。另外，由于在云计算中用户无法准确知道数据的位置，因此云计算提供商和用户的信任问题是云计算安全要考虑的一个重点。

总体来说，云计算提供商要充分结合云计算特点和用户要求，提供整体的云计算安全措施，这将驱动云计算安全技术发展。为适应云计算的特点和安全需求，云计算安全技术将在加密技术、信任技术、安全解决方案、安全服务模式方面加快发展。

四、细化服务品质

云计算使SLA（服务级别协议）细化服务质量监控实时化。要想把关键业务应用放在云计算平台上，粗放的服务协议显然无法让用户放心，他们需要知道公有云计算厂商能否快速地将数据传遍全球，网络连接状况又能好到何种程度。对于激增的商业需求而言，性能的拓展是不够的，而云计算提供商能够多快地拓展性能也至关重要。用户需要能够让他们高枕无忧的服务品质协议，细化服务品质是必然趋势。

云计算对计算、存储和网络的资源池化，使得对底层资源的管理越来越复杂，越来越重要，基于云计算的高效工作负载监控要在性能出现问题之前提前发现苗头，从而防患于未然。实时了解云计算运行详细信息将有助于交付一个更强大的云计算使用体验，也是未来发展的方向。

开源云计算技术风生水起。数据表明，目前全世界有90%以上的云计算应用部署在开源平台上。云计算对于安全、敏捷、弹性、个性化开源平台的需求以及突出的实用、价廉的特性，也决定了开源计算平台在云时代的领军位置。很多云计算前沿企业和机构如亚马逊、谷歌、Facebook都在开发部署开源云计算平台。开源云计算平台不仅减少了企业在技术基础架构上的大量前期投入，而且大大增强了云计算应用的适用性。开源云计算技术得到长足发展的同时，必将带动云计算项目更快更好落地，成为企业竞争的核心利益。为此，开源云计算技术将进一步得到重视和普及。

第二节　大数据、数据要素与数据治理

新摩尔定律：网络环境下每18个月产生的数据量等于有史以来数据量之和。在移动互联网浪潮推动下，搜索引擎、电子商务、抖音等建立在海量数据之上的互联网应用取得了巨大成功，这启发人们重新审视数据的价值。掌握丰富的高价值数据资源日益成为企业抢占未来发展主动权的前提和保障，充分利用数字技术来驱动商业模式转换和业务战略发展是企业数字化转型的关键。

一、数据——企业数字化转型的关键

在企业数字化转型的过程中，需重点关注数据的管理与价值使用：从初始的数据帮助业务运作，助力基于事实的决策，数据管理业务到数据成为战略资产并促进企业创新，未来数据将成为企业脱颖而出的关键竞争要素。

用数据管理和决策：数据将被用于对公司全业务进行分析、预测、监控和跟踪；用数据创新产品和服务：超过六成的企业已经将分析技术用于创造竞争优势。

2023年，数字中国顶层规划，将数据定义为新型生产要素。数据是数字化、网络化、智能化的基础，已快速融入生产、分配、流通、消费和社会服务管理等各环节，深刻改变着生产方式、生活方式和社会治理方式。数据要素已成为数字化转型的重要引擎。当前，经济全球化已进入一个由数据要素驱动的新时代。

ChatGPT通过大量数据的分析、处理、机器学习与深度学习，在办公、写作、传媒、影视、营销、娱乐以及数实共生助力产业升级等领域均可产生极大助益，提升生产力曲线，多维度赋能虚拟经济和实体经济。

到目前为止对"大数据"并未形成公认定义。维基百科将大数据定义为"无法在一定时间内用常规软件工具对其内容进行抓取、管理和处理的大量而复杂的数据集合",Gartner认为大数据是"需要新处理模式才能具有更强的决策力、洞察发现力和流程优化能力的海量、高增长率和多样化的信息资产"。综合来看,大数据两个方面特征得到普遍认同。一是数据本身,大数据是具有体量大、产生和处理速度快、多样化的信息资产。二是从分析处理的手段看,面对大数据的3V(Volume、Velocity和Variety)特征,传统技术难以应对,需要采用新的技术加以处理。

二、大数据处理的主要环节及技术挑战

大数据来源于互联网、企业系统和物联网等信息系统。经过大数据处理,系统地分析、挖掘,产生新的知识,用于支撑决策或业务的自动智能化运转。从数据在信息系统中的生命周期看,大数据从数据源到最终应用需要经过5个主要环节,每个环节都不同程度地面临着技术上的挑战。

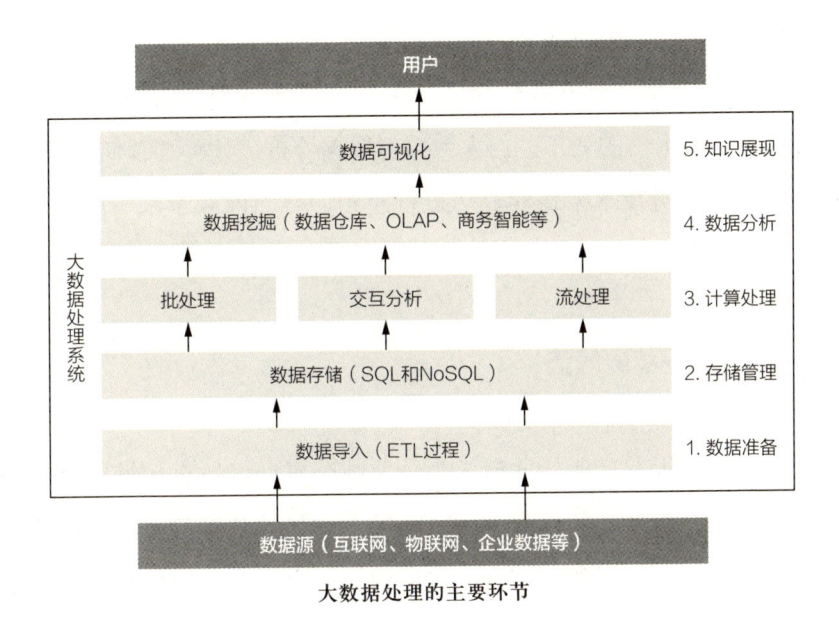

大数据处理的主要环节

（1）数据准备环节。一般来说，在进行处理之前，需要对数据进行清洗、整理，这个环节在传统数据处理体系中称为ETL（Extracting、Transforming、Loading，抽取、转换、装载）过程。

（2）存储管理环节。当前，全球数据量正以每年超过50%的速度爆发式增长，未来存储技术的成本和性能将面临非常大的压力。大数据存储系统不仅需要以极低的成本存储海量数据，还要适应多样化的非结构化数据管理需求，具备数据格式上的可扩展性。

（3）计算处理环节。需要根据处理的数据类型和分析目标，采用适当的算法模型快速处理数据。

（4）数据分析环节。此环节需要从纷繁复杂的数据中发现规律、提取新的知识，是大数据价值体现的关键。

（5）知识展现环节。在大数据服务于决策支撑的场景下，以直观、便于理解的方式将分析结果呈现给用户，是大数据分析产生效果的最后一环，如何让复杂的分析结果易于理解是该环节主要的问题。但多数嵌入在业务中的大数据应用是由机器根据算法直接应用分析结果，无须人工干预，这种场景下知识展现环节不是必需的。

总的来看，大数据对数据准备环节和知识展现环节来说只是量的变化，并不需要根本性的变革。但大数据对数据分析、计算和存储3个环节的影响巨大，需要对技术架构和算法进行重构，是当前和未来一段时间大数据技术创新的焦点。

三、大数据业务发展趋势

大数据渗透所有行业，逐渐成为企业战略资产。所有领域的每个公司都拥有大数据。制造业数据繁多但分散，金融领域数据较多。有些公司拥有相较于其他公司更多的数据量，也使他们拥有更多获取数据潜在价值的可能。如金融领域的保险、投资和银行，拥有最大的单个公司数据量平均值，显示了这些公司交集量的集中程度。媒体公司、政府等部门也拥有大数据，很多是运行和多媒体数据。离散型制造业储存了最多的数据团，但因为这个行业往往分散为多个分公司，这一领域在数据强度方面的指标较低。个体企业通常不共享数据，他们从数据中获取的价值取决于他们从生产链获取数据的程度。

（一）不同领域数据类型不同，非结构化数据不断增多

除了不同领域拥有的数据量不同，不同领域产生的数据类型也存在很大差异（数据被编码为视频、图像、音频，还是被编码为文本和数字）。比如，金融服务行业、政府管理部门、零售和销售行业，都会产生海量的文本和数字数据，包括顾客数据、交易信息、数学建模与仿真。其他行业，如制造业、医疗保健、传播媒体等，多产生多媒体数据，比如制造业在生产过程中产生大量文本和数字数据，但在很多制造业的分支领域的研发和工程应用设计中，会产生大量图片数据。

不同行业产生不同类型数据的数量（用多、中、少三类表示）

行业	视频	图片	音频	文本和数字
银行业	中	中	中	多
保险业	少	少	少	多
投资业	少	少	少	多
离散制造业	中	中	少	多
流程制造业	中	中	少	多
零售业	中	少	少	多
批发业	少	少	少	多
专业服务业	中	中	中	多
消费旅游业	中	中	中	中
医疗业	少	多	少	多
交通运输业	中	中	少	多

续表

行业	视频	图片	音频	文本和数字
传媒业	多	中	多	多
公用事业	中	中	少	多
建筑业	少	多	少	中
自然资源	中	中	少	多
政府	多	中	多	多
教育培训	多	中	多	中

资料来源：麦肯锡全球研究院，中信证券研究部

（二）传统交易数据库增长带来数据增加

企业更频繁地收集各种数据，包括每个消费者的交易增加了更多的个人信息，同时收集了很多消费者在不同环境下的消费行为等。这一情况提升了对数据存储和分析的要求。

（三）大数据时代数据挖掘和应用成为核心

数据挖掘和应用可多方位创造价值，现代市场竞争在某种意义上已经成为商业模式的竞争。数据正日益成为与实物资本和人力资源同等重要的生产要素。善于利用数据的公司将在竞争中占据先机，数据资本正在影响着商业模式的转变。数据分析商业模式日益成为现代企业提升核心竞争能力的最有效方式。抖音、今日头条能够准确地定位客户的兴趣与爱好并精准推荐相关的内容资源，同时进一步拓展为带货和线上商店交易模式就是大数据准确应用的典型案例。

（四）推动价值合理配置

随着大数据的发展，基于数据优化各种价值配置极大地提高了运营效率。在美国，自20世纪90年代，很多行业领先的零售商开始用库存和供应链数据来优化分配和物流，打磨商品计划和管理，提升经营成效。从MGI

早期的研究数据中，可以看到沃尔玛公司通过管理创新（如设置大卖场、每日低价等）直接或间接推动了生产力的加速发展。沃尔玛率先使用了电子数据交换系统，将供应链电子化，还采用了"零售链系统"，使供应商可以直接了解到沃尔玛对货品的需求情况，而不必等候沃尔玛发出订单。而20世纪80年代被引入的"供应商管理库存"是一次革命性的创新理念。所有这些基于数据应用的科技创新，都推动了零售业资本和劳动力水平的提高。

沃尔玛基于数据应用的技术创新

名称	描述
电子数据交换系统	使供应链电子化
零售链系统	使供应商直接了解超市对货品的需求
供应商管理库存	供应商对超市库存进行管理

资料来源：中信证券研究部

大数据蕴含着大价值。要开发大数据的价值，是对原有技术体系提出的挑战，需要在分析、计算和存储等一系列技术上进行创新。大型互联网企业凭借"小步快跑"快速迭代在技术创新上走在前列，他们积累的经验值得其他行业借鉴学习。同时，对于产业来说，开源模式在大数据技术扩散上也扮演了独特的角色，应该在技术创新中给予足够重视。

第三节 物联网

物联网（Internet of Things）技术也称为传感网技术（Sensor Networks），是典型的具有交叉学科性质的高新技术。它综合了现代传感器技术、嵌入式计算机技术、分布式信息处理技术、现代网络及无线通信技术等，通过各类集成化的微型传感器协作，实时监测和采集各种被测对象的信息。这些信息通过无线方式被发送，并以多跳自组的网络方式传送到用户终端，从而实现物理世界、计算机世界以及人类社会的三元世界连通。

物联网主要通过无线传感网络、射频识别（RFID）、红外感应器、全球定位系统（GPS）、传感器等技术，按约定的协议把任何物品与互联网连接起来，进行信息交换和通信，以实现智能化识别、定位、跟踪、监控和管理，从而给物体赋予智能，实现人与物体的沟通和对话，以及物体与物体间的沟通和对话。M2M是实现泛在网络、物联网的第一步，是信息化的手段之一，而信息化是M2M实现的结果。

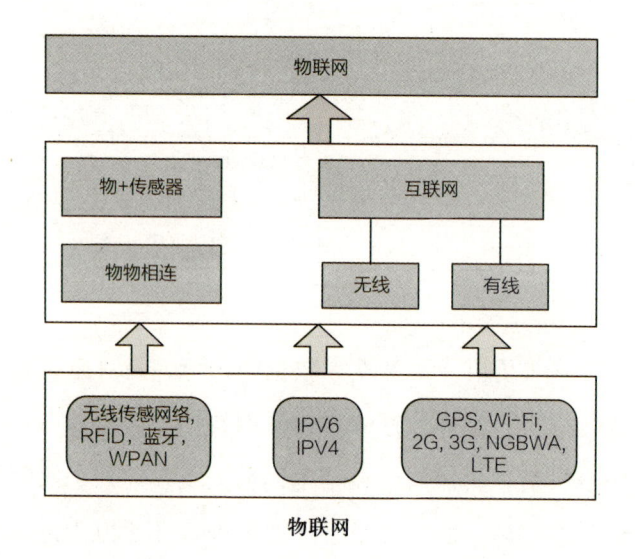

```
                    ┌──────────────┐
                    │   物联网      │
                    └──────▲───────┘
          ┌─────────────────┴─────────────┐
    ┌──────────┐              ┌──────────┐
    │ 物+传感器 │              │  互联网   │
    ├──────────┤              ├────┬─────┤
    │ 物物相连  │              │无线 │有线 │
    └────▲─────┘              └──▲──┴──▲──┘
         │                       │     │
   ┌─────┴─────┐          ┌──────┴┐ ┌──┴──────┐
   │无线传感网络,│          │ IPV6 │ │GPS,Wi-Fi,│
   │ RFID, 蓝牙,│          │ IPV4 │ │2G,3G,NGBWA,│
   │   WPAN    │          │      │ │   LTE    │
   └───────────┘          └──────┘ └──────────┘
```

物联网

物联网的体系架构上对应三个层次：一是全面感知，即利用各种传感器、RFID、二维码等随时随地获取物体的信息；二是可靠传递，通过有线或无线网络与互联网的融合，将物体的信息实时准确地传递出去；三是智能处理，利用云计算、模糊识别等各种智能计算技术对海量数据、信息进行分析和处理，对物体实施智能化的控制。

与此对应的，物联网在结构上可以分为三个层次：一是传感网络，即以传感器、射频识别（RFID）及各种机器终端为主；二是传输网络，即通过现有的互联网、广电网络、通信网络等，实现数据的传输与计算；三是应用和业务，即通过手机、PC等终端设备实现所感知信息的应用服务。

物联网核心技术包括射频识别（RFID）装置、WSN 网络、红外感应器、全球定位系统、Internet 与移动网络、网络服务、行业应用软件。在这些技术当中，又以底层嵌入式设备芯片的开发技术最为关键，引领整个行业的发展。

物联网从技术的角度共分为四个阶段。第一阶段，单体互联，RFID 技术广泛应用于物流、零售和制药领域。第二阶段，物体互联，无线传感网络技术大规模应用于恶劣环境、环保和农业领域。第三阶段，半智能化，物体和物体之间实现初步互联，物体信息可以通过无线网络发送到手机或互联网等终端设备上，实现信息共享。第四阶段，2020 年之后物体进入全智能化，最终形成全球统一的"物联网"。

物联网发展阶段

	2010 年之前	2010—2015 年	2016—2020 年	2020 年后
发展阶段	单个物体间互联；低功耗、低成本	物与物之间联网和传感器联网	半智能化无线传感网	全智能化传感网
标准化	RFID 安全及隐私标准；无线频带；分布式控制处理协议	针对特定产业的标准；交互式协议和交互频率；容错协议	网络通信协议标准；智能化集成传感器和系统	智能响应行为标准
产业化应用	RFID 技术在物流、零售、制药领域广泛应用；建立不同系统间的交互框架	增强交互操作性；在恶劣环境和环保、农业中应用	全球化应用	人和物服务网络的融合；产业整合；异质系统间的应用
器件	更小，更廉价的传感器、标签、主动系统；智能多波段射频天线；高频标签、嵌入式读取终端	提高信息容量、感知能力；提高无线传感器网络的传输速率和数据吞吐量，片上集成射频；与其他材料整合	超高速传输；自主智能标签、低功耗集成无线传感器网络芯片	更廉价的材料；新物理效应；可生物降解器件；纳米处理组件
功耗	低功耗芯片组，降低能源消耗	改善能量管理；提高电池性能	可再生能源；多种能量来源	能量捕获，生物降解电池

第四节 人工智能

一、人工智能技术发展趋势概析

人工智能在1956年的达特茅斯会议上被首次提出，60多年以来，历经逻辑推理、专家系统、深度学习等技术的发展，社会对人工智能的期待也几经沉浮，历史上共出现过三次重要的发展浪潮。

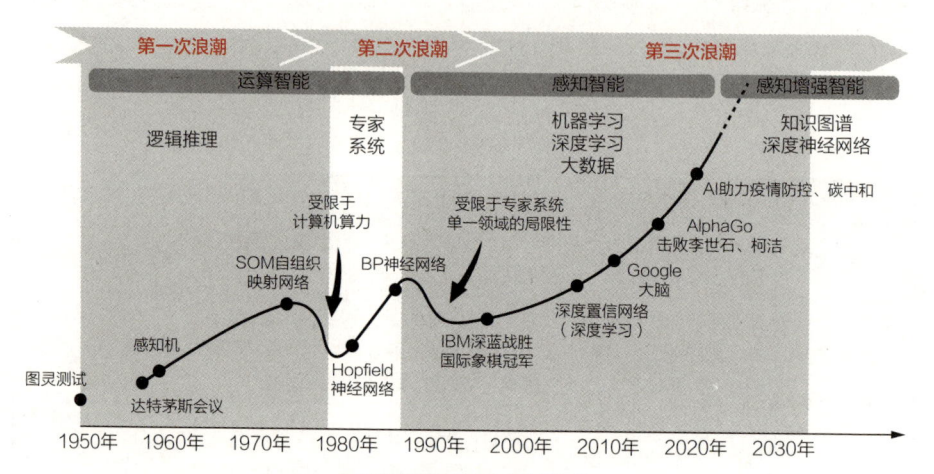

人工智能历经三次发展浪潮

资料来源：清华大学、中国人工智能学会《人工智能的发展报告2011—2020年》，赛迪研究院、人工智能产业创新联盟《人工智能实践录》，中金公司研究部

第一次浪潮（1956—1974年）：AI思潮赋予机器逻辑推理能力。

第二次浪潮（1980—1987年）：专家系统使得人工智能实用化。

第三次浪潮（1993年至今）：深度学习助力感知智能步入成熟。不断提高的计算机算力加速了人工智能技术的迭代，也推动感知智能进入成熟阶段，AI与多个应用场景结合落地、产业焕发新生机。2006年深度学习算法的提出、2012年AlexNet在ImageNet训练集上图像识别精度取得重大突破，直接推升了新一轮人工智能发展的浪潮。2016年，AlphaGo打败围棋职业选手，人工智能再次收获了空前的关注度。从技术发展角度来看，前两次浪潮中人工智能逻辑推理能力不断增强、运算智能逐渐成熟，智能能力由运算向感知方向拓展。目前语音识别、语音合成、机器翻译等感知技术的能力都已经逼近人类智能。

世界主要发达国家把发展人工智能作为提升国家竞争力、维护国家安全的重大战略，各国人工智能战略与政策各有着重点。2013年以来，美、德、英、法、日、中等国都纷纷出台人工智能战略和政策。各国人工智能战略各有侧重，美国重视人工智能对经济发展、科技领先和国家安全的影响；欧盟国家关注人工智能带来的安全、隐私、尊严等方面的伦理风险；日本希望人工智能推进其超智能社会的建设；中国人工智能政策聚焦于实现人工智能领域的产业化，助力制造业发展。

从技术层面分析，自然语言处理、计算机视觉等感知智能成熟度较高，水平逼近人类智能。人工智能的发展脉络一般可分为运算智能→感知智能→认知智能，运算智能用以延伸人类运算能力，感知智能模拟人类的"视听"，认知智能在感知的基础上形成"自我的认知"。目前计算机视觉（CV）、语音识别、自然语言处理（NLP）被用来模拟"视、听、说"等人类行为，技术已经臻于成熟。根据Gartner、中金公司研究部的相关研究，人工智能长期将向认知智能阶段迈进，甚至不断逼近"通用人工智能"，而当前的技术正处于"感知增强智能"的过渡期。"感知增强智能"是以"通过各种传感器获取信息"的感知智能为基础，佐以各种新技术发展，逐步走向认知智能时代的过渡阶段。

二、人工智能业务发展趋势概析

在算法、算力和数据三驾马车驱动下，新一代人工智能正在崛起，深刻影响着国际产业竞争格局，全球人工智能进入战略布局加快、产业应用加速发展落地阶段。2020年，人工智能技术取得了一系列重大进展，对全球经济社会发展的影响和重要性进一步凸显。在技术发展方面，人工智能技术不断取得关键性突破，计算机视觉、智能语音等人工智能技术发展趋于成熟，多技术融合、集成化创新加速发展。在融合应用方面，人工智能与传统行业融合持续深化，落地广度逐步拓展。

人工智能从硬件到技术、场景，三个环节的联系日益紧密，在"硬件—框架算法—训练平台—应用服务"环节有能力的科技企业都开始了向上下游延伸的进程，以期实现全产业链布局。云计算厂商亚马逊，由技术服务出发，不仅通过Amazon Rekognition、Polly等应用平台提供服务，还布局了AWS SageMaker训练平台等深度学习框架，于2019年、2020年分别推出自研Inferentia与Trainium芯片用于机器学习，垂直一体化地完善了其人工智能版图。

从具体行业来看，人工智能在多个领域都出现了变革性影响。

从智能驾驶运用到智能算法类型，包括路径规划算法、决策算法、计算机视觉算法等，其中涉及车辆控制、路线规划、信息收集处理等多种应用，智能驾驶是人工智能的重要应用场景。在汽车厂商、硬件厂商、算法厂商的共同推动下，人工智能在智能驾驶中的运用逐渐深入，在无人驾驶系统、无人驾驶计算平台、自动驾驶出行服务、自动驾驶整车、自动驾驶技术等领域中不断渗透。

人工智能作为计算机科学当中的一个重要分支，拥有可操作性、实体化以及互动性等特点，如同蒸汽时代的蒸汽机、电气时代的发电机、信息时代的计算机和互联网，人工智能正成为推动人类进入智能时代的关键性力量。

三、人工智能——ChatGPT

（一）ChatGPT简介

1. ChatGPT的历史：从GPT-1到InstructGPT

ChatGPT是由美国人工智能研究实验室OpenAI开发的一个人工智能聊天服务程序，2016年开始研究，于2022年11月推出，目前仍以文字方式对话交互。除了可以通过人类自然对话方式进行交互，还可以用于相对复杂的语言工作，包括自动文本生成、自动问答、自动摘要等在内的多种任务。如：在自动文本生成方面，ChatGPT可以根据输入的文本自动生成类似的文本；在自动问答方面，ChatGPT可以根据输入的问题自动生成答案。同时，ChatGPT还具有编写和调试计算机程序的能力。

2. 各方关于ChatGPT的观点

目前，ChatGPT的突然走红令大量用户在近期涌入其网站，其用户数也在短短两个月内破亿，成为史上活跃用户破亿速度最快的软件之一。而在ChatGPT等AI"越来越聪明"的背后，需要庞大的算力资源和网络资源支撑，需要消耗大量的计算与网络成本。

ChatGPT一经问世，迅速在全球范围内引发热议。OpenAI高管表示ChatGPT存在风险，应该受到监管；部分IT从业者担心ChatGPT的功能会被恶意利用，加重网络钓鱼和BEC（商业电子邮件攻击）骗局；投资领域则看好ChatGPT和生成式AI（AIGC）商业前景，推升一级及二级市场相关概念股上涨。此外，教育界人士也在考虑ChatGPT对过往教授方式乃至教材的颠覆，希望能尽快拿出应对之策。一些更具忧患意识的人，都在考虑ChatGPT对其当下职业的冲击。

3. 国内外头部云厂商的应对方式

ChatGPT的火爆，也在国内外引来了一场"反攻"大竞赛。国外方面，作为微软竞争对手的谷歌和Meta反应迅速，Google推出类似ChatGPT的服务Bard，Meta也将自研的相关项目进行开源来打破ChatGPT的垄断。国内方面，百度官方把类ChatGPT项目命名为"文心一言"，目前还正在做上线前的冲刺，2023年3月开始内测，未来会面向公众开放。

（二）ChatGPT对数字化转型的影响

随着科技的迅速发展和数字化技术的普及，各行各业都在积极地推进数字化转型，以更好地适应市场需求，提升竞争力。数字化不仅改变了企业的内部运营模式，也极大地影响了整个行业的生态系统，其中，ChatGPT在这个数字化浪潮中扮演着重要的角色。

第一，ChatGPT可以帮助企业更好地处理数据。在数字化时代，数据成为企业竞争的重要资源，企业需要对大量的数据进行收集、分析和处理，以便更好地了解市场、产品和客户。ChatGPT通过自然语言处理和机器学习技术，可以对数据进行自动化的分析和处理，大大提高了企业数据处理的效率和精度。

第二，ChatGPT可以帮助企业更好地与客户进行互动。在数字化时代，企业需要与客户保持密切联系，以便更好地了解客户需求。ChatGPT通过自然语言处理技术和智能对话功能，可以为企业提供高效的客户服务，满足客户的各种需求。

第三，ChatGPT可以帮助企业进行精准的市场营销。在数字化时代，企业需要更好地了解市场趋势和客户需求，以便更好地制订市场营销策略。ChatGPT通过分析大量的数据和消费者行为，可以为企业提供精准的市场分析和营销策略，帮助企业更好地把握市场机会和提升营销效果。

第四，ChatGPT可以帮助企业进行自动化的流程管理。在数字化时代，企业需要通过自动化技术来提高效率和降低成本。ChatGPT通过自动化的对话流程，可以为企业提供自动化的客户服务，大大提高了企业的效率和生产力。

第五，ChatGPT在数字化时代中扮演着重要的角色，它可以帮助企业更好地处理数据、与客户互动，进行精准的市场营销和自动化的流程管理。这些功能的应用，将帮助企业更好地适应数字化时代的发展趋势，提高企业的竞争力和生产力，实现可持续发展。

（三）ChatGPT对行业的影响

ChatGPT是一种基于机器学习的自然语言处理技术，在各个行业得到了广泛应用，并且对这些行业产生了积极的影响。

在金融行业，ChatGPT可以帮助银行和保险公司处理大量的数据，分析市场趋势和客户需求。同时，ChatGPT还可以为客户提供更加高效的服务，例如自动化的客服和理赔流程。这些应用可以大大提高金融企业的效率和竞争力。

在电子商务行业，ChatGPT可以为在线商家提供更加智能化的客户服务，例如根据客户的购物历史和搜索记录推荐商品。此外，ChatGPT还可以帮助在线商家进行更加精准的广告投放和市场分析，从而提高销售额和利润率。

在制造业和物流行业，ChatGPT可以帮助企业进行更加高效的供应链管理和物流调度。通过自动化的对话流程和数据分析，ChatGPT可以帮助企业提高生产效率和物流效率，减少运输成本，提高客户满意度。

在医疗保健行业，ChatGPT可以帮助医生和护士更好地与患者进行沟通，做出诊断。通过自然语言处理技术，ChatGPT可以分析患者的病情和病史，从而提供更加精准的诊断和治疗方案。此外，ChatGPT还可以为医院提供智能化的管理工具，例如自动化的预约和排班系统。

在教育行业，ChatGPT可以帮助教师和学生更好地进行教学和学习。通过自动化的对话流程和语音识别技术，ChatGPT可以为学生提供个性化的学习资源，从而提高学生的学习成效。同时，ChatGPT还可以为教师提供智能化的辅助工具，例如自动化的试题生成和评分系统。

总的来说，ChatGPT的应用范围非常广泛，它可以帮助各种行业提高效率、降低成本、提高客户满意度和企业竞争力。随着技术的不断发展和普及，我们相信ChatGPT的应用将会越来越广泛，对社会和经济的发展产生更加积极的影响。

第五节　虚拟现实

一、虚拟现实技术发展趋势概析

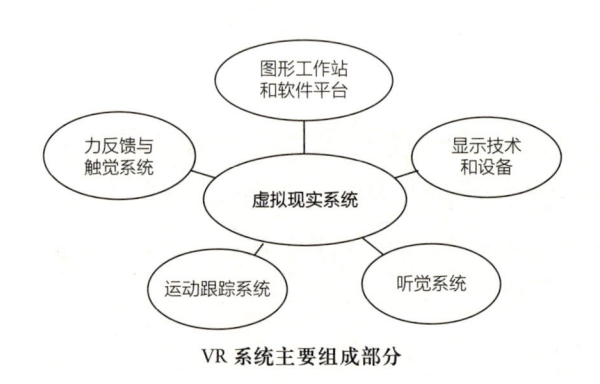

VR 系统主要组成部分

虚拟现实（Virtual Reality，简称VR），指借助计算机系统及传感器技术生成一个三维环境，创造出一种崭新的人机交互状态，通过调动用户所有的感官（视觉、听觉、触觉、嗅觉等），带来更加真实的、身临其境的体验。VR的主体和主要情景是虚拟、逼真的三维立体内容，人只是作为VR内容的一环，通过动作捕捉装置参与到内容中去，深度体验内容互动。比如体验空中飞行，通过类似飞翔的动作捕捉装置，将人的动作代入空中飞行中，使用户感受迎面吹来的风、较低的温度及俯瞰大地的空间瞭望感；体验《重返恐龙岛》，可以使用户通过感受恐龙奔跑带来的震颤、声响甚至气味，体验被恐龙追袭的恐惧感等。

目前VR行业仍处于起步阶段，供应链及配套还不成熟，但是发展前景引人想象，预计未来市场潜力巨大。Digi-Capital预计基于社交的移动AR的活跃用户将于2024年突破15亿人次，而基于系统的移动AR活跃用户将超过10亿人次，接着是基于网页端的移动AR，增长率也要高得多。总体来讲，Digi-Capital预计5年内，移动AR平台的全部活跃用户将超过27亿人次。数据分析公司SuperData发布预测，表示AR移动App正在成为越来越大的市场，并有望超过VR市场。

新一代的CPU、GPU、显示技术、传感技术的进步支撑VR行业发展。大部分VR体验者都会感觉到晕眩，它被认为是VR走向主流的最大障碍。VR/AR与传统的视频图像处理技术不同，虚拟现实的视频图像处理近似还原真实的世界，其对视频图像的渲染要求更为严格，因此对芯片运算能力和图像处理能力的要求更高。当所有的信息以视频化的方式呈现并放大数倍呈现于用户眼前时，数据运算能力与数据传输速度、屏幕刷新率便成为技术实现的重要瓶颈。

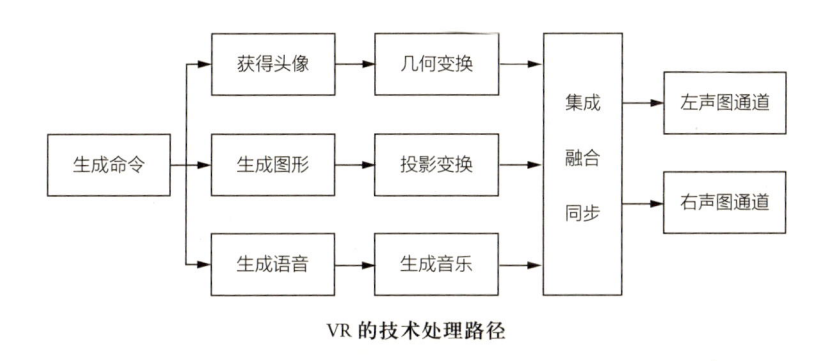

VR的技术处理路径

比如说，将眼睛每秒钟接收的信息数据化，可以想象这是多么大的数据量。这些海量数据又需要实时传输到显示设备，让用户沉浸于VR世界，这需要多么强大的数据处理能力。而AR需要将虚拟世界的数据与现实世界的数据结合显现，它所需的算法、数据库、应用等要求比VR要高出一个段位。可以说，芯片、显示和传感技术是VR/AR流畅运行的核心保障。

此前，受制于处理器芯片、图像处理技术、显示系统及传感技术，三维立体内容分辨率和刷新率低，成像延迟现象较为严重。尤其是加入动作捕捉进行交互时，延迟导致沉浸感不强，人无法进入虚拟世界，因此VR虚拟现实产业此前并未取得较快发展。

但随着芯片技术进步，CPU + GPU 的组合开始出现。CPU 包含几个专为串行处理而优化的核心，GPU 则包含数以千计更小、更节能、提供强劲的并行运算性能的核心组，更加适用于运算密度高、并发线程数量多及更加频繁地访问存储器的语音识别、图像识别等领域。负责计算的 CPU 处理器芯片主频不断提升，负责图形处理及并行运算的 GPU 显卡技术也在 Nvidia 的带动下，大大改善了视域，使得刷新率大幅提升，延迟已经降至 25ms，基本可以达成规避视觉疲劳和眩晕的技术指标。

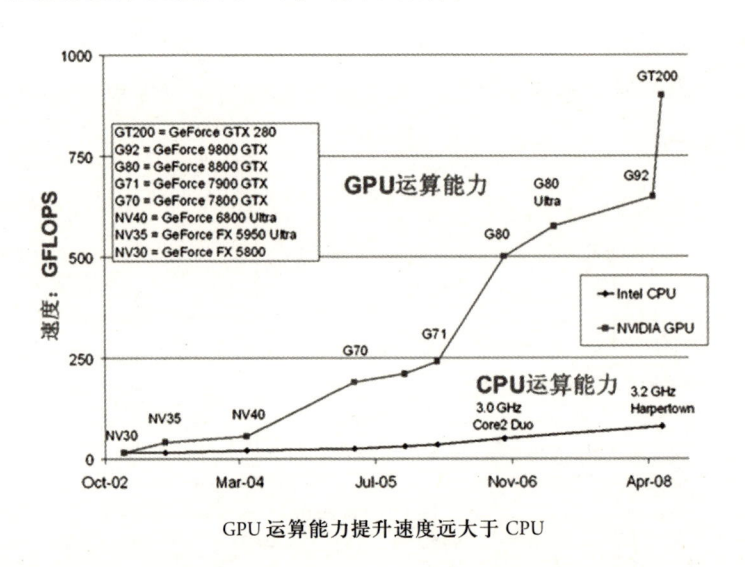

GPU 运算能力提升速度远大于 CPU

除了 CPU+GPU 更加强大，AMOLED 等降低延迟的显示技术，以及视觉、声觉和触觉的快速反馈技术不断出现，在克服眩晕及加强用户和内容之间的交互上体现了巨大的作用。随着摩尔定律发挥作用，技术进步加速将使得 VR 虚拟现实更加真实、易用，目前的 VR 已经基本适用于普通大众，并能使他们取得较好的视觉、声觉和触觉的全方位交互体验，可以说已初步具备放量的基础。

二、虚拟现实业务发展趋势概析

随着互联网、软件、硬件、内容制作/游戏等公司及大量风险投资的加入，例如Facebook、Google、苹果、HTC、三星、微软、腾讯、暴风科技、乐视网、奥飞动漫等公司，虚拟现实VR/AR成为最热门领域。

科技巨头纷纷从硬件切入VR/AR。VR/AR产业链包括硬件（元器件）、操作系统、应用软件及算法、内容（影视游戏等制作厂商）、应用（主题公园、广告、发行、在线服务等）。考虑到国内技术及需求现状，我们认为硬件、内容及应用类软件将具备广阔的发展空间及顺畅的发展逻辑，而操作系统及算法技术门槛较高，短期仍以国外厂商为主，但部分国内厂商或将在应用类的软件上异军突起。Facebook、Google、苹果、HTC、三星、微软、腾讯等科技巨头纷纷从硬件设备尤其是头戴显示设备开始切入VR/AR市场。一方面，硬件设备是实现VR/AR体验的基础；另一方面，硬件可以最大程度黏住用户，并且硬件本身具备较大的市场空间。脑洞大开一下，假设未来虚拟和真实世界可以互相结合，人与人通话可以像现在的VR游戏一样，实现三维立体影像情境，VR/AR硬件设备或将像手机一样普及。

VR硬件系统主要包括输出设备（显示设备）、输入设备、信息处理系统。虚拟现实输出设备（显示设备），如可接收虚拟影像的显示设备，包括头戴设备及大型内容显示设备（如环球影城的大型场景）。作为未来能够to C端的装备，头戴设备如眼镜、外接式头戴显示器、一体式头戴显示器成为VR最重要的装备，它们都是通过近眼接触，剥夺眼睛对现实世界的感知，营造一个虚拟的视觉空间，以达到接收内容并沉浸其中的效果。

虚拟现实输入设备如动作捕捉、手势识别、声音感知等体感类设备（主要用来输入消费者动作数据，达成互动体验或用于内容制作），音响等体感类设备，通过感知用户输入信息，与虚拟世界进行交互。输入设备是实现消费者交互、沉浸感的重要技术装备。信息处理系统则侧重于处理运算的芯片解决方案。

游戏娱乐等需求显现，应用场景逐步成型。率先在 VR 应用上出现强烈需求的是游戏产业。我们预计 VR 游戏将迎来大爆发，同时游戏又将反哺 VR 硬件设备，顺网科技和 HTC 的合作将成为重要模式。目前端游和页游行业本身也在从二维场景向三维立体场景和任务切换，VR 虚拟现实可以将场景变得更加炫酷，体验更加真实，甚至在听觉、视觉、触觉、嗅觉上均可以实现一体化代入。游戏作为互动要求最高的行业之一，其第一人称设定往往需要用户更多地代入角色，VR 可以使得第一人称视角产生更强的临场感。VR 场景下，游戏操纵方式更加多样化，从操纵杆、键盘、鼠标到体感枪、动作捕捉类装置，将使用户互动更加容易、延迟更低、代入感更强。预计 VR/AR 将率先在大娱乐产业获得发展，除了游戏、影视、动漫、主题公园、体育领域有明显的沉浸感和代入感、立体式体验需求。此外，未来 VR 也将在广告、培训、在线教育、在线医疗、在线服务等产业带来近似于面对面交流的切身体验。

2022 年，由于微软的 XR 头显 HoloLens 项目开发多年依旧进度缓慢，微软选择与三星合作消费级 XR 项目，HoloLens 负责人 Alex Kipman 也离开微软。这对虚拟现实技术的商业价值带来很大的冲击，虚拟现实技术能否真正引起行业革命有了很多不确定性。

三、裸眼 3D

裸眼 3D 显示技术就是指不需要任何辅助设备观看，就能够获得 3D 视觉效果的 3D 显示技术，其主要是通过使用光学器件在显示屏幕上改变双眼视图的走向，使人的双眼能分别看到相对应的 3D 视图。

裸眼3D显示技术的实现方法可以分为全息显示方法（真3D）和非全息显示方法两大类。目前非全息裸眼3D显示技术主要有光屏障式、柱状透镜和指向光源技术三种。

裸眼3D技术已经在汽车HUD导航、3D电视、手机屏幕显示、游戏等方面开始广泛地推广与使用，未来具有很可观的发展空间。

四、元宇宙

（一）元宇宙行业宏观趋势分析

元宇宙（Metaverse）最早起源于科幻小说，定义了一个平行于现实世界的虚拟世界。科幻作家尼尔·斯蒂芬森在1992年的小说《雪崩》中首次提出Metaverse的概念。后续《黑客帝国》《刀剑神域》《头号玩家》等知名影视作品中也有类似元宇宙概念的设定。从字面来看，Metaverse由Meta（超越）+Universe（宇宙）两部分组成，即通过技术能力在现实世界基础上搭建一个平行且持久存在的虚拟世界，现实中的人以数字化身的形式进入虚拟时空中生活，同时在虚拟世界中还拥有完整运行的社会和经济系统。

元宇宙核心要素：极致的沉浸式体验+丰富的内容生态+超时空的社交体系+虚实交互的经济系统。

沉浸式体验：元宇宙应具备对现实世界的替代性。在虚实结合大趋势下，信息终端沿着高频交互、拟真两条路线发展，基于VR和AR之上的XR设备在拟真度上的突破将给沉浸式体验带来质的提升。

生态内容：开放自由创作，持续生产内容。元宇宙要想作为用户长期生活的虚拟空间，必须发展内容工具和生态，开放第三方接口降低创作门槛，形成自我进化机制。

社交性：元宇宙能突破物理时空的局限性，不仅形成对线下关系的替代，基于对虚拟环境和存在的认同，还将对主流的社交模式带来重大变革。

经济系统：拥有独立的经济属性，任何人都可以进行创造、交易，并能"工作"而获得回报，形成与现实生活类似的经济文化繁荣。

元宇宙的产业图谱涵盖从体验场景到底层技术的广阔空间。

（二）元宇宙行业的转型赛道

1. 元宇宙细分赛道分析——VR/AR

硬件载体：虚拟现实技术是接通元宇宙和现实世界的桥梁，VR作为硬件载体是实现元宇宙沉浸感系统的关键，而脑机接口替代VR设备的征程还很长远。VR更有可能成为元宇宙硬件载体的1.0形态。

交互算法和工程能力：VR的技术积累已经满足大规模适用的基础，目前核心组件主要依托成熟的大厂，差异化不高，硬件核心竞争力在于交互算法+工程能力。

内容生态竞争力：未来驱动整个VR行业增长的核心机制将是内容生态。2020年，全球VR头显设备出货量已达到670万台，同比增速超70%。据IDC预测，2022年出货量将达1500万台，Mark Zuckerberg口中"智能硬件达到1000万台"的市场拐点即将到来。

2. 元宇宙细分赛道分析——社交

元宇宙概念下的社交产品最注重虚拟身份及社交关系的搭建，现阶段仍难以实现线下身份感带入。能快速打通社交关系链条、提升社交效率的关键点是建立足够大用户基数的平台，因此元宇宙社交领域的机会集中在大厂。

兴趣社交（Interest-Based Social）、多对多链接（Many-to-Many）和虚拟交友（Avatar）是元宇宙社交产品的创新点。元宇宙社交产品更多是对以往产品功能、玩法等的翻新，或进行一定程度的微创新、局部创新，并没有本质上的变革。

多对多链接通过增加最小社交单元的组成人数或组队方式，以大于1人作为最基本的社交单位进行小群组间的关系匹配和建立。Clubhouse、Zoom、Discord的创新更多是基于技术进步的量变（可容纳人数）而非质变。

兴趣社交主要在半熟人或陌生人之间以趣缘圈子为单位展开，如VRChat中的不同主题房间、公路商店和Soul的兴趣标签等都是非熟人之间信号传递的媒介。

虚拟交友利用VR/AR生成虚拟形象打造虚拟人物、仿真明星（模拟形象和声音），以VRChat为代表的软件可导入和分享玩家自制的个性化化身（Avatar），因此受到ACG爱好者的广泛好评，最受欢迎的化身往往与著名的动画、游戏IP相关。

第六节　数字孪生

一、数字孪生技术发展趋势概析

（一）数字孪生概念解析

数字孪生概念和模型早在2003年提出，但直到2011年之后才迎来新的发展契机，数字孪生的概念逐步扩展到了模拟仿真、虚拟装配和3D打印等领域。2014年后，随着物联网技术、人工智能和虚拟现实技术的不断发展，更多的工业产品、工业设备具备了智能的特征，数字孪生逐步扩展到包括制造和服务在内的产品全生命周期，不断丰富着数字孪生的形态和概念。Gartner在2017年首次把数字孪生列入其超级周期（Hyper Cycle），2018年继续列入其位置成为高点，2019年数字孪生缓慢进入主流。目前数字孪生正处于"过高期望的峰值"阶段，是业界关注度的过火阶段，但离实际规模应用并产生效益还有不小差距。

业界对数字孪生的定义：GE Digital认为数字孪生是基于丰富配置文件、

数据和分析的物理资产的动态数字表示。数字孪生智能是理解、预测和优化资产性能的关键。IBM认为数字孪生是物理对象或系统在其生命周期中的虚拟表示，使用实时数据实现理解、学习和推理，认为数字孪生是充分利用物理模型、传感器更新、运行历史等数据，集成多学科、多物理量、多尺度、多概率的仿真过程，在虚拟空间中完成映射，从而反映相对应的实体装备的全生命周期过程。

数字孪生构建的目的是对实体对象的全生命周期的洞察（Insight）、追溯（Traceability）、分析（Analytics）、优化（Optimization）、监控（Monitor）、合规（Compliance）等。当然这一切的最终目的都是通过这些数字化的手段实现持续的变革创新和提取业务价值。

（二）数字孪生的构成元素

1. 数字孪生的必备元素：模型、数据、监控、唯一ID

（1）模型。数字孪生的基础和起点，包含诸如数据结构、元数据（物理的和关系的）以及功能元素或关键变量（温度，压力等）的系统模型等元素。数字孪生的输入可以来自仿真模型、CAD模型、制造物料清单（BOM）模型和物理对象的功能模型。

（2）数据。直接来自物理对象的数据可以是标识、时间序列、事件、类/实例等，可能包括传感器数据（如温度或压力）、状态数据（例如阀门或马达的开启/关闭状态）或事件数据（例如超过阈值时的警报）。与对象相关的上下文数据将提供关于对象的附加相关信息，可能包括一系列信息，如天气数据、维护日志、供应链和库存数据等。

（3）监控。数字孪生可以监控物理对象的状态，并能基于预设参数接收信息。它的模型可以是一个可执行的软件包，例如一个微服务，或其他形式的软件应用程序组件。软件包的接口可以是REST风格的客户端/服务器API，也可以是消息、数据流或其他接口。

（4）唯一ID。数字孪生的实例与相关联的物理对象是一对一的对应关系。一个数字孪生只能代表一辆汽车或一台喷气发动机，不能代表多个。一个物理对象可以有多个数字孪生，以满足不同的需求。因此，从数字孪生的角度来看，只存在一对一的对应关系，但从物理对象的角度来看，可以存在一对多的对应关系。

2. 数字孪生的可选元素：分析、控制、仿真

（1）分析。数字孪生可能的逻辑也许（并且通常会）包括"规则引擎或对于复杂事件的处理，这些规则引擎或对于复杂事件的处理通常适用于引入物联网数据"。这些元素可能会生成警报或触发器，以安排工作流程和策划各种形式的描述性分析来识别何时会超过阈值；它们还可以驱动预测分析，为企业利益相关者提供输入方式。

（2）控制。不是所有的数字孪生都有能力控制一个物理对象。当需要进行控制时，数字孪生可以通过此物理对象的实际控制系统进行连接。控制系统由机载执行器、电子交换机和其他数字—模拟物理设备构成。

（3）仿真。企业可以使用一个全面的数字孪生对各种条件与配置下当前和未来的行为进行建模，预测故障和最佳操作模式，确定进行操作、加油或维护的最佳时间计划。

（三）数字孪生适用的物理对象范围

数字孪生可以应用于广泛的物理对象，范围可以从人、物、流程、地点到复杂环境，如城市或企业。成熟的用例倾向于以物和人为中心。

1. 人

一系列的组织基于他们与其客户、雇员或公民进行的交易或其他互动，构建了其客户、雇员或公民的模型。这些模型的核心点是了解这个人

的状态和行为，并帮助他们改进这些人的行为从而改善医疗保健、提高安全性或达到其他目标。

2. 物

从简单到复杂的物模型越来越多地被构建，以满足企业或消费者的需求。例如，汽车的数字孪生被建造用于提高产量和可靠性。智能家用电器的数字孪生被构建用于改善用户体验。

3. 流程

一些流程以物理对象为中心（例如，优化物流或工厂布局）。这种数字孪生是由更多的原子数字孪生组装而成（例如，每个生产线设备的所有数字孪生可以组装成一个复合的数字孪生，代表整个制造过程）。越来越多的企业致力于对业务流程进行建模，例如采购和供应链。

4. 地点

在广泛的企业和消费者用例中，地点的模型对移动对象越来越重要，例如，停车点、桥梁和火车仓库等。

5. 复杂环境

复杂环境（如城市、企业和国家）的数字孪生模型将用于满足特定的财务或其他决策流程的需要。

二、数字孪生业务发展趋势概析

随着物联网应用更加广泛，各个领域越来越多的企业开始计划数字孪生的部署。工业互联网是数字孪生的延伸和应用，而数字孪生则拓展了工业互联网应用层面的可能性。

（一）智能制造领域数字孪生应用

智能制造领域的数字孪生体系框架主要分为6个层级，包括基础支撑层、数据互动层、模型构建层、仿真分析层、功能层和应用层。

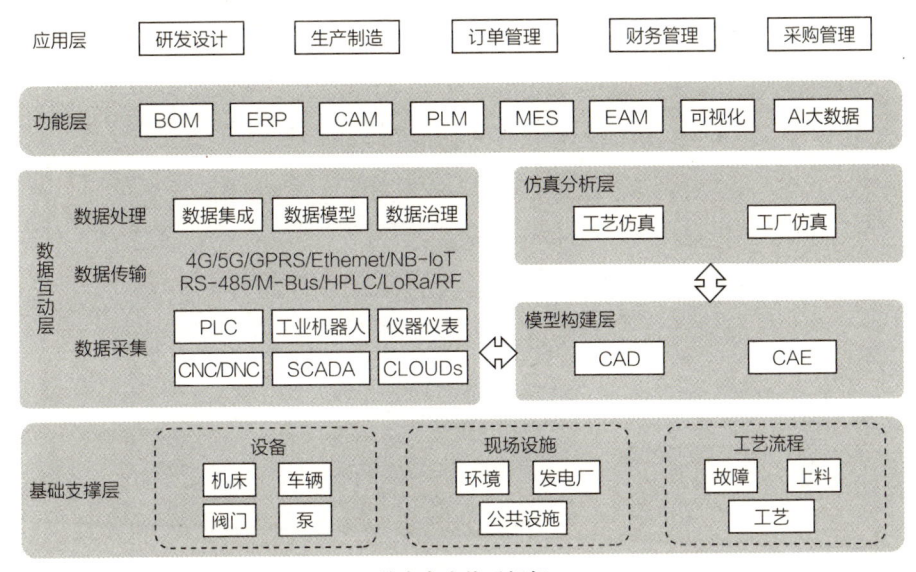

```
应用层：研发设计 | 生产制造 | 订单管理 | 财务管理 | 采购管理

功能层：BOM | ERP | CAM | PLM | MES | EAM | 可视化 | AI大数据

数据互动层：
  数据处理：数据集成 | 数据模型 | 数据治理
  数据传输：4G/5G/GPRS/Ethemet/NB-IoT  RS-485/M-Bus/HPLC/LoRa/RF
  数据采集：PLC | 工业机器人 | 仪器仪表 | CNC/DNC | SCADA | CLOUDs

仿真分析层：工艺仿真 | 工厂仿真

模型构建层：CAD | CAE

基础支撑层：
  设备：机床 | 车辆 | 阀门 | 泵
  现场设施：环境 | 发电厂 | 公共设施
  工艺流程：故障 | 上料 | 工艺
```

数字孪生体系框架

（二）智慧城市领域数字孪生应用

数字孪生城市则是数字孪生技术在城市层面的广泛应用，通过构建城市物理世界及网络虚拟空间一一对应、相互映射、协同交互的复杂系统，在网络空间再造一个与之匹配、对应的孪生城市，实现城市全要素数字化和虚拟化、城市状态实时化和可视化、城市管理决策协同化和智能化，形成物理维度上的实体世界和信息维度上的虚拟世界同生共存、虚实交融的城市发展新格局。数字孪生城市既可以理解为实体城市在虚拟空间的映射状态，也可以视为支撑新型智慧城市建设的复杂综合技术体系，它支撑并推进城市规划、建设、管理，确保城市安全、有序运行。

数字孪生城市主要有基础设施、智能中枢、应用服务三大横向分层。

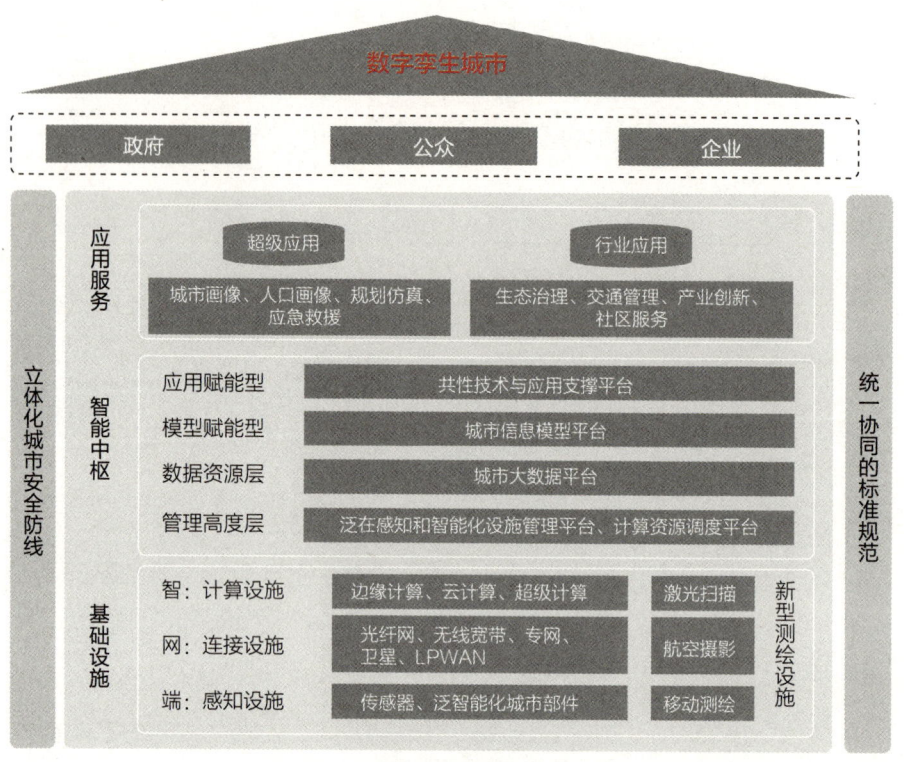

数字孪生城市

第七节 3D打印

一、3D打印技术发展趋势概析

3D打印技术，学术上又称"添加制造"（additive manufacturing）技术，也称增材制造或增量制造。3D打印是一种与传统的材料加工方法截然相反，基于三维CAD模型数据，通过增加材料逐层的制造方式，采用直接制造与相应数学模型完全一致的三维物理实体模型的制造方法。3D打印技术内容涵盖了产品生命周期前端的"快速原型法"（rapid prototyping）和全生产周期的"快速制造"（rapid manufacturing）相关的所有打印工艺、技术、设备类别和应用。3D打印涉及包括CAD建模、测量、接口软件、数控、精密机械、激光、材料等多种学科和技术的集成。

（一）特点及优势

第一，数字制造：借助CAD等软件将产品结构数字化，驱动机器设备加工制造成器件；数字化文件还可借助网络进行传递，实现异地分散化制造的生产模式。第二，降维制造（分层制造）：即把三维结构的物体先分解成二维层状结构，逐层累加形成三维物品。因此，原理上，3D打印技术可以制造出任何复杂的结构，而且制造过程更柔性化。第三，堆积制造："从下而上"的堆积方式对于制造非匀致材料、功能梯度的器件更有优势。第四，直接制造：任何高性能难成型的部件均可通过"打印"方式一次性直接制造出来，不需要通过组装拼接等复杂过程来实现。第五，快速制造：3D打印制造工艺流程短、全自动、可实现现场制造，因此，制造更快速、更高效。

（二）改变传统制造业形态

1. 使制造工艺发生深刻变革

3D打印改变了通过对原材料切削、组装进行生产的加工模式，节省了材料和加工时间。例如，在航空航天工业领域中应用的金属部件通常是由高成本的固体钛加工而成的，90%的材料被切除掉，这些切削材料对于飞行器的制作是毫无利用价值的。空客的母公司欧洲宇航防务集团（EADS）研究人员指出，这些用钛粉末打印出的部件与一个传统用固体钛加工出来的部件一样经久耐用，但节省了90%的原材料。

2. 带动制造技术飞跃式发展

3D打印技术是一门综合应用CAD/CAM技术、激光技术、光化学、控制、网络以及材料科学等诸多方面技术和知识的高新技术。3D打印技术的不断成熟将推动新材料技术和智能制造技术实现大的飞跃，从而带动相关产业的发展。

3. 使制造模式发生革命性变化

3D打印将可能改变第二次工业革命产生的、以装配生产线为代表的大规模生产方式，使产品生产向个性化、定制化转变。3D打印机的推广应用将缩短产品推向市场的时间，消费者只要下载设计图，在数小时内通过3D打印机就可将产品"打印"出来，从而不需要大规模生产线，不需要大量的生产工人，不需要库存大量的零部件，即所谓的"社会化制造"。"社会化制造"的一大优势是通过制造资源网和互联网，快速建立高效的供应链、市场销售和用户服务网，这是实现敏捷制造、精益制造和可持续发展的一种生产模式。

二、3D打印业务发展趋势

3D打印材料是3D打印产业中不可或缺的一部分，3D打印材料技术水平直接影响3D打印产业的发展。近年来，我国对3D打印材料行业重视程度不断加深，基本形成了较为成熟的产业链。

3D打印材料上游为基础材料供应及初加工，例如有色金属行业、橡胶加工行业、塑料加工行业、陶瓷加工行业等，为3D打印材料提供符合标准的原材料。中游产业为3D打印材料产业链中最重要的一环，通过各种技术手段对原材料进行加工，使其成为符合3D打印标准的3D打印材料。目前主流的3D打印材料有金属粉末材料、光敏树脂材料、光固化树脂材料、生物材料、工程塑料材料以及非金属类材料等。下游产业为3D打印制造，随着技术的进步，3D打印制造应用场景越来越广泛，应用在工程机械、航空航天、生物医药、汽车制造等领域。

主要的 3D 打印材料类型及优缺点分析

材料名称	优点	缺点	应用领域
工程塑料	强度、耐冲击性、耐热性、硬度及抗老化性	产品易出现各向异性	汽车、家电、电子消费品、航空航天、医疗器械
光敏树脂	高强度、耐高温、防水	加工速度慢，有一定污染	可用于制作高强度、耐高温、防水材料
陶瓷材料	高强度、高硬度、耐高温、低密度、化学稳定性好、耐腐蚀等	制备成本高，品质控制困难，打印设备功率大	航空航天、汽车、生物等行业
金属材料	金属性、延展性、较高的力学密度和表面质量	制备成本高，品质控制困难，产品容易产生疏松	航空航天、汽车、模具制造
细胞生物原料	生物相容性好	产量低，配套的3D打印设备技术要求高	与医学、组织工程相结合，可制造出药物、人工器官等用于治疗疾病

资料来源：前瞻产业研究院整理

作为决定 3D 打印技术发展进程的一项重要因素，3D 打印材料的地位逐渐提高。随着 3D 打印技术的一步步普及，对于材料的需求也在飞速上涨。据悉，目前 3D 打印材料在 3D 打印行业中的市场规模占比约为 24.1%。

近年来，我国 3D 打印市场应用程度不断加深，在航空航天汽车、船舶、核工业、模具等领域均得到了越来越广泛的应用。3D 打印技术已经成为航空航天等领域直接制造机修复再制造的重要技术手段。在汽车、船舶、核工业、模具等领域成为产品设计、快速原型制造的重要实现方式。

第八节 O2O

一、O2O 技术发展趋势概析

O2O（Online To Offline）启源于美国，是将线下的商务机会与互联网结合，让互联网成为线下交易的平台。2013年O2O进入高速发展阶段，随后O2O商业模式横空出世，直至2021年，以O2O模式经营的企业、App已深入我们的生活。"本地化"是O2O运营模式的一大特点，在O2O运营模式中，涉及线上线下相结合的业务，其中绝大部分是基于地理位置的"本地服务"。

O2O的关键是吸引线上用户前往线下实体店消费。对线下商户来说，O2O的商业模式结合了线上支付，线下体验；对消费者来说，O2O模式是借助线上对线下服务的一种发现机制。

经过多年的发展，垂直细分领域的公司采用O2O模式运营，一类比如专注于快递物流的速递易，专注于餐厅排位的美味不用等，专注于白领快速取餐的速位等。另一类是垂直细分领域的平台化模式，平台由原来的细分领域解决某个痛点的模式开始横向扩张。例如饿了么从早先的外卖到后来开放的蜂鸟系统，开始正式对接第三方团队和众包物流。以加盟商为主体，以自营配送为模板和运营中心，通过众包合作解决长尾订单的方式运行。配送品类包括生鲜、商超产品，甚至是洗衣等服务，实现平台化经营。

根据《经理人》杂志刊登的文章《O2O四大模式》，可以将O2O商业模式分为4种，即先线上后线下模式、先线下后线上模式、先线上后线下再线上模式和先线下后线上再线下模式，具体定义与典型案例如下表。

O2O 4种商业模式

模式	过程	典型
先线上后线下	线上平台+资源流转化，通过线上线下互动，将实体的服务产品商业流引导到平台上完成交易，且用户又可以享受到线下的用户体验	互联网企业：滴滴打车
先线下后线上	企业线下平台+线下营销+将用户导入线上平台商业流，促使线上线下互动并完成整个支付交易的闭环	实体企业：苏宁云商"电商＋店铺＋零售服务商"模式

续表

模式	过程	典型
先线上后线下再线上	线上平台营销+引导用户到线下享受服务体验+引导用户回线上完成交易及消费体验	团购、电商等企业：京东商城和实体店进行物流合作
先线下后线上再线下	线下平台+借助第三方网上平台交易+线下用户体验	本地服务企业：消费者到线下门店后用美团购买券，再享受服务

O2O的核心技术有两个，一个是联系线下与线上的LBS技术，另一个是提供付费渠道的线上支付技术。

LBS技术（Location Based Services）。LBS是基于位置的服务，是利用各类型的定位技术来获取定位设备当前的位置，通过移动互联网向定位设备提供信息资源和基础服务。

线上支付技术。线上支付是O2O模式的核心之一，结合互联网的线上展示功能，方便客户线上选择产品，获得优惠，并进行快速便捷的支付。

二、O2O业务发展趋势

O2O已经在不同领域有了广泛的应用，本节选取了零售业、医药业、餐饮业和教育业，分析了O2O模式的发展趋势与前景。现阶段零售业的生态体系在可见层面的整合已经进入持续发展期，运营生态和底层逻辑也发生了深刻变化。

（一）互联网新零售

1. 客流优化系统

电商平台将成为实体零售门店的流量分配中心，覆盖O2O的全渠道流量。线上流量方面，"线上下单、线下配送"的3公里生活圈模式将会成为常态，互联网平台可以联结巨量的线下门店。这种方式不一定是当前阿里巴巴的"盒马式"自营，或者腾讯"永辉式"的股权投资，而是可以像美团与餐饮商户之间的系统接入，还可以纳入包括传统便利店和零售小店在内的海量长尾零售终端，线上用户订单可由这一系统分配至各实体门店。在线下流量方面，电商可通过极高渗透率的支付、通信等应用，基于不同买家的实时位置，向消费者即时推送周边实体门店的商业信息，并向零售商收取对应的流量费或者广告费。

2. 智能选品系统

在该系统下，消费者在线下单、在智慧门店消费或者在线下购物时采用移动支付，就意味着其全部的购物轨迹均可被收集记录。这样互联网头部企业就可以搭建巨大全面的"消费行为数据库"。从安全和隐私角度看，移动支付记录消费额，线上平台记录商品信息，智慧门店记录门店行为和其他行为数据。这种数据库可以按照门店辐射范围内消费群体的偏好，精准推荐商品，协助线下实体进行品类规划。目前盒马鲜生就是执行这种思路的典型实例。

3. 数字化供应链系统

电商虽然在分销模式中难以颠覆现有的经销体系，但正在借助B2C和B2B平台的推广引领消费供应链的数字变革，数字供应链系统的目的就是将供应商信息、需求变化、商品数据和物流资源融为整体，将分散的数据接入统一网络。这样可以实现供货商和品牌商信息，商品进、销、存数据的持续在线，以此帮助各级生产商、供应商准确实现未来的需求预测和更为优化的物流资源统筹。

4. 本地生活

盒马鲜生是阿里巴巴对线下超市完全重构的新零售业态。盒马鲜生通过阿里巴巴全球跨境电商网络，以生鲜为主要切入点，逐步引入市场认可度高的"天猫全球购"来丰富产品，重构线下零售。盒马鲜生打造O2O消费场景，把盒马门店作为线上App的仓储与配送中心，通过线下购物体验提升消费者的认知度与美誉度，满足周边3公里辐射区内顾客对生鲜品类采购、店内堂食等休闲消费的需求，再把消费者引流回到线上电商，最终成为其目标的黏性用户。盒马鲜生的主要消费群体为80后和90后。具体运营流程分线上和线下双重路径。

（二）医药业

在面临机遇的同时，医药业也面临挑战。随着互联网的逐步推进，药商O2O电子商务模式也将不断地发展创新。

（三）餐饮业

规范化、标准化，产业价值链整合和营销创新预计是其未来的发展趋势。餐饮业发展O2O模式的阻碍之一是电商平台上的商家饮食分类杂乱，同一类别的饮食在运营与实践方面的做法不规范。同时，作为市场的一部分，其规范化也是保障电商市场有序进行的关键。所以，随着O2O商务模式的发展，餐饮业发展模式、饮食制造过程将会逐步走向规范化、标准化。

（四）教育业

O2O教育模式（online to offline）是将传统的课堂教学（线下）与现代网络技术（线上）深度融合的一种全新的教育模式。"互联网+"背景下O2O教育模式的应用给传统教育带来颠覆性冲击的同时，也提供了前所未有的优质教育资源和教育机会。随着信息技术对教育影响的日益加深，传统课堂教育和现代网络教育之间互相渗透的程度也愈发明显。充分利用现代互联网技术，让线上教育（online education）和线下教育（offline education）实现良好的优势互补与相互延伸是当今教育界新的热门话题。基于"互联网+"背景下的O2O教育生态圈的构建将成为该模式在教育行业的重要发展趋势。

第 三 章
行业数字化转型趋势

第一节　互联网行业

一、互联网行业发展趋势分析

（一）互联网用户持续高速增长

互联网世界统计（IWS）数据显示，2011—2020年，全球互联网用户数量持续高速增长。截至2020年5月31日，全球互联网用户数量达到46.48亿人，占世界人口的比重达到59.6%。

中国互联网络信息中心（CNNIC）发布的第50次《中国互联网络发展状况统计报告》数据显示，截至2022年6月，我国网民规模为10.51亿，较2021年12月新增网民1919万，互联网普及率达74.4%。网民人均每周上网时长为29.5个小时，使用手机上网的比例达99.6%。在信息基础设施建设方面，截至2022年6月，中国千兆光网具备覆盖超过4亿户家庭的能力，已累计建成开通5G基站185.4万个，实现"县县通5G、村村通宽带"。5G移动电话用户数达到4.55亿，短视频的用户规模达9.62亿，即时通信用户规模达10.27亿，网络直播用户规模达7.16亿，在线医疗用户规模达3亿。

（二）互联网行业新技术、新应用层出不穷

裸眼3D、元宇宙、远程会议、VR设备、人机交互、智慧医疗等引人注目，不少服务已进入高频应用阶段。随着元宇宙的概念大火，Web3.0逐步进入公众的视线。Web 3.0在2014年由以太坊联合创始人加文·伍德（Gavin Wood）提出。他指出，Web 3.0是一种全新的互联网运行模式，由用户自己发布、保管信息，不可追溯并且永不被泄露，即"去中心化的网络"，被认为是互联网下一个时代的关键核心技术。

智能快递柜、线上直播展会、电商直播、网络在线授课、无人零售等

新技术、新应用、新业态，不断深刻地改变着人们的日常生产和生活。高清视频、短视频、全景直播、大屏社交、家庭办公、在线教育等互联网业务的全面发展，使互联网流量迅猛增长，流量消费潜力释放，用户互联网接入、互联网骨干和互联网交换中心都正在现有的网络基础上"提速"，以满足用户的需求。

（三）工业互联网发展趋势迅猛

工业大国领跑全球产业发展。在59个主要工业国家中，美、中、日、德四国工业互联网产业增加值规模占比超过50%。美国工业互（物）联网联盟（IIC）、德国工业4.0平台等组织聚焦差异化方向持续推动产业生态建设。艾媒咨询数据显示，2016—2020年，全球工业互联网软件与平台市场规模由3322.82亿美元增至4181.35亿美元，预计2025年将突破6000亿美元。

中国工业互联网研究院统计，2021年全球工业互联网产业增加值规模达到3.73万亿美元，年均增速近6%。截至2022年5月，中国工业App总量突破59万个。

（四）产业互联网成为发展重点

当前网民数量、手机用户数量进一步增长空间有限，移动互联网月活用户增速持续下降，互联网增量红利逐渐消退。数字经济真正的蓝海在于数字化平台与生产场景结合，对传统产业进行赋能升级，形成产业互联网。

通过产业互联网，传统企业将互联网技术全面应用到产业价值链，从生产、交易、融资、流通等环节切入，以网络平台模式来进行信息、资源、资金三方面的整合，从而提升整个产业的运行效率。

产业互联网是以企业为主要用户，以生产经营活动为关键内容，以提升效率和优化配置为核心主题的互联网应用和创新。随着越来越多的经济活动转移到线上，催生了远程医疗、在线办公等新的业态和经济增长点。

数字技术与实体经济融合创新的特征更加明显。

二、互联网行业数字化转型路径

互联网数字化转型升级有三种流派的数字化战略转型演进路径：互联网（OTT）进入行业、行业互联网化、运营商互联网化。

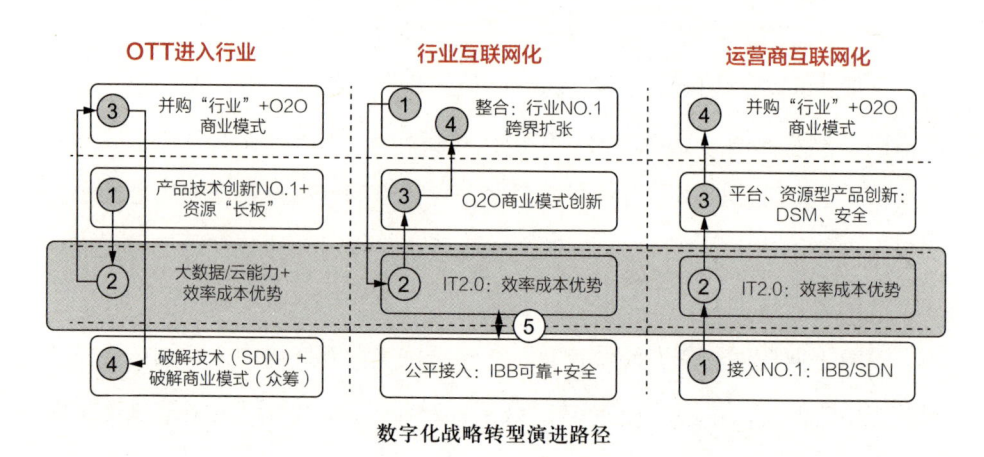

OTT进入行业	行业互联网化	运营商互联网化
③ 并购"行业"+O2O商业模式	① 整合：行业NO.1 ④ 跨界扩张	④ 并购"行业"+O2O商业模式
① 产品技术创新NO.1+资源"长板"	③ O2O商业模式创新	③ 平台、资源型产品创新：DSM、安全
② 大数据/云能力+效率成本优势	② IT2.0：效率成本优势	② IT2.0：效率成本优势
④ 破解技术（SDN）+破解商业模式（众筹）	⑤ 公平接入：IBB可靠+安全	① 接入NO.1：IBB/SDN

数字化战略转型演进路径

（一）互联网进入行业，以Google为例

1. 构建资源"长板"

Google借助搜索领域的优势，不断进行技术和业务创新，形成在用户群上的绝对优势地位。

2. 云/大数据化

Google通过把IT系统升级到云、大数据架构体系，支撑搜索业务量从10亿次/天平滑增长到50亿次/天，而成本从640亿美金/年降低到40亿美金/年。

3. 并购进入行业新领域

Google陆续进入制造业、机器人行业。通过并购进行互联网化升级和数字化改造，构建独特优势。

4. 新模式进入基础宽带接入领域

Google的Fiber计划、Balloon计划、Titan计划等都是以新技术、新网络架构（SDN）、PPP合营新商业模式重塑宽带网络体系。

（二）行业互联网化，以BMW为例

1. 构建资源"长板"

通过在汽车专业技术、制造工艺方面的持续积累和创新，构建起在该领域无人可以撼动的领导者地位。

2. 云/大数据/AI化

通过互联网、大数据、云技术的应用，提升效率、降低成本、改进流程和优化管理，实现库存、电耗50%以上的优化，支撑按需的生产和个性化定制的产品设计。

3. 创新商业模式

BMW通过大数据平台积累的数据信息，进军汽车保险行业，实现商业模式创新。

4. 构建网络体系

在行业、企业内部构建自有的内部网络体系，开始参与PPP的众筹建网计划，以自身的业务需求直接拉动网络建设。

（三）运营商互联网化，以美国领先运营商ATT、Verizon为例

1. 构建网络"长板"

通过加速4G部署，构建起网络领域的TOP2优势。

2. 利用云、大数据、移动、社交等新技术

面向流量运营和服务升级 BSS/OSS 等支撑系统为 IT2.O，支撑新业务运营、提升流程和管理效率、降低运营成本。

3. 基于平台型优势和业务优势

开放合作和创新进入个人、企业、行业市场，如 ATT 通过并购十几家安全领域的软硬件公司，利用自身的全球宽带网络、40个数据中心集成打造企业5层解决方案。

4. 并购整合或进入行业市场

如 AT&T 并购 Nextel、Usacell、NII 等扩展网络规模，Verizon 并购医疗机构和医院等进入医疗领域开展数字化医疗创新。

（四）数字化转型特点

三种流派的战略路径虽然体现了各自业务领域的特点，但也展示出数字化转型的共同特点：

基于优势业务构建"长板"建立生存基线；构建数据平台能力，依托优势"生长"；跨域业务和服务创新——通过并购和创新产品、服务，实现在新领域的破解替代；跨域商业模式创新——通过现实和虚拟世界融合，创新O2O新商业模式，实现商业上的闭环。

第二节 电信行业

一、电信行业发展趋势分析

（一）需求驱动变革，体验改变世界

信息技术是过去30年对人类世界影响最为深远的一项技术，而电信行

业则是信息时代的基石，实现了全球60多亿人的通信连接。

信息社会发展到今天，未来将会有更多人和物被连接到网络，物理世界和数字世界正在加速融合，人类社会正发生着剧烈的改变，人的情感、财富、知识、历史等，正在加速从线下转移到线上，以"0101"的形式被发送、传输、接收、展现、存储起来。

人们早上睁开眼的第一件事就是打开手机，晚上睡觉前最后一件事也是看手机。人们已经离不开网络，数字生活已经和日常生活紧密相连，每个人已经进入了全连接的数字时代，随时随地需要到数字世界探索翱翔，新时代下的人类也被称为"数字元人"。而在全连接的"数字元人"时代，用户需求一定将是实时（Real-time）、按需（On-demand）、全在线（All-online）、服务自助（DIY）和社交化（Social）的，这就是ROADS化客户需求。运营商只有开启数字化转型之路，才能满足这种ROADS化的客户需求。

（二）运营商面临数字化转型

综合各个国家政治经济和ICT发展情况，未来电信行业的数字化转型中运营商有四种战略定位角色，分别是国家ICT规划师、全业务运营商、数字使能者、智能管道主导者。中国电信韦乐平指出，中国电信未来的定位是"智能管道的主导者、综合平台的提供者、内容和应用的参与者"。中国移动的奚国华则认为，中国移动未来是"致力于移动改变生活、打造优质智能管道、可信赖的数字服务专家"。

（三）运营商从CT向IT转型，最终实现ICT融合

运营商转型的目标是在商业模式、运营模式、基础架构、研发模式上全面对标互联网公司，依托大管道、大平台成为真正以软件为主的互联网业务创新公司。

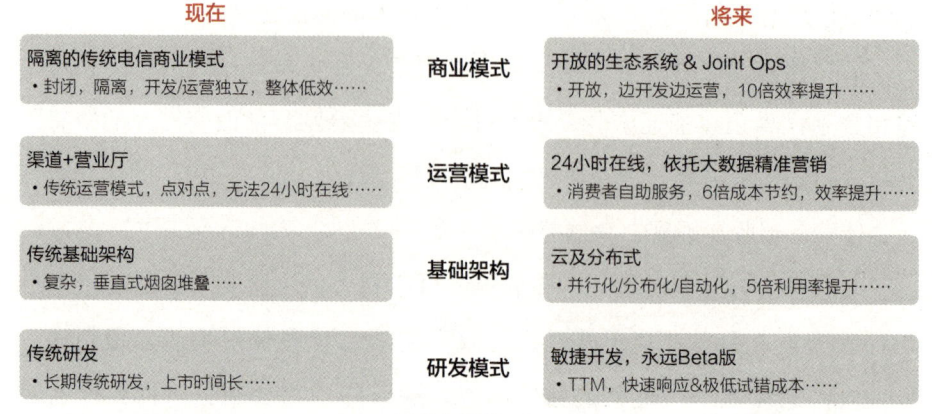

现在		将来
隔离的传统电信商业模式 • 封闭，隔离，开发/运营独立，整体低效……	商业模式	开放的生态系统 & Joint Ops • 开放，边开发边运营，10倍效率提升……
渠道+营业厅 • 传统运营模式，点对点，无法24小时在线	运营模式	24小时在线，依托大数据精准营销 • 消费者自助服务，6倍成本节约，效率提升
传统基础架构 • 复杂，垂直式烟囱堆叠……	基础架构	云及分布式 • 并行化/分布化/自动化，5倍利用率提升
传统研发 • 长期传统研发，上市时间长……	研发模式	敏捷开发，永远Beta版 • TTM，快速响应&极低试错成本

运营商转型目标

运营商基于自身在CT上积累的优势，开始谋求向企业IT、行业应用的转型，最终实现IT与CT的融合。

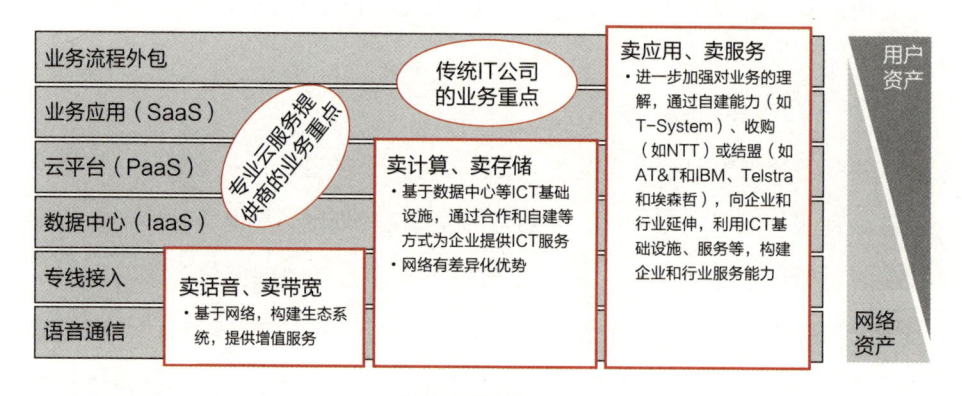

运营商转型路径

（四）TMF标准将引领运营商数字化转型

TMF（电信管理论坛）启动"数字业务参考框架"，引领运营商数字化转型。TMF从"传统Framework"扩展到"业务敏捷参考框架""数字业务参考框架"和"客户交互框架"。TMF所提出的五大主题"创新、标准、优化、开放、云化"，帮助运营商更好地把握数字经济革命所带来的机会。

运营商数字化转型体现的还是产品管理、伙伴管理、客户管理、收入管理、资源管理五大生命周期管理在数字经济环境下的改进、提升和变革。

电信运营商属于传统工业化管理体系，流程种类繁多而冗长。在这个业务快速变化的时代，传统方式极大影响了决策和运作的效率，未来需要的灵活的管理机制：

（1）没有强制性的中心控制，次级单位之间彼此高度连接，点对点间的影响通过网络形成了非线性因果关系；

（2）扁平化、网络化、垂直化、分权化、民主化、社会化、国际化，不仅确保高效灵活运行，而且极大激发了组织成员的创新能力。

（五）业务模式向使能级的平台化服务演进

电信行业的业务模式在网络能力开放的总体趋势下，从封闭的产品级服务，到开放的能力级服务，最终将演进到基于能力聚合运营的数字化应用使能服务。

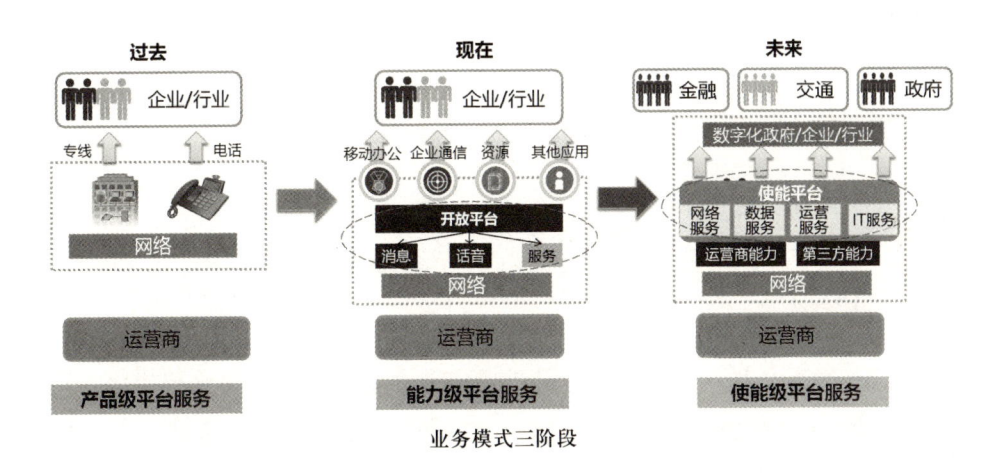

业务模式三阶段

三个阶段的业务模式：

产品级平台服务，特征是智能提供单一的能力产品，并且与业务/产品耦合，基本没有"平台"概念；

能力级平台服务，特征是提供多能力打包的应用，平台与业务解耦，有一定的开放能力，可灵活支持多个应用开发；

使能级平台服务，特征是提供全面的数字化使能服务，能够根据产业中不同角色分工和定位构建平台。

二、电信行业数字化转型路径

（一）打造实时在线使能平台，支撑数字化运营商的敏捷运营

为了使能万物皆服务的灵活动态的商业模式，数字化运营商的运营模式必须从传统的大而全（性能，容量和成本）转变为数字化运营的快速、智能（业务创新，用户反应，TTM，故障处理等）。一方面，为了提供ROADS用户体验，端到端的运营必须快速，其中协同能力是核心，来支持快速、多变、自动化的运营流程和服务；另一方面，为了提供灵活的万物皆服务的商业模式，需要通过大数据能力使使能平台提供个性化服务，实现数据驱动的智能运营。

通过数字化运营，实现商业敏捷化，表现为产品多样性、精简和自动化的商业流程、最佳的用户体验、更多的合作模式（B2B，B2C，B2B2C，O2O等）、最新技术的运用等。

运营商与互联网公司在数字化渠道上的差距包括以下4个方面。

1. 客户体验

渠道前端大部分业务流程是基于用户单向交流实现，缺乏智能化、互动社交能力；渠道前端展现功能欠缺，无法为客户打造专属的个性化服务，与互联网公司存在一定差距。

2. 渠道能力

对外输出能力不足，难以引入商业合作伙伴，实现资源互补和创新业务的推广；缺少新技术支持（如HTML5，高清视频，高清语音），缺乏互

动、分享和自传播机制。

3. 精准营销能力

各渠道的客户信息、交易信息等数据没有进行统一有效地整合和分析，缺乏大数据运营支撑能力，无法为精细化服务提供支撑。

4. 运营管理

现有运营系统独立建设、入口较多，不能从全局进行整体管控，缺乏统一的运营管理平台，缺乏客户体验运营机制，难以进行全渠道的业务运营、系统运维、用户体验情况的实时监控。

（二）准确定位生态系统，实现数字业务聚合与运营

进入数字经济时代，电信行业从单边市场模式走向多边市场模式，需要更加开放和包容。在运营能力上，基于自身在本地分发和变现渠道的优势，构建合作伙伴业务高效数字化分发渠道和变现渠道，打造开放的数字业务生态系统，实现聚合运营。在业务发展上，基于有优势的用户触达能力，加快从传统的话音类增值业务向数字化全业务演进。在IT基础支撑上，基于可靠的支付和对账系统，加快业务流程和管理流程的数字化、服务化转型。

在商业模式上，加快构建数字化运营商。互联网化和数字化带来需求的快速变化，需要从传统商业模式依赖固定的预先定义的工业化产品——杀手业务（Killer Application），转变为更灵活的商业模式。电信行业能够面向长尾型应用提供个性化的服务，即时、按需满足客户需求，提供ROADS式的数字化服务。面向未来的数字化运营商，是一种提供万物皆服务（Everything as a Service）的商业模式，可以是智能管道，可以是数字业务使能，最终目标是开放数字生态使能者（Open Digital Ecosystem Enabler），甚至是几种模式的混合体。

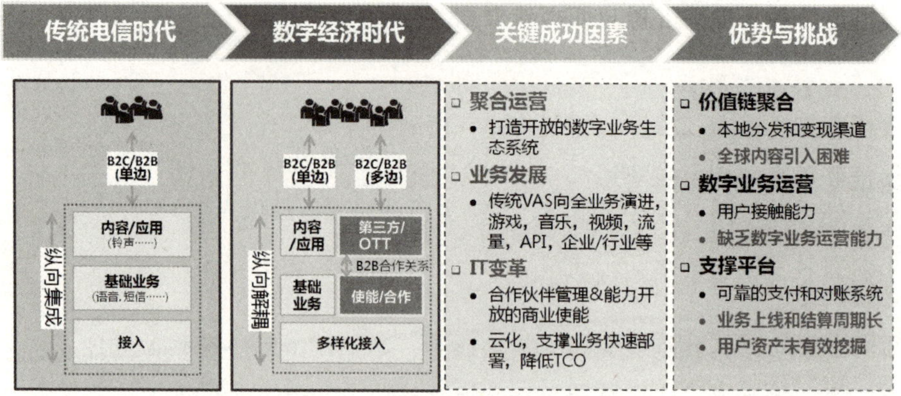

构建数字化运营商

电信行业经过数字化转型达成4个方面的改变：一是商业模式做到万物皆服务（EaaS），业务更加开放，管道更加智能；二是运营模式更加敏捷，个性化、自适应能力得到加强，大数据辅助决策；三是架构更加开放，实现能力化、服务化和平台化；四是组织更加简单，组织扁平化，实现一定程度的自治，数据驱动运作。

第三节 金融行业

一、金融行业发展趋势分析

（一）金融服务从"交易"走向"交互"

金融行业从Bank1.0到Bank4.0，业务发生着深刻的变化。处于领先的国家和银行已经从消费金融和产业金融建设，逐步走向万物交易。数字货币和智能物成为万物交易的基础。

金融行业数字化趋势

（二）金融服务走向全场景的体验式服务

一方面由于互联网业务的快速发展，用户行为习惯已经发生了很大的改变；另一方面，公共卫生危机事件也在深刻地改变着金融行业，两者结合加速了金融行业数字化转型的步伐。银行将从传统金融和移动金融服务，快速向生活金融和面向未来的全场景金融演变。未来的金融服务将会无处不在，同时也会使能千行万业，最终实现全场景的体验式服务。主要有以下4点趋势特征。

1. 全客户

金融机构面向C端、B端、G端及F端等不同客户群体，为其提供产品和服务，并以客户为中心构建全场景、全渠道、全智能、实时交互的服务。

2. 全渠道

通过人与人、人与物、物与物的智能连接，智慧感知用户需求、重构风控模式和模型。依托实时智能交互技术，根据用户需要，动态引导用户在不同场景均可无摩擦地享受到各种服务，重构和提升用户体验。

3. 全场景

金融机构围绕客户的各种场景，例如，消费者的生活场景、企业的生产经营活动，通过 Open API、SaaS 等技术新形式构建融入客户各个场景的服务模式，并基于这些场景构建场景化的生态伙伴体系，与生态伙伴共建共生、价值共享及跨界赋能。

4. 全智能

面对即将到来的超千亿的智能连接、深度融合的服务场景及广泛的生态伙伴体系连接，依托数据和人工智能实时感知用户需求。依托实时智能交互技术，根据用户需要，动态引导用户在不同场景服务中迁移并获得所需服务，依托流程自动化等智能技术，可敏捷运营、提升用户体验，等等。

（三）业务发展驱动金融架构转型

为适应业务的快速变化，金融技术架构以追求开放、智能和敏捷为目标，快速向云化、分布式架构演进，实现全数字化、分布式化的交互、交易、决策与运营。

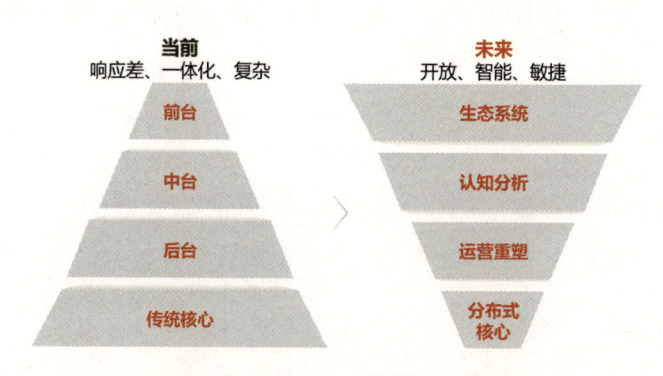

当前
响应差、一体化、复杂

- 前台
- 中台
- 后台
- 传统核心

未来
开放、智能、敏捷

- 生态系统
- 认知分析
- 运营重塑
- 分布式核心

从集中式走向分布式，从封闭走向开放

为适应新业务、新架构的变化，金融 IT 基础设施也受到多类新需求挑战，归纳为"高性能、高可用、高安全、高效运维、绿色低碳"四高一低五个方向。

(1) 高性能。线上交易剧增，要求业务交易性能支持万级事务 TPS。

(2) 高可用。业务连续性要求高，需要支持双活/两地三中心灾备能力。

(3) 高安全。防治重点从事前转向事中和事后，业务受攻击后完全恢复要减少到小时级。

(4) 高效运维。端到端故障定位和修复时间要减少到分钟级。

(5) 绿色低碳。绿色金融战略驱动绿色技术升级，控制单位交易能效。

二、金融行业数字化转型路径

（一）打造金融行业数字化转型整体方案的数字底座部分

提供面向金融云化的完整数字化基础架构，实现"端云一体、数智融合"。

基础设施层面，面向金融机构提供涵盖云、边、端的数据基础设施，从端侧的手机、IoT到边侧的机器视觉，到数据中心的服务器、交换机和存储。

云平台层面，提供公有云、金融专属云、混合云、边缘云等多种金融云形式，以满足不同金融客户的诉求。

数智应用层面，提供从数据采集、治理、分析、到数据和AI应用的各类部件和咨询规划能力，帮助客户发挥数据的价值。

（二）面向金融业务平台

聚焦于5大智慧引擎的建设，使能金融客户应对瞬息万变的市场。

实时交易引擎：面向在线实时交易，提供分布式新核心和数字支付系统。

实时风控引擎：通过大数据和人工智能技术，提供2B和2C的实时风控，实现秒级等待、实时决断。

精准营销引擎：通过大数据和人工智能技术，提供面向营销的实时数据采集、分析、管理。

自动化运营引擎：通过自动作业机器人RPA和人工智能技术，提供自动化运营能力。

敏捷开发引擎：基于云的产品工厂实现产品的快速建模和定义，基于DevSecOps开发流水线，采用安全容器方式进行微服务的金融产品开发，缩短金融产品上线时间。

（三）面向金融渠道

提供多种创新型数字化手段，帮助金融机构实现"情景化的旅程交互"。

提供原子化服务，将金融服务嵌入各类生活场景，实现无感金融服务。

提供实施消息推送服务，实现场景化、高触达。

提供视频直播、短视频等互娱营销方案，实现实时互动，根据互动情况实时反应调整。

（四）面向行业场景

基于金融SaaS服务，把教育、医疗、文旅等行业场景嵌入金融服务中，提供泛在化的跨业金融服务使能平台。

基于分布式核心系统和移动支付平台，帮助无法享受金融服务的客户群体基于移动端享受金融服务，实现普惠金融。

第四节　制造业

一、制造业发展趋势分析

（一）从"制造"向"智造"转型是主要工业国的共同战略

进入21世纪，在信息化高速发展的背景下，信息化和工业化互相渗透和促进所形成的"两化"融合，已成为我国和世界上许多主要发达经济体的核心发展战略之一。外部客户和消费者的个性化、体验化需求，内部研发及生产的创新压力、成本压力、效率压力，都需要制造业企业通过数字化的变革来应对。

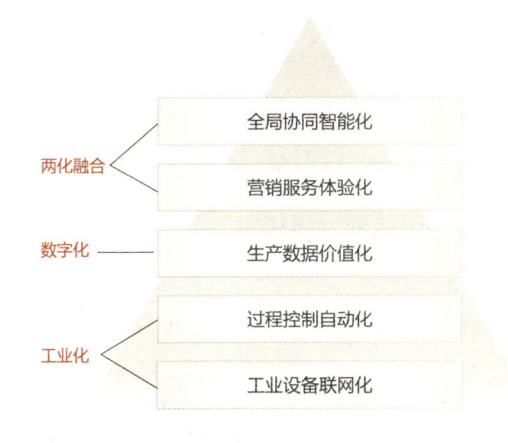

```
                    全局协同智能化
        两化融合
                    营销服务体验化

        数字化       生产数据价值化

                    过程控制自动化
        工业化
                    工业设备联网化
```

- **消费需求升级**：个性化、体验化、社交化
- **竞争力难持续**：研发和创新成本高、周期长
- **降本增效诉求强**：生产效率和供应安全的压力大

制造业数字化变革趋势

（二）OT与ICT走向深度融合

在IT概念产生前，企业核心竞争力是OT（Operational Technology）。OT的基础是工业知识的积累和传递，将人的隐性知识转化为机器语言，成为一种可执行的知识体系。日本企业提出的即时生产（JIT）、看板管理（KBM），德国企业提出的柔性制造系统（FMS）等都是该阶段的典型实例。而随着PC控制、互联网、数字化等的发展，IT进入爆发式增长阶段，OT和IT的融合已是大势所趋，也是制造业智能化道路上的关键问题。

（三）数字技术重构行业竞争力

制造企业，能否保持长期竞争力，及时、高效地使用ICT技术来重构业务成为一个关键。新一代ICT技术在制造业中深度应用，重构竞争力。在研发领域，研发创新的流程化、数字化，产品本身的数字化、智能化，迫使企业必须要加大在相应领域的投入。在生产领域，从按库存生产到按订单生产成为必选方案。制造企业正在通过设备联网来采集过程数据，持续分析改进，以提升效率、降低能耗。业务场景的数字化，需要一系列关键的ICT技术来支撑。要实现生产作业数据实时传送，一个工业级无线AP的吞吐率要达到10Gbps；要实现智慧物流，让AGV跨区不断线，工厂网络就要支持无损漫游；要高效完成自动驾驶算法训练，支撑PB级数据读写流转，存储设备就要能够支持多协议兼容、零拷贝。

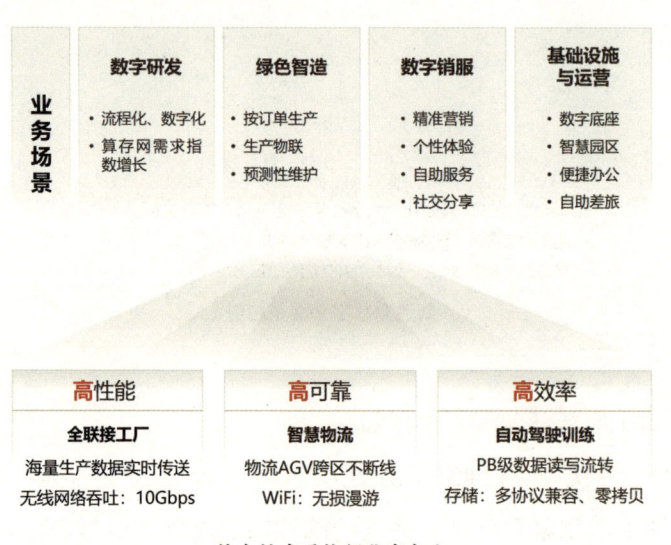

业务场景	数字研发	绿色智造	数字销服	基础设施与运营
	·流程化、数字化 ·算存网需求指数增长	·按订单生产 ·生产物联 ·预测性维护	·精准营销 ·个性体验 ·自助服务 ·社交分享	·数字底座 ·智慧园区 ·便捷办公 ·自助差旅

高性能	**高**可靠	**高**效率
全联接工厂	智慧物流	自动驾驶训练
海量生产数据实时传送	物流AGV跨区不断线	PB级数据读写流转
无线网络吞吐：10Gbps	WiFi：无损漫游	存储：多协议兼容、零拷贝

数字技术重构行业竞争力

二、制造业数字化转型路径

（一）纵向整合及网络化

1. IT系统整合

企业生产系统的纵向整合及网络化需要新的IT解决方案支持。目前，很多企业的IT基础设施仍呈碎片化，导致生产系统无法实现高效的网络化运行。企业需要搭建更加包容的新系统，这个系统可能包括传感器供应商、模块、控制系统通信网络、商业应用以及用户界面应用等各种构件。正确选择并将这些构件整合为一个集大成的IT系统的企业，将长期具备市场竞争优势。

2. 数据分析及数据管理

智能制造将产生海量数据。企业通过数据收集、分析和整理获取新的市场洞见，从而支持商业决策的制订和创造新的竞争优势。企业需要具备数据分析和数据管理方面的专业能力，才能透过数据发现商机并在此基础上建立新的业务流程。

3. 基于云的应用

基于云的解决方案的网络化可以为企业提供获取及有效使用大数据的绝佳机会。基于云的解决方案对智能制造的重要性与日俱增。生产系统的分布式网络具有从前难以比拟的计算能力。基于云的各种应用使随时随地获取数据成为可能。工厂之间的数据收集、监测、分析得到简化，全球价值链的数据收集和分析也具有可行性。这项功能是实现供应商和客户端无缝连接和超越产品范畴创新的基础。

4. 运营效率2.0

向智能制造的数字化转型还为进一步提高运营效率创造机会。将传感器和机械部件收集到的数据进行有效分析、评估及应用，帮助企业快速有效地制订与安全运营、工作流程、服务和维护相关的决策。透明度不仅使开发和生产流程更加有效，还可以为客户减少运营成本。因为设备的维护将更精准地基于客户需求，为企业提供设备可靠性和服务价格两方面的竞争优势。

（二）价值链横向整合

1. 商业模式优化

智能制造意味着对非传统商业途径的迅速把握，而并非仅对原有商业模式的修修补补。为了做到这点，企业需要在员工个人层面和企业组织层面培养新技能。

2. 智慧供应链

更贴近每个客户的需求并连接合作伙伴的新商业模式，会对供应链提出新的要求。企业数字化转型将创建一个数据库，使得供应链从客户需求到最终交付的每个环节都更聪明、透明、有效。当企业数字化能力加强，研发、采购、生产和销售的协同效应也相应扩大。

3. 智慧物流

数字化浪潮下，新一代的全球价值网络必将要求物流系统更加智能。技术的整合是一大挑战。企业必须同时满足许多环节的新要求，如物流系统弹性、新服务、新仓储和配送模式，以及连接产品内部生产、外部组装方和外部服务。

4. IT安全管理

网络规模的不断扩大和高度的数据共享对数据安全的要求日益增强。企业迫切需要建立定制化的风险管理系统和网络安全策略，以防止或减少价值链环节可能遭受的攻击。在IT安全方面，制造业严重滞后于金融行业。企业必须就未授权使用及侵权对新产品、数据、知识产权等进行保护，甚至需要开发新的安全方案。

5. 新税收模式

3D打印技术可以实现在任何国家生产产品，而无须跨越物理的国界。

这将带来增值税、海关等税收法规的变化。

（三）全生命周期数字化

1. 多领域创新

智能制造将使制造过程贯穿价值链和产品生命周期。智能制造应用创新将不再仅仅是传统意义上的产品创新。制造业创新往往被理解为产品的创新，然而创新的潜力更多在非产品领域，如公司结构、流程、网络、盈利模式，除此之外还包括用户界面功能，如新的服务、渠道、品牌建设以及独特的用户体验。

2. 有效管理创新

成功的创新管理需要全公司的参与，包括战略、组织结构、项目组合管理和产品开发。数字化转型将进一步提高这些部门的创新管理效率。互动的个性化培训教材更利于因材施教，也加速企业战略的执行和人力资源的发展。在项目组合管理方面，企业利用智能制造解决方案不仅可以更容易地跟踪创新项目的投资回报，还可以借助全球其他类似项目的比较数据提前发现项目风险。在产品开发方面，信息技术可以用于加速产品研发，缩短产品研发到上市的时间。

3. 有效管理生命周期

智能制造的数字化转型使得在任何时间和地点获取产品生命周期的相关数据成为可能。这些数据可以帮助企业更好地了解客户需求，并基于客户需求实现产品生命周期定制化。

4. 知识产权管理

新的商业模式和合作模式要求企业针对数字知识产权问题制订新的、个性化的解决方案。

（四）借力新兴技术的爆发

1. 企业风险投资

进行企业风险投资，在新趋势形成早期进行投资才能最大受益于破坏性创新和新技术应用的指数式增长。投资新兴企业利于企业参与创新，并锁定长期竞争优势。企业需要给自己更多的自由去参与下一个大趋势的形成过程，只有这样，才能找到新的业务领域。而错过这个机会，企业的生存甚至会受到威胁。

2. 持续学习

企业如果想充分利用技术应用指数增长带来的机会，则必须具有持续学习的能力。企业对新技术的应用和整合是渐进的，更应该是持续的。保持学习是企业持续发展的关键。太激进的改变往往造成效率下降。"不积跬步，无以至千里"，成功的新流程和新业务总是小步开始，在过程中持续提升，才逐渐成为企业创新领域的"杀手锏"。

第五节　汽车行业

一、汽车行业发展趋势分析

如今的汽车行业早已不是过去的江湖。工业时代所建立的百年游戏规则，正在数字时代被快速打破。汽车与交通、零售、电商、互联网、高科技等行业边界的模糊化，使得汽车发展环境从复杂变得更加错综复杂。混沌中，越来越多的车企开始"不按常理出牌"，企业间的竞争维度变得模糊与多元。如果非要把企业在不同维度的竞争力换算成一个统一的计量单位，那则是数商（Digital Quotient）。云计算、物联网、5G、人工智能、自动驾驶、区块链等数字技术以飞一般的速度进入到汽车行业所有的毛细血管中，重构企业对研发、生产、营销与服务的认知。车企对数字技术的想象力、驾驭能力，以及将技术与业务结合的能力决定了其是会成为未来汽车行业新的领军者，或是被颠覆者。

（一）未来汽车行业互联网化特点

一是开放。汽车将从封闭的系统走向开放，互联网化将使汽车成为重要的流量入口、平台和数据中心。汽车的开放将难以由车厂主导，会有第三方的力量来主导这一进程。

二是交互。曾经是信息孤岛的汽车将变得极具交互性，车与人，车与车，车与路，车与云的交互将成为未来汽车的关键能力。厂商也将基于交互性展开创新和竞争。

三是服务。汽车行业将不再以车辆销售为主导，更多的利润将来自针对车辆、车主和企业提供的各种服务。服务提供商这一角色的重要性将超过制造商和渠道商。

四是数据。大数据时代下，汽车将成为不可缺少的数据来源，不论是车辆数据还是车主驾驶行为数据都将为行业用户提供极大的价值，基于大数据的商业模式也将逐步显现。

五是安全。汽车系统从封闭走向开放之后，安全问题将凸显出来。汽车作为重要的移动终端，信息和数据的安全更甚于其他终端，因为行车中的任何系统故障都将是致命的。

六是自动。自动驾驶成为汽车行业的发展趋势之一，依靠人工智能、视觉计算、雷达、监控装置和全球定位系统协同合作，让电脑可以在没有任何人类主动的操作下，自动安全地操作机动车辆。

（二）汽车行业数字化转型趋势

一是数字化研发（协同研发）。研发过程的数字化、研发知识的数字化与研发工具的数字化是决定车企研发转型成败的关键。根据麦肯锡2017年研究报告,汽车研发的数字化渗透率为42%~54%,远高于各类产业的数字化总体平均值。协同研发创新平台与数字孪生/数字化仿真将是汽车研发的主流发展趋势,且两者间相互促进。

二是数字化制造(智能创造)。汽车制造代表智能制造的最高水平。无论是自动化还是数字化程度,都要领先于众多传统行业。智能化正成为近些年整车厂争夺的技术高点。高科技互联网企业的加入为汽车生产端工业智能/数据智能的开发注入了新的能量。华为等互联网企业,已经着手将自身的大数据能力、AI与算法经验(例如:图像识别、机器学习、关键因子识别、参数推优)应用于汽车行业,并持续发展。

三是数字化营销(数字化服务生态)。消费者汽车购买行为的变化加速汽车零售方式的改变。作为汽车购买的主力,"数字原生一代"对服务与体验有着全新的认知与期待。新一代消费者希望在汽车购买的全过程中,能够享受到如淘宝、京东等电商的个性化服务体验。众多新兴线上渠道的出现打破了汽车厂商与经销商对汽车零售的认知。消费渠道与信息触达通道的碎片化导致流量与消费体验的碎片化,汽车厂商需要构建数字化的服务生态,满足新兴消费需求。

四是数字化出行(数字技术+服务)。汽车行业中,移动出行服务(Mobility as a Services)将对车企的市场份额和利润造成巨大的冲击。根据普华永道预测,到2030年,出行服务将为汽车行业贡献30%的利润。中国的出行服务市场规模预计将达到6560亿美元,是2017年的43倍。汽车业更多的价值创造将来自于软件、IT与服务。围绕新平台、新技术、新模式与新服务,新企业需要从单纯的汽车制造商向移动服务商转型。

五是数字化中台(为客户体验而生)。业务中台的本质是为了更好地固化及沉淀企业的核心能力,并以中台集群的方式快速响应前端业务的创新。业务中台不是系统,而是一套数字化转型的机制。未来,无论是客户关系管理、营销、移动出行、供应链、生产还是研发，企业都需要业务中台的支撑。出色的消费者洞察与营销规划可以带来更好的用户体验，并随之产生更多的商机。因此围绕客户关系与营销管理打造的汽车全渠道营销平台成为众多车企当前最为优先的业务战略。

二、汽车行业数字化转型路径

（一）汽车行业互联网化进程

应用成熟度曲线模型（Application Maturity Curve）能够用来描述不同行业的细分领域中具体应用的发展阶段。对应到汽车行业，其互联网化进程中出现的各类主要应用所处的阶段如下图所示。

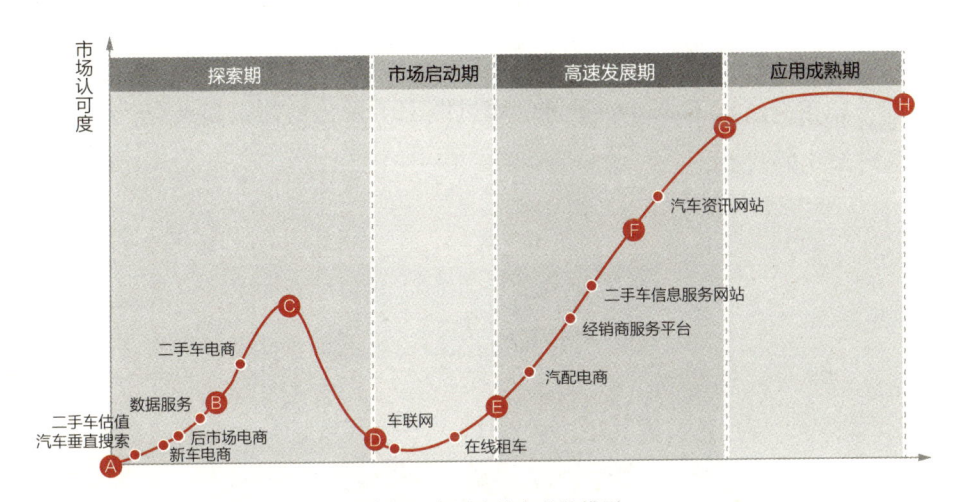

汽车行业应用成熟度曲线模型

探索期，市场认可度还非常低，相关的公司规模也比较小，还未形成较为成熟的商业模式，用户量也不大。需要市场内的企业进一步探索和创新，也需要资本层面的支持。比如二手车电商、后市场电商、新车电商等。这个阶段的企业会吸引早期资本的关注，但在逐步发展的过程中也有可能面临整合与调整。

市场启动期，已经初步具备了较为成熟的商业模式，经过探索期的调整和淘汰，生存下来的企业正在被市场重新认可。比如车联网和在线租车，在这个阶段已有相对强势的企业出现，部分企业在这一阶段开始IPO。

高速发展期，应用已经具备成熟的商业模式并经过多年的市场验证，盈利模式清晰，用户规模正在高速增长。比如汽车资讯网站、二手车信息服务网站等。

应用成熟期，市场认可度趋于稳定，同时有些应用面临盈利模式单一和天花板效应带来的发展瓶颈。

（二）具体转型路径

1. 汽车行业"营销"互联网化

行业的互联网化通常都是从"营销"开始的。汽车厂商把互联网作为厂商接触消费者的主流传播渠道，通过线上多元化的营销和推广，实现可监测可量化的营销。

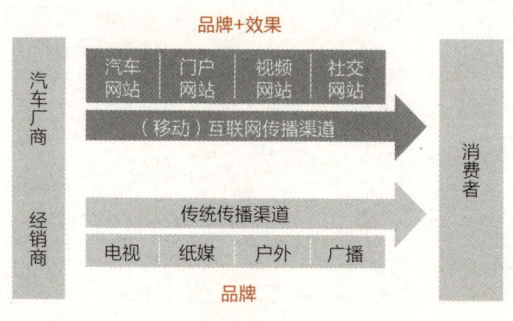

营销渠道对比

2. 汽车行业"渠道"互联网化

新车的销售渠道从原来线下的品牌专卖店和经销商店逐渐拓展到线上。二手车的流通渠道比较混乱和分散，包括交易市场、拍卖会、零售连锁、黄牛等，渠道业态众多，基于互联网可以打造在线拍卖平台和零售服务平台。配件在售后市场的流通渠道以汽配城、汽修厂、维修店和4S店为主，可以通过综合电商平台、垂直电商平台和售后服务电商平台实现配件线上销售业务。

	传统渠道	互联网渠道	
新车	品牌专卖店 经销商店	综合电商平台 汽车网站 厂商电商平台	线上支付渠道
二手车	二手车交易市场 二手车拍卖会 二手车零售连锁 二手车黄牛	在线拍卖平台 零售服务平台	
配件	汽配城 汽修厂 维修店 4S店	综合电商平台 垂直电商平台 售后服务电商平台	

销售渠道对比

由于汽车这一品类的特殊性，难以完全实现纯线上的销售，更多的是以O2O的方式来实现。比如新车，互联网渠道目前仅承担营销和引流的作用，由线下的门店完成后续的交易流程。比如二手车，交易前需要进行车辆检测，交易中需要进行车辆整备办理过户等手续，因此线下的门店是完成交易必不可少的一环。对于开展汽车类产品业务的电商平台来说，线下服务能力的构建和门店资源的布局依然是其核心优势的体现。

3. 汽车行业"产品"互联网化

互联网化的汽车是一个集环境感知、规划决策、多等级辅助驾驶等功能于一体的综合系统，它集中运用了计算机、现代传感、信息融合、通信、人工智能及自动控制等技术，是典型的高新技术综合体。汽车由一个孤立的设备进化成为智能化、具备强大计算能力，能够随时随地接入网络的计算中心、通信中心、娱乐中心和交互入口，随之产生的应用场景有着巨大的想象空间。

汽车的互联网化涉及诸多企业，包括车厂、芯片厂商、软硬件厂商、终端厂商、TSP运营商、通信运营商、服务和内容提供商等。目前前装市场是以车厂为主导，各大主流车企都推出了自己的Telematics系统。后装市场群雄并起，科技公司纷纷觊觎这一市场，谷歌的OAA、苹果的Car play、百度的Carnet、腾讯的路宝，都是企业争相切入汽车领域的重要举措。

4. 汽车行业"驾驶"自动智能化

自动驾驶成为汽车行业的趋势之一。自动驾驶汽车又称无人驾驶汽车、电脑驾驶汽车或轮式移动机器人，是一种通过电脑系统实现无人驾驶的智能汽车。依靠人工智能、视觉计算、雷达、监控装置和全球定位系统协同合作，使电脑可以在没有任何人类主动的操作下，自动安全地操作机动车辆。

5. 汽车行业"运营"互联网化

"运营"互联网化是行业互联网化的最后一个阶段，这是行业内的相关企业利用互联网技术实现企业内部各单元以及供应链上各个关联方的有效管理和协同。对于汽车行业来说，运营的互联网化仍处在非常初级的阶段，除了大型的整车厂商能够实现较为成熟的信息化管理和协同（主要还是在企业内部），下游厂商包括经销商和服务商的运营互联网化程度几乎为零。

汽车行业"运营"互联网化

第六节　医疗行业

一、医疗行业发展趋势分析

（一）互联网医疗重构传统医疗

随着移动通信产品和技术、远程及网络交流平台等基础设施的日益完善，实现移动医疗服务功能所需要的硬件设施和技术业已具备。与此同时，随着人们收入水平的提高，健康管理意识逐渐增强；巨大且不断增长的医疗费用支出，医疗服务资源（医护人员等）短缺，人口及健康结构改变等问题使医疗服务弊端日益凸显。政府也试图通过医疗体制改革和医疗模式更新来解决医疗服务的诸多痛点。

移动互联网使能医疗数字化，实现线下业务线上化，线上业务移动化，改善传统医疗消费五大问题。第一，病前的健康管理，互联网医疗有望帮助病人进行真正科学、有效的疾病预防，实现治未病；第二，病人就医方式上，互联网医疗能够突破传统医疗模式的禁锢，通过在线问诊和远程医疗实现优质医疗资源的跨时空配置，帮助病人免去不必要的到院就医；第三，在病人院内就医的体验上，互联网能够帮助优化患者院内就医流程，节约时间，提高效率；第四，在购药环节上，互联网医药电商的兴起有望带给患者更方便快捷、便宜的购药体验；第五，在整个医患生态上，互联网医疗能够优化医患对接机制，促进医患沟通，使医生价值最大化，服务最优化。

（二）数字技术加速医疗创新发展

数字技术正在像生物技术一样深刻影响着医学的发展与未来，加速数字技术与医疗健康全场景融合，是医疗行业数字化转型的关键。医疗行业已经基本走过了基础信息化建设和应用信息化建设阶段的大部分，整体上正在深入推进数字化医疗建设。有条件的国家和地区已经开始智慧化医疗建设阶段的积极探索和实践，5G、F5G、AI、IOT、云计算等数字新科技与医学工程相融合，赋能加速医疗健康行业创新发展，实现智慧医疗行业升级。

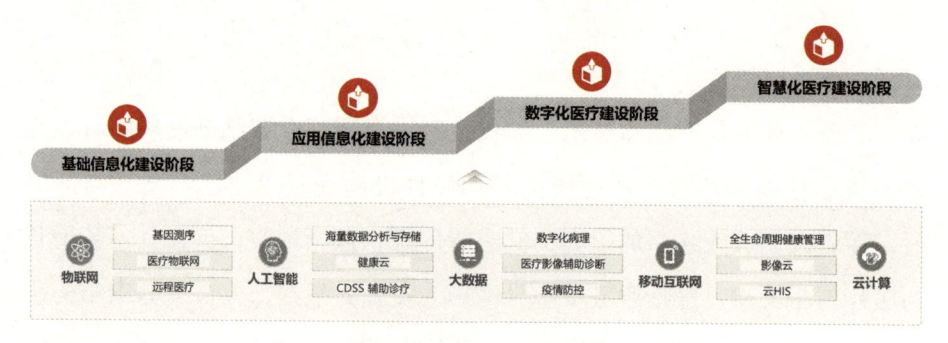

数字技术加速医疗创新发展

（三）各国出台政策法案推动医疗行业转型

欧盟发布 eHealth 10 年数字战略，法国发布 60 亿欧元医疗复兴计划，德国发布 43 亿欧元医疗预算及数字化法案。中国积极推进公立医院高质量发展，加快智慧医疗、智慧服务和智慧管理三位一体的智慧医院建设，通过数字技术支撑实现高等级医疗机构的一院多区一体化管理和高品质的同质化医疗服务，加快优质医疗资源的扩容下沉和区域均衡布局。

二、医疗行业数字化转型路径

（一）互联网医疗商业模式创新

互联网医疗商业模式存在于患者就医全流程的各主体诉求之中，主要包括患者、医生、医院三大角色，从刚性需求切入创新商业模式。

从患者角度，提高患者在各就医环节的体验是互联网医疗的价值所在。在健康管理环节上，量化健康工具及监督管理是消费者的主要需求。

目前，不少移动App以及可穿戴设备为用户提供健康统计、健康咨讯及社群服务；如专注女性健康管理的大姨妈、美柚，可穿戴设备智能手环制造商如小米手环、咕咚手环，以及穿戴式设备使用者的互动交流平台咕咚运动等。自诊和自我用药环节上，患者缺少的是专业、可靠的医学知识来源以及触手可及的医疗咨询。在线轻问诊平台、在线寻医问药类平台的出现，可以帮助患者解决80%的基础健康问题，专注于该环节的好大夫在线、春雨掌上医生等寻医问药类移动App目前发展势头良好。

在院内导诊、候诊和诊断环节上，患者的主要痛点为排队时间长、候诊时间长、取药时间长以及就诊时间短。互联网医疗可以帮助简化排队、付费、取单等复杂流程，为患者省时省力。目前，支付宝未来医院、金蝶医疗等已经开始布局，致力于改善患者院内就医体验。

医院外康复环节上，互联网医疗可以提供远程体征监测和医患互动服务，对于治疗后需要继续观望以及需要长期监测的慢性病患者来说，这一点十分关键。目前，慢病管理类移动App如糖尿病管理软件糖护士、中卫莱康远程心脏监测就是致力于该环节的典范。

从医生角度，可以借助互联网医疗增加合法收入、减轻工作负担、促进医患沟通、降低职业风险等。要增加医生合法收入，一方面，可以帮助其连接更多患者，打造个人品牌，获得更多患者青睐，如好大夫在线、春雨医生等App带来的影响；另一方面，可以帮助其提高行医水平，发表更多论文以获评更高级职称，如丁香园、杏树林等App带来的影响。

从医院角度，互联网医疗提供的价值有：一，建设医院信息系统，提高运行效率；二，打造网上医院，扩大服务范围；三，辅助营销；四，提高服务患者的水平。远程医疗手段的应用以及最近涌现的移动查房护理类、掌上医院类移动App是市场对医院提高服务水平这一诉求积极响应的例证。

（二）重点关注药企与险企两大收费方向的盈利模式

患者、社会保险、商业保险机构作为医疗付费者，药企、医生、医院作为医疗提供者，均对互联网医疗有着不同诉求，因而也是互联网医疗企业的重点收费对象。其中，以药企和险企为收费对象的盈利模式最值得关注。

首先，向药企收费是互联网医疗当下和未来的主要盈利模式。从价值需求角度，药企营销、研发成本巨大，依赖互联网的强大流量和数据进行营销，辅助研发是其刚性需求；从价值创造角度，基于流量的广告营销已经是目前向药企收费的主要盈利模式，而基于数据的精准化营销和支持研发决策的大数据营销将在未来获得更大的市场空间。

其次，向险企收费的模式曙光乍现，未来发展空间巨大。从价值创造角度看，互联网医疗由于能够实现数据跟踪和及时干预，客观上有潜力降低保险公司保费支出，帮助商业健康保险公司精准定价，满足其营销需求。从动态需求看，一方面，社会医疗保险费用支出高涨，亟须依赖互联网进行信息、流程监管，建立控费体系；另一方面，政策放开，商业保险进入健康保险领域，将填补社保巨大缺口，给互联网医疗带来更广阔空间。

最后，万达信息和上海市社保中心、卫宁科技与山西省医保中心均达成合作，进行互联网医疗服务和费用监控体系的开发，中国平安、中国人寿、泰康等保险公司都已开始布局搭建在线健康平台，进行客户健康管理和市场营销。

（三）从医药电商、在线问诊、挂号服务、可穿戴四大潜力方向入手

数字化医疗中最有潜力的方向主要有医药电商、在线问诊、挂号服务、可穿戴设备四个。其中，医药电商发展方面政策利好、空间巨大。一方面，随着处方药解禁、配送条件放宽，电子处方、医药分家及医保对接等逐步实现，为医药电商的爆发式增长提供了良好环境；另一方面，医药电商的发展确实将有助于简化医药流通环节，提高流通效率，大大压缩流

通成本，创造价值。随着政策利好，大型区域性连锁药店积极向线上转型，第三方平台、垂直式自营电商纷纷出现，大型流通企业也开始向医药产业进军，医药电商市场规模达到千亿级无虞。

在线问诊模式具有不可比拟的自优势。服务模式方面，在线问诊为患者提供了更便捷、廉价、实时的专业远程医疗服务。为医生打破了定点职业的界限，在政策范围内为医生创造了增收途径。效应方面，在线问诊平台拥有强大的互联网效应，能够汇集大量医疗资源，实现资源跨时间、跨空间高效匹配。平台提供者在积累了足够量的医患资源后，在向下整合资源、吸引融资上将拥有更大的空间。

挂号服务模式切入点明确，资源积累迅速，变现途径多样。从切入点看，挂号服务模式切入患者到医院就医的第一步，处于服务链关键位置，能够获取精准用户，向后向前拓展都有空间。从资源获取上看，挂号平台一方面与患者对接，另一方面与医院业务链条对接，能够迅速获取两方信息。从变现模式上看，挂号平台盈利渠道多样，主要针对挂号患者提供后续服务，包括挂号到就诊过程及诊后健康管理、诊后服务推介。可收费对象包括患者自身、医院、健康管理公司、医药公司等。

在可穿戴设备提供的一众功能中，健康管理、医疗检测功能无疑是最具刚性需求，功能最具革命的一项。在需求端，越来越多的年轻消费者开始注重健康管理，而老龄化问题及慢性病患者的增加，也增加了对可穿戴设备实时检测、远程监控等功能的需求。供给端的可穿戴设备厂商也正积极地以可穿戴设备为数据交互中心，为患者提供移动智能云服务，采集并建立的大数据库，探索更多基于患者数据的模式创新，如为医院诊疗检测、为医生辅助决策、为保险公司及时干预、减少保费支出等，具有较大的想象空间。

第七节　教育行业

一、教育行业发展趋势分析

（一）教育行业数字化转型潜力

随着社会发展，国家对于人才的需求从标准化向创新力、思辨力和数字化素养的方向不断深化。2019年，我国各级各类学历教育在校生2.82亿人，初中、高中、高等教育阶段的毛入学率分别为102.6%、89.5%和51.6%，高等教育进入普及化阶段，继续教育向多样化推进。我国劳动力平均受教育年限提高到10.5年。中国具有世界上规模最大的教育体系，支撑我国社会主义现代化强国建设。高校每年输送800多万专门人才，职业学校每年输送近1000万名技术技能人才，开展培训上亿人次。基础教育为科创创新培养持续的人才储备，高校教育则直接推动科研创新的进步。高校聚集60%以上的全国高层次人才，承担60%以上的国家基础研究和重大科研任务。我国高校专利转让率为5%~10%，远低于美国等发达国家。

ICT企业可通过科技赋能教育，从而解决教育行业学习效率较低、评价体系单一、灌输型教学模式和产教脱节的现状。

一是提升学习效率：目前中国教育体系培养模式仍以重复记忆和题海战术为主，效率较低，学生课业压力大。

二是变革评价体系：国家计划建立更科学、全面的评价体系，实现多元化、过程化综合素质评价。在此过程中需实现数据采集、数据存储、数据分析。

三是改变教学模式：现有教学模式仍存在时空局限及灌输式等问题，需探索实现打破时空局限，"人人皆学、处处能学、时时可学"，探索启发式、互动式、探究式教学。

四是链接产教环节：教育部指出，随着经济发展方式转变、产业结构调整，我国劳动力供求不匹配的结构性矛盾突出，教育应发挥链接作用。

教育信息化市场在政策、院校管理需求、教育均衡化需求等需求端以及基础设施建设、供应商行业理解和技术进步、产教融合等供给端驱动下以10%的年复合增长率发展，2023年规模预计将达6824亿元。

（二）教育行业数字化转型驱动因素

1. 需求驱动因素

教育信息化相关的政策要求和政府规划驱动了信息化需求增长。根据规划要求，财政性教育经费支出占GDP的4%，各级政府在教育经费中应按≥8%的比例列支教育信息化经费。按此比例测算，2019年财政性教育信息化经费达3170亿元。

普教重点是标准化考点建设、《中小学数字校园建设规范》信息化要求、"智慧教育示范区"区域平台建设以及新高考改革等驱动信息化建设需求；职教重点是《职业院校数字校园规范》中的"数字校园"建设需求；高校重点是《教育信息化2.0》中的高校数字校园建设及培育信息化标杆高校等。院校的高效管理需求带来信息化诉求，高校扩招及职业教育整体人数规模扩大，单院人数较多、人员及需求多样化，增加了管理难度，亟须信息化手段提升管理效率，借助信息化工具从一定程度上解决教育资源均衡化问题。

2. 供给驱动因素

总体而言供给侧较分散，集中度较低。目前以单校项目制的投标方式为主，单项价格根据客户性质、区域、采购内容等差异较大，在千万到亿元级别不等。供应商已初步形成支持教育信息化进一步发展的硬件设施、资源池和标准化解决方案体系。供应商对于学校需求已积累一定了解，技术的发展

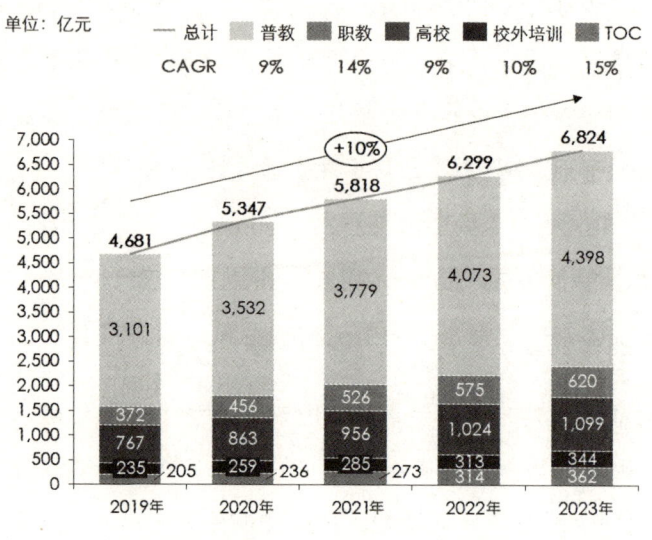

使得厂商可开发定制化的产品和服务以提高市场接受度。

单位：亿元	— 总计	普教	职教	高校	校外培训	TOC
CAGR	9%	14%	9%	10%	15%	

中国教育信息化市场规模（2019—2023年）

年份	总计	普教	职教	高校	校外培训	TOC
2019年	4,681	3,101	372	767	235	205
2020年	5,347	3,532	456	863	259	236
2021年	5,818	3,779	526	956	285	273
2022年	6,299	4,073	575	1,024	313	314
2023年	6,824	4,398	620	1,099	344	362

教育信息化市场整体较为分散，头部企业如科大讯飞、立思辰、视源股份等企业教育板块业务收入在数十亿级别，头部企业市场占比不足1%。随着国家教育信息化的进一步深入，教育信息化的建设将向着大平台、服务化和2B2C融合的模式发展。

大平台：从"三通两平"到"示范区+新基建"，教育信息化建设重心从终端硬件部署向整体解决方案转型，从连接网络的搭建到一体化生态对教育的提质增效。

服务化：教育信息化，特别是电子白板等终端设备和网络接入的渗透率在各级院校已经达到90%。随着国家对于教学模式和评价体系的倡导，教育信息化将向着内容和服务转变。

2B2C融合：疫情催生了学生远程教学和泛在学习普及率的提升，从20%提升至100%，而基于统一入口和平台的设置将打通不同场所、应用和付费方的一致需求。

二、教育行业数字化转型路径

（一）普通教育

普教短期内重视教学环境、评价体系和教师信息素养的提升，中期通过物联网和人工智能技术实现教学内容原子化、教学流程数据化和智能化，最终实现以学生为中心的个性化学习体验。

评价体系建设和教育均衡的提升：优质教育资源均衡化分配，减少校际/城乡差异。综合评价体系建设：新高考、新课改和综合素质评价体系量化体系落地。为教师减负增效、改进教学行为：强化教师信息化素养，基于数据分析帮助教师在教学、教务和教研上减负增效。

教学流程数据化和智能化：教学内容原子化。教学内容被原子化解构，同步和培优学生可以将60%～70%的内容自主消化。教学流程数据化。教育和技术进一步融合，教学流程从感知层、平台层和应用层全面打通。

以学生为中心的个性化学习体验：通过教学模式的转变，实现自适应教学，从以老师为中心的灌输型向以学生为中心的拉动型转变；家校共育，家庭和学校共同给予学生泛在学习环境，培养学生的自主学习能力。

（二）高等教育

高教在中短期内以教学智能化、科研能力提升、学科交叉建设推动高校内涵式发展，中期通过产学研平台和学分银行的落地促进科研服务产业和个性化学习。未来，微认证或将取代高校学历认证。

教学线上化及专业体系改革：推广智慧教室，大学课程教学、评测、师生互动模式更为智能化，提升教学效率和效果；高精尖科研成果加快发展，双一流高校和专业院校对于科研和产业转化项目高度重视；各个院系积极开展交叉学科和新兴专业的密集建设。

产学研平台落地和学分银行：产学研融通平台，进行产学研平台化建设，通过数字模拟商业化成果。通过VR/AR技术，使得科研实验虚拟化成为常态。学分银行和学分互认评价体系从试点向全国普及。

以学习者为中心的终身教育：学历认证和微认证结合的认证体系。从以学历为主导向以微认证和学历认证共存的体系发展，使科研体系迭代。科研体系开始采用量子计算机助力科研成果转化。

（三）职业教育

职业教育短期内主要聚焦产教融合、实训基地和评价体系的改革，中期随着国家资格框架体系和学分银行的落地，逐步形成用人单位和人才智能匹配的终身教育。

产教融合和评价体系改革：产教融合平台化建设，通过产教融合创新平台对接企业人才培养需求和职校供给方；实训基地标杆，建设一批标杆化的实训基地帮助当地产业发展；评价体系以企业为导向，形成以职业能力和工作业绩为导向的评价制度。

国家资格框架体系和实训虚拟化落地：实训基地仿真化，未来校企合作中将会存在大量实训内容的更新和相应的课程内容及课程软硬件环境的更新；通过VR/AR技术使得实训虚拟化成为常态。

用人单位和人才智能匹配的终身教育：职业培训模块化，职业培训从学历制转变为以模块和知识技能为指标的发展模式；依托国家的资格框架体系，学分银行和学分互认评价体系从试点向全国普及；用人单位和人才智能匹配，产业的需求、用人单位和人才进行量化预测和智能匹配。

第八节　水利水务行业

一、水利水务行业发展趋势分析

当前我国水利水务行业感知层正在进一步实现自动化，但数字化程度较低，仍然面临着测量不准、测量环境受限、测量要素不全等问题，场景实现数字化难度较大。相比其他行业，我国水利水务行业处于数字化发展的起步阶段，即将进入爆发期。

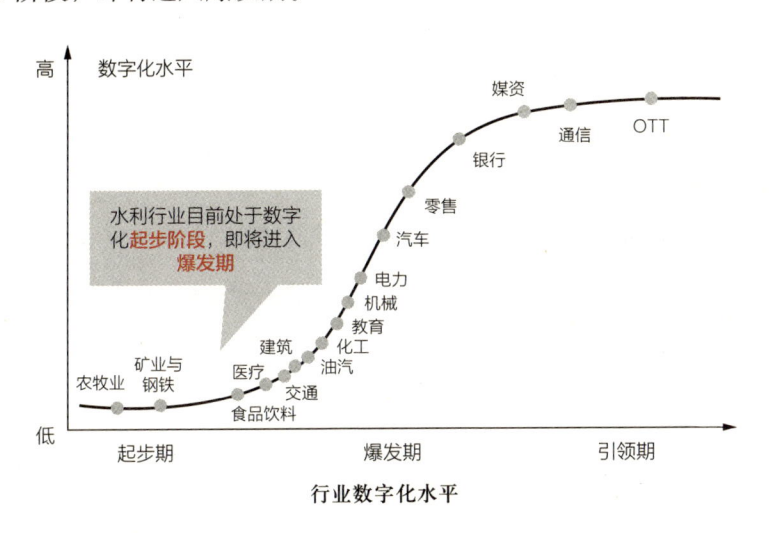

下图展示了我国从2011年至2019年的水利行业信息化投资情况，可见近10年呈现持续增长的趋势。2020年水利信息化投资为306亿元，年增长率达到13%，预计未来五年水利信息化投资将持续增长，2025年可达375亿元。

我国2017—2025年水利行业信息化投资情况

（一）水利水务行业数字化转型趋势

根据ICT技术的发展趋势，以及我国水利水务行业的数字化转型需求，未来该行业的数字化转型趋势可以总结为以下几点。

1. 数字孪生赋能水利水务行业发展新形态

数字孪生正在成为全球信息技术发展的新焦点。2019年，Gartner认为数字孪生处于期望膨胀期顶峰，在之后的5年将产生破坏性的创新。美国工业互联网联盟将数字孪生作为工业物联网落地的核心，德国工业4.0参考架构将数字孪生作为重点内容。

水利水务行业的数字孪生，是新一代信息技术的综合集成应用，也是实现治理体系、治理能力现代化和发展产业数字经济的重要载体。通过卫星遥感、无人机摄影、BIM技术、GIS技术、水文监测、照片算法建模等技术，将水利虚拟映像叠加在物理空间上，重塑水利基础设施，形成虚实结合、孪生互动的水利发展新形态。依托数字孪生技术，数字孪生流域、数字孪生水务、水利工程全生命周期管理等愿景将逐步实践。人类将实现对水利场景全要素的感知，搭建水利场景的虚实映射，赋能数字与现实世界的最优化双向交互运作。

2. "四预"技术赋能高质量水旱灾害防御体系

随着水利水务行业的不断发展，我国构建了较为完善的水旱灾害防御体系，为战胜流域性大洪水和大面积干旱奠定了基础。但目前还存在一些短板和薄弱环节，监测预报预警和水工程调度水平有待提高，现代科技支撑不够等。

"四预"，即预报、预警、预演、预案，是实现高质量水旱灾害防御体系的关键手段。依托数字流域，加强实时雨水情信息的监测，基于水文气象耦合、大数据、人工智能等技术，未来将构建高精度"四预"一体化监测系统，实现超前精准预报、灾害自动预警、数字化预演、科学预案以及可靠决策，为确保人民生命安全以及经济社会高质量发展提供安全保障。

3. 物联网技术赋能水利水务行业智慧化生态

智慧水利物联网是通过物联网技术、移动宽带、边缘计算、云计算等新兴信息技术，实现水利水务行业中物与物、物与人的泛在连接，以及对物品和过程的智能化感知、识别和管理。

随着物联网技术的不断发展，水利水务行业正在逐渐构建万物互联和万物感知的智慧化生态。基于ICT技术与人工智能的迅速发展，未来设备、人力资源等海量信息将成为水利物联网的一部分，实时全方位感知与监控将得到实现；设备—人—IoT平台实现泛在互联；自动化控制、远程监控等无人化技术进一步革新；最终将打造水利大脑与水利感知神经网络，形成设备、环境、人与技术的水利水务行业智慧化生态。

（二）水利水务行业数字化转型阶段

水利数字化发展可以大致分为自动化阶段、数字化阶段、智慧化阶段三个阶段。

1. 自动化阶段

水利水务行业的重心在于满足经济和民生需求，为工业自动化建设奠定数据信息基础。20世纪90年代，水文测量、坝体监控等设备进行了革新，人工、手工测量逐渐被自动化数据采集、视频监控代替。同时，随着文档电子化与数据信息化，办公的自动化也成为趋势之一。

2. 数字化阶段

水利水务行业的重心在于推动数据信息建设和基础互联互动。在自动化的基础上，水利水务行业的感知数据量以及覆盖范围将明显提升，水利水务信息孤岛将被逐渐消除。与此同时，水利资产也将逐步实现数字化，主要表现为河湖、管网、工程等水利基础设施的数字化，流域下垫面、岸线等空间信息的数字化，以及水情、水质等设备设施的数字化。水利资产数字化使得场景数字化成为可能，为水利数字孪生以及水联网的构建提供基础。

3. 智慧化阶段

水利水务行业的重心在于实现便捷使用、全面感知、广泛互联、业务协同、高效监管、科学决策。在这一阶段，水利水务产业将实现全面的数字映射，使得相关的监控与管理可以迅速从数据层实践到现实场景。同时，随着水科学研究的不断深入，智能"四预"（预报、预警、预演、预案）、AI感知解译和定量反演的准确度、可靠性将明显提升，水利水务行业转向无人化管理，实现从数字化场景到智慧化模拟再到精准化决策的蜕变。

（三）水利水务行业数字化转型挑战

水利水务行业主要包括10大业务，涉及水利工程、水文水务等多个方面。这些业务在智慧化发展的历程中面临着技术以及管理层面的挑战，具体行业痛点主要包括以下8个方面。

（1）水文监测现代化：感知设备自动化程度不高。

（2）河湖监管：河湖岸线大面积范围内社会行为缺乏有效掌控。

（3）小水库安全运行：运行缺乏可靠、经济的监测方案。

（4）超标洪水和中小河流防汛：模型预测与监测预警功能在不足。

（5）堤防安全运行：4类以上堤防线性长度长，缺乏信息化监管手段。

（6）取水管理：取水量感知无法全面覆盖。

（7）节水管理：缺乏监测取水口之下用水户的能力。

（8）农村供水：用水度量效果欠佳，系统管理水平有待提升。

综上，为了克服水利水务行业的痛点，需要解决感知采集不到、网络覆盖不足和模型应用欠缺3个技术难点。"感知采集不到"主要表现在监测手段落后，准确度、便捷性、实时性有待提升；监测方案可靠性、经济实用性有待提升；人员观测存在盲点，地理、环境、气候等因素增加了人为观测难度；现场记录方案欠缺等方面。"网络覆盖不足"主要表现在数据采集困难；数据分散，存在数据孤岛；缺乏统一的数据标准规范；数据未被充分应用等方面。"模型应用欠缺"主要表现在模型计算耗时长；模型适应性受限，不准确；缺乏预测分析；应用功能单一；应用与实际业务流程管理脱节等方面。

二、水利水务行业数字化转型路径

水利部信息中心2021年5月编制《智慧水利建设顶层设计》，将"四预"（预报、预警、预演、预案）和"数字孪生"的高质量实现作为智慧化重点；秉持"大系统设计，分系统建设，模块化链接"的建设原则；将水利水务产业智慧化转型，分为物理层、数据层、模型层、知识层和应用层五个层面推进。智慧化转型工作以"数字化场景，智慧化模拟，精准化决策"为路径，按照"2+N"结构展开。其中"2"是指建设水旱灾害防御体系和水资源调配体系两个体系；"N"是指水利部相关职责的N个业务应用，实现用数据治理、用数据决策、用数据说话。

为了推动水利水务行业从自动化到数字化再到智慧化的转型，需要完成5大关键任务，分别为构建天空地一体化水利感知网、建成全面互联的水利信息网、建设智慧水利大脑、开发创新协同的智能应用和提升网络安全威胁感知和应急处置能力。

（一）构建天空地一体化水利感知网

通过提升卫星、雷达等遥感感知能力，应用无人机、遥控船等新型监测手段，扩大检测范围，提升感知能力，构建天空地一体化水利感知网，为水利数据的采集提供物理基础。

（二）建成全面互联的水利信息网

以感知网为基础，运用新兴通信技术，建成全面互联的水利信息网，实现水利数据的广泛联通与实时更新，为进一步数据分析、智慧化应用奠定数据与通信基础。

（三）建设智慧水利大脑

基于水利感知设备，依托云平台，搭建水利数据库，实现数据孪生，形成具备统筹规划、持续优化功能的"水利智慧大脑"。

（四）开发创新协同的智能应用

优化水利模型与算法，开发智能应用，以在传统管理方式与解决方案的基础上创新，实现"四预"、智慧决策等功能，协同各方提高管理效率，保证应用的实用性与有效性。

（五）提升网络安全威胁感知和应急处置能力

完善水利网络安全保障体系，坚守国家保密信息，确保防汛指挥系统顺利运行；加强应急演练，以提升重大网络安全事件应急处置能力，实现水利网络安全与信息化同步发展的目标。

第九节 电力行业

一、电力行业发展趋势分析

在双碳背景下，新能源占比逐步提高，电力供给和消费方式发生重大变化，电力系统呈现能源结构绿色化、供需模式互动化的特点，对电网调控柔性化提出更高要求。供给侧多种能源协同互济、相辅相成；消费侧用电模式持续创新，降本增效；电网侧电力调度一体协同，安全可靠，电力数字化将发挥关键价值。

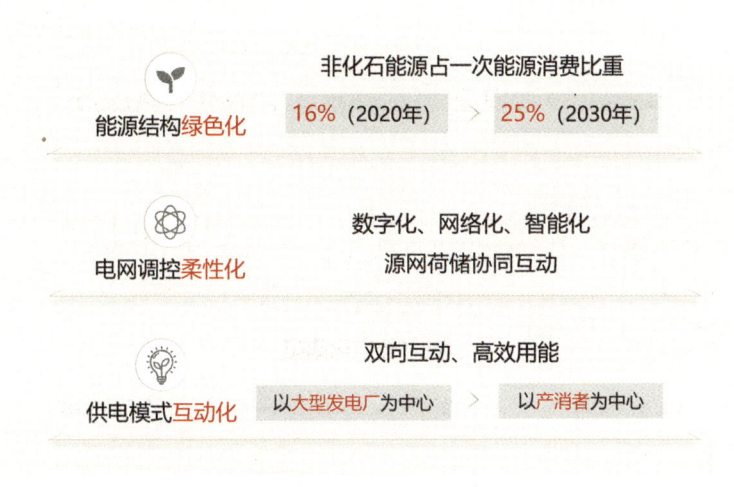

	非化石能源占一次能源消费比重	
能源结构绿色化	16%（2020年）	25%（2030年）
电网调控柔性化	数字化、网络化、智能化 源网荷储协同互动	
供电模式互动化	双向互动、高效用能 以大型发电厂为中心	以产消者为中心

在绿色低碳发展背景下，电力领域将面临"三个变化"

电力系统面临五个方面的转型发展问题：一是电源结构的变化，主要是随机性、分散性、复杂性增加；二是电网形态的变化，表现在大电网资源配置、微电网的快速发展以及配网流向更加不确定；三是负荷特性变化，表现在设备电力电子化、能源需求多样化以及分时三相不平衡；四是电力系统运营面临挑战，主要是电力供应保障难、调节能力差距大以及安全运行风险高；五是新型电力系统的冲击，主要在源网荷储、认知体系、控制体系、故障防御体系方面的重构要求。

新一代电力系统通过大规模节点接入、大范围资源调整、大容量数据处理，全面促进"生产运行、运营管理、客户服务、产业拓展"四位一体融合发展，打造资源共享、互利共存、共生共赢的生态平台，以平台支撑生产—运营—建设—规划的全面数字化。

为适应未来电力系统在清洁低碳、安全可控、灵活高效、智能友好、开放浮动的发展需求，电力数字化将围绕五大核心目标推进落实：支持高比例新能源并网消纳；支持电力资产的高效运营；支持源网荷储协调互动；支持电力市场化变革发展；支持能源低成本、高效利用。

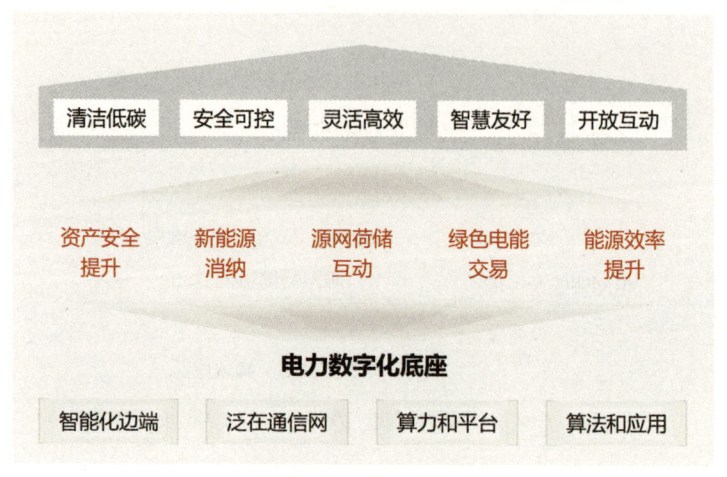

清洁低碳　安全可控　灵活高效　智慧友好　开放互动

资产安全提升　新能源消纳　源网荷储互动　绿色电能交易　能源效率提升

电力数字化底座

智能化边端　泛在通信网　算力和平台　算法和应用

新型电力系统的五大目标

要实现这五大目标，需要瞄准"源—网—荷—储"多场景，充分发挥数字化在"云—管—边—端"的价值，充分发挥数字技术在边缘智能、泛在互联、算力存储、算法应用等方面的重要使能价值，助力构建新型电力系统，推动能源绿色、低碳、高效发展。

具体来说就是在六个方面进行能力提升：一是提升光纤覆盖率，打造绿色网络；二是提升IPV6+采用率，保障系统运行安全可靠；三是提升设备联网率，增强泛在感知；四是提升无线普及率，保证实时网联；五是提升AI算力占比，扩大智能化应用规模，实现智能内生；六是提升云化渗透率，增强云服务能力，加大服务开放规模。

二、电力行业数字化转型路径

从电力系统的发电、电网和电力服务三个重要环节入手，赋能电力行业的数字化转型，打造智慧发电、智慧电网和智慧服务的新型电力系统。

一是发电环节的数字化转型。重点是搭建统一的信息网络和数字平台，实现信息高效处理、管理全在线以及运营数据全管控，从而构建智慧火电、智慧光伏、智慧风电、智慧水电以及多能互补的智慧发电格局。

二是电网环节的数字化转型。重点是建设按需感知、高效连接的网络和融合智能平台，实现电网状态的全感知、全连接、智能化控制和运营，从而构建电网数字化平台、变电站互联传输承载网、综合数据IP网、数字换流站、配电物联网、智能配电房、输电智慧巡检、可信可控的电网安全智慧电网系统。

三是电力服务环节的数字化转型。重点是聚焦在能源大数据产业的拓展，实现服务的智能化、客户服务的新体验以及能源发展合作的新支撑，从而构建能源大数据平台、多站融合、光充储一体化、智慧零碳与综合能源服务以及电力变算力的智慧电力服务体系。

在电力系统数字化能力的规划上，立足电力的"发—输—配—变—用"全过程，规划五个数字化能力层次，如下图所示：

	L1 信息化增强	L2 场景数字化	L3 业务数字化	L4 数字资产化	L5 数字化变革
	企业资源有效管理	局部业务场景数字化	建成企业级数字平台	数据驱动业务创新	数据素养、组织变革
发电		智慧光伏 电厂智能巡检	智慧电厂	数据治理	数字化流程与组织
输电		线路AI巡检 管廊巡检			
配电	统一操作系统	台区智能终端 IP化载波	集成运维平台 智能配电房	云化编排	
变电	多站融合	变电站AI巡检	数字换流站		
用电		智慧充电站场	零碳园区及综合能源服务	能源大数据	
公共	输变电通信网 调度数据网	电力数据中心 综合数据网	数字化平台（数据平台、全域物联平台） 调控云平台	电力大数据服务	电力企业IT服务

电力系统数字化能力层次

电力系统五个数字化能力层次中，层次一是信息化增强，主要特征是对企业资源的有效管理；层次二是场景数字化，主要特征是局部业务场景的数字化；层次三是业务数字化，主要特征是建成企业级数字平台；层次四是数字资产化，主要特征是数据驱动业务创新；层次五是数字化变革，主要特征是具备数据素养、完整的数字化流程与组织。

第十节　政府领域

一、政务数字化转型发展趋势分析

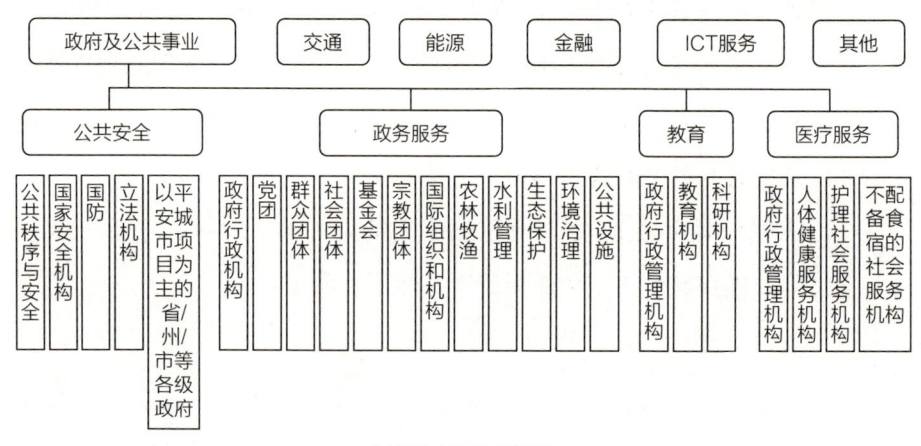

政府数字化转型模块

全球各国政府正在从管理型政府向服务型政府转型。早在10年前，部分典型国家推出政府数字化转型实施战略。美国推出联邦云计算战略；英国制定数字政府计划，坚持政府数字化服务的设计原则，致力于为民众提供便捷服务。德国发布《德国云计算行动计划》，鼓励联邦和各州政府在电子政务中采用云计算技术。澳大利亚发布《澳大利亚云计算战略》，提出使政府成为云服务使用方面的领先者；在电子政务中率先引入公共云服务，促进社会和企业对云服务的了解和认同，并通过技术和经济的溢出效应推动ICT产业的整体发展。

（一）电子政务

电子政务是管理型政府向服务型政府转型的助推器，对外提供服务转型、一站式服务、一网式接入、一体化应用；对内实现职能转变，流程再造、数据拉通、效率提升。从政府数字化转型的领域来看，涉及四大关键模块，分别是公共安全、政务服务、教育和医疗服务，涉及整个政府及公共事业、交通、能源、金融、ICT服务等多个细分方向。

从全球电子政务发展发展现状及趋势来看，主要涉及四个不同阶段：一是初步阶段——在线的政府（Online），以政府上网为主线，以网络基础设施建设为主，运行联网办公、业务上网、政府网站等网络应用系统。二是普及阶段——互动的政府（Interactive），实现不同政府机构之间的信息互联互通、协同应用，建设各种联合办公的综合性业务系统。三是整合阶段——整合的政府（Integrated），以在线应用为主线，基于数据库和政务资源网络，以资源的关联应用为核心，实现政务资源的整合。四是成熟阶段——随需而变的政府（On-Demand），在数据大集中、云计算、虚拟化等新技术的带动下，基于动态、按需分配资源的公共平台，快速提供公共服务。

（二）政务数字化转型空间

从当前政府领域数字化转型来看，全球政务ICT市场空间巨大，政务云在政府IT投资比中逐年快速提升。全球政府传统ICT投资空间巨大，2020年达到4761亿美元（不含教育、医疗、交通、能源等），年均投资增长率为2.67%。发达国家投资占比大，CAGR为2.18%，新兴经济体和发展中国家增速较快，投资占比逐年增高。其中新兴经济体CAGR为5.59%，增速最快，发展中国家CAGR为3.28%。

政务云的建设模式多样，包括政务公有云服务，多个部委间共享云服务；以及政务私有云，形成政府的主流混合云结构。政府关注合规性、隐私、安全和数据可用性，所以政务私有云空间仍然长期存在且份额最大。

政务云服务导向和共享开放是趋势，政务公有云服务增长迅速。

二、政务数字化转型路径

从政府电子政务应用典型架构出发，可以发现政府领域数字化转型围绕整个系统不同模块展开。

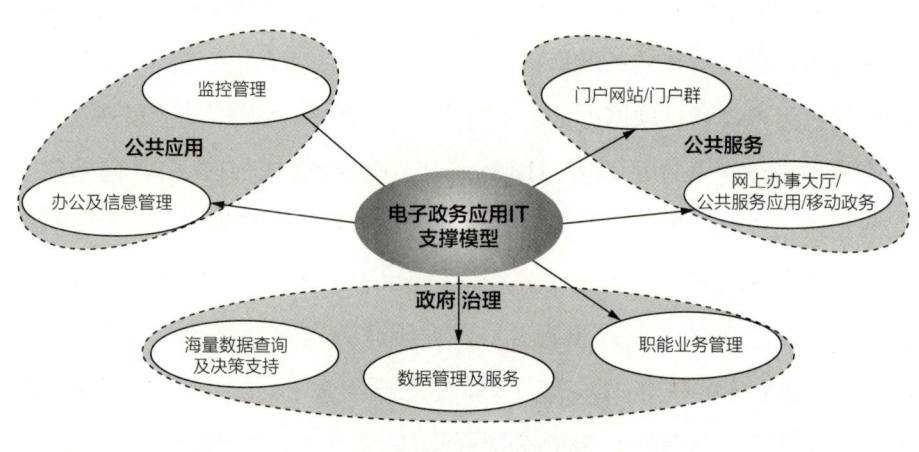

电子政务应用IT支撑模型

从整个系统设计看，可以分为三大类主要业务。一是公共应用类业务，包括协同办公、邮箱、信息管理等公共支撑应用。二是公共服务类业务，包括门户网站、网上办事大厅等。三是政府治理类业务，包括行政审批、行政职能监管等政务办事类业务。值得注意的是，政府治理类业务成为当前关注重点，需要打破传统的线下办事、监管模式，实现网上一站式服务和在线监管，提升政务服务水平和管理效率。

政务云和大数据是政府数字化转型的重要支撑，实现从条块化政务服务向一体化（一窗式、一站式、一网式）政务服务转变，达到对外服务界面统一，便捷、易用；部门间业务联动，数据共享，提升政府整体效能；更好地整合政务基础资源，提升利用率，降低行政成本；快速部署新业务，节约时间，提高政府运行效率，更快响应公众需求；弹性扩容，快速满足不断变化的电子政务业务建设要求。

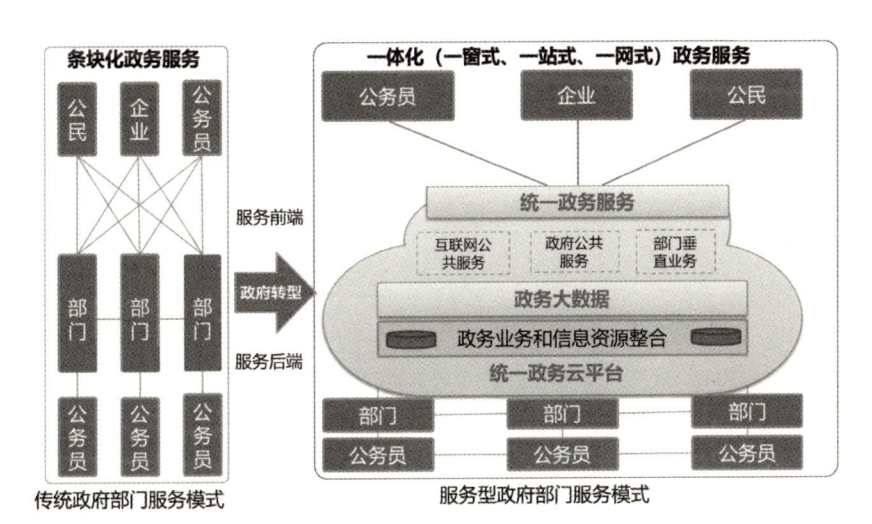

政府部门服务模式对比

具体实现路径：业务上云、数据共享、智慧政务。

一是业务上云。统筹规划、整体推进。电子政务集约化建设，为各级各单位提供基础设施、支撑软件、应用功能、信息资源、运行保障和信息安全等服务。

二是数据共享。整合网络与数据，建设统一的信息交换共享平台，实现"一个平台、多个应用、多级共享"，推进政务数据资源共享开放和增值应用。

三是智慧政务。全面推进惠民服务、政务效能、城市运营、社会治理等一批电子政务深度应用，提升公众认知度和公众满意度。

第四章
企业数字化转型

在数字转型的新时代，变则通、通则久。全世界都在拥抱这个机遇，170多个国家和地区制定了各自的数字化战略。2026年全球数字化转型支出将达到3.4万亿美元，这是整个产业链的新蓝海。无论是正在进行数字化转型的企业，还是支撑数字化转型的企业，均面临巨大的市场空间和经济收益；无论是在当下，还是在长远的未来，"数字化"的旋律一旦奏响，便将穿透企业的边界，连点成线、聚线成面，共同创造产业互联的时代。

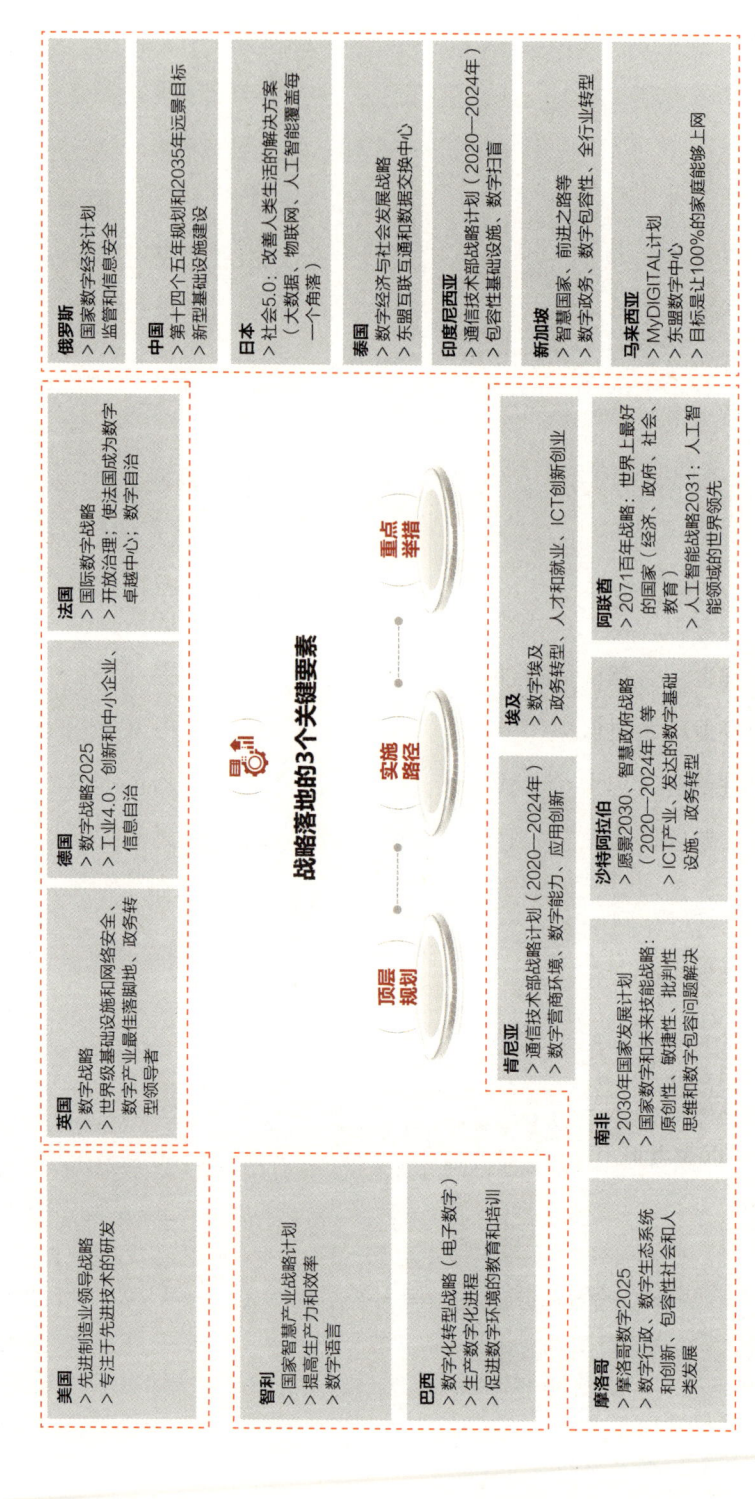

战略落地的 3 个关键要素

顶层规划

美国
- 先进制造业领导战略
- 专注于先进技术的研发

英国
- 数字战略
- 世界级基础设施和网络安全、数字产业最佳落脚地、政务转型领导者

德国
- 数字战略2025
- 工业4.0、创新和中小企业、信息自治

法国
- 国际数字战略
- 开放治理：使法国成为数字卓越中心；数字自治

俄罗斯
- 国家数字经济计划
- 监管和信息安全

中国
- 第十四个五年规划和2035年远景目标
- 新型基础设施建设

日本
- 社会5.0：改善人类生活的解决方案（大数据、物联网、人工智能覆盖每一个角落）

实施路径

智利
- 国家智慧产业战略计划
- 提高生产力和效率
- 数字语言

巴西
- 数字化转型战略（电子数字）
- 生产数字化进程
- 促进数字环境的教育和培训

肯尼亚
- 通信技术部未来技能计划（2020—2024年）
- 数字营商环境、数字能力、应用创新

南非
- 2030年国家发展计划
- 国家数字和未来技能战略：原创性、敏捷性、批判性思维和数字包容问题解决

沙特阿拉伯
- 愿景2030、智慧政府战略（2020—2024年）等
- ICT产业、发达的数字基础设施、政务转型

埃及
- 数字转型
- 政务转型

泰国
- 数字经济与社会发展战略
- 东盟互联互通和数据交换中心

印度尼西亚
- 通信技术部战略计划（2020—2024年）
- 包容性基础设施、数字扫盲

重点举措

摩洛哥
- 摩洛哥数字2025
- 数字行政、数字生态系统、数字行政、数字创新、包容性社会和人类发展

阿联酋
- 2071百年战略：世界上最好的国家（经济、政府、社会、教育）
- 人工智能战略2031：人工智能在领域或的世界领先

新加坡
- 智慧国家、前进之路等
- 数字政务、数字包容性、全行业转型

马来西亚
- MyDIGITAL计划
- 东盟数字中心
- 目标是让100%的家庭能够上网

战略落地的 3 个关键要素

第一节　数字化转型的核心洞见

在近10年的持续变革中，研发、制造、销售、交付、财经等领域，都通过数字化转型得到了极大的能力提升。在我们看来，对数字化转型而言：战略驱动是根本、数据治理是基础、数据智能是方向。

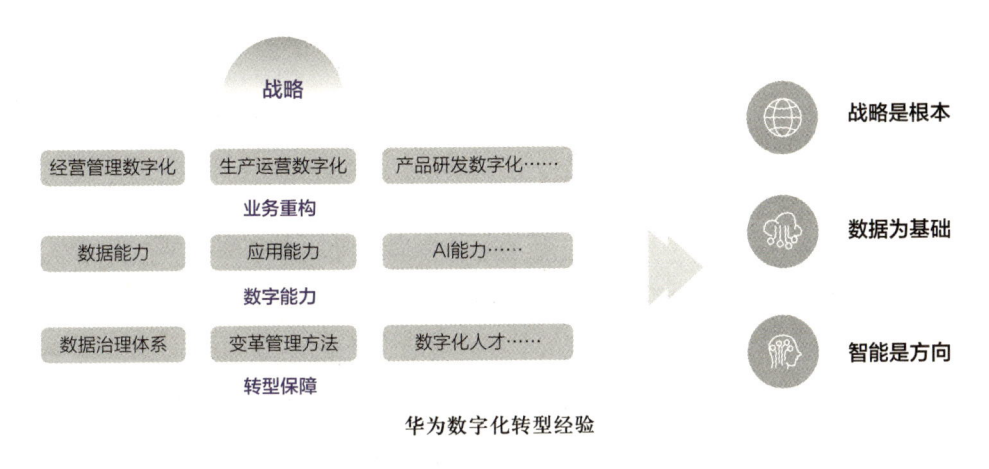

	战略		
经营管理数字化	生产运营数字化	产品研发数字化……	战略是根本
	业务重构		
数据能力	应用能力	AI能力……	数据为基础
	数字能力		
数据治理体系	变革管理方法	数字化人才……	智能是方向
	转型保障		

华为数字化转型经验

数字化转型的关键并不仅仅在于数字化，更在于意识变革。数字化转型，要对准战略方向，支撑战略达成，实现既定的商业目标，这是数字化转型的起点。在数字化转型的过程中，引入新技术、新装备是必不可少的，但这只是实现手段。

数字化转型战略要从战略涉及的意图、目标与投入进行阐述，并对战略的管理、规划以及从战略到执行的业务规划进行明确。每个企业需要思考，数字化转型过程中企业的数字化战略定位是数字化服务提供者还是数字化技术使能者，或者是数字化技术使用者。数字化转型的方向要系统性地综合考虑：战略规划、架构规划、管理优化、高效执行、流程优化、组织变革、数字化人才跟进。针对数字化转型的成熟度和结果，需要有一套系统化的评估框架与模型。同时，数字化转型过程中的商业模式设计与选择也是至关重要的方面。

第二节 数字化转型战略规划

战略是选择、是取舍,同时也决定面向未来要做什么。战略规划面向未来要有长远的洞察力,要放眼全球,敏锐感受业务与环境的变化,深入洞察未来的可能性,把未来的趋势和方向看清楚。

一、什么是战略规划

战略规划要敢于提出问题,洞察业务发展面临的问题和挑战。通过规划识别关键趋势,发现关键机会及风险,推动企业觉醒,最终让企业做决策应对。同时,要敢于发声,以结果导向推动问题解决。

战略专家和主管不应只是战略讨论的组织者和战略规划的撰写者,而是要成为战略制订的参谋和战略落地执行的推动者。要真正把管理团队卷入进来,通过碰撞达成共识,让战略规划真正可落地执行,而且被发自内心地执行。

战略规划流程从企业的愿景与使命出发,通过制订中长期的业务发展战略规划,以一致的、规范的方法来指导战略开发过程。遵从BLM（Business Leadership Model）模型,使企业及各规划单元保持协调一致,确保战略管理例行化、日历化。

BLM的核心逻辑主线是:从差距分析开始,识别业务Top问题,以企业愿景与使命为牵引,洞察行业价值转移、客户需求、技术与竞争等变化。制订战略意图及关键里程碑和财务目标,围绕客户选择、价值主张、价值获取、利润模式、活动范围、战略控制、风险与障碍进行业务设计选择;思考可牵引的创新焦点,在根因分析的基础上,进行组织、人才、文化与氛围的规划，制订战略举措及关键任务，以确保战略规划的可执行与目标的达成。

在战略规划阶段，通过输入公司的战略指引、市场洞察、公司要求，从而明确公司战略的投入方向和项目清单。在战略执行阶段，根据战略投入方向和项目清单，进一步制订战略投入的计划、关键里程碑、预算等，在执行与监控阶段，对战略投入的执行过程中的问题、进展、预算等进行年中和年度审视。

对于影响企业长远发展和中长期资源投入的关键产业，需要输出全生命周期商业计划。

二、什么是战略投入

战略投入是基于公司中长期战略诉求，在战略制高点上沿着战略方向的持续投入，支撑公司面向未来的生存与发展取得关键突破和提升，是公司战略落地的重要工具。公司战略投入管理的核心原则是基于中长期战略诉求确定战略投入的方向和项目，持续保障项目资源投入。要有明确的目标管理（阶段性里程碑）和责任人，以结果导向不断推进。战略投入可以理解为公司级、面向中长期的方向和项目两个层面，并贯穿DSTE流程始终的战略工具。

战略投入的类型包括：市场格局突破、客户及伙伴关系、新专业能力和本地化建设、产业环境和生态、生存基础等。

DSTE是制订中长期战略规划、年度商业计划、执行并监控评估的统一流程框架和管理体系。DSTE能够保障公司及各业务单元中长期战略目标与年度商业计划及执行的一致性，确保各业务单元协调一致，牵引公司建立稳定和可持续发展的业务，管理公司及产业的投资组合，支撑公司战略与业务目标的实现。DSTE是管理流程，是各级管理者开展管理工作的主要流程，能够把战略、计划、预算、KPI、PBC等进行有效集成，并在各个层级拉通管理，以实现战略到执行的闭环。

三、什么是战略目标

战略目标是基于公司中长期战略诉求，瞄准对公司未来生存与发展产生重要影响，构筑竞争优势的关键成功要素，牵引公司在战略方向上取得关键突破和提升而设置的中长期目标。战略目标重点聚焦当期不产生收益、但对未来三年以上影响至关重要的战略方向，以及需要组织间战略协同的关键目标。包括但不限于根据产品、格局、生态、能力、竞争、营商环境、连续性等核心战略诉求来制订。具体内容包含战略目标名称、中长期战略意图、年底目标分解和衡量指标等。

战略目标一般是结合战略举措、战略投入方向、上年度战略目标执行情况等进行制订，输出战略目标、里程碑等衡量标准。因此，战略投入和战略目标的制订存在一个先后关系。通过战略目标的制订进一步让战略投入做到具体（Specific）、可衡量（Measurable）、可达到（Attainable）、可相关协同（Relevant）、并且具有时间约束（Time-based），从而支撑公司战略有效落地。战略目标和战略投入都是战略管理的重要工具。

根据牛津的定义，战略意图（Strategic Intent）包含共同的愿景（准备去哪里）、资源如何分配、远见（预测未来的能力，即洞察力）。战略意图不是对公司目标的简单陈诉，而是专注于未来如何"获胜"，属于"方向大致正确"的范畴。比如结合战略目标拆解，提出"成为×××运营商的首选问计对象"的战略意图。而战略目标一定是SMART化的，可逐步拆解、分层分级的。因此，我认为战略意图包含了战略目标，通过战略目标的管理机制支撑战略落地。

总之，战略意图定义共同的愿景，指导我们要到哪里去；战略投入定义关键的资源（人、技术、预算）到底如何分配。至于如何分配就需要通过市场/战略洞察以及业务设计去回答形成战略的规划，有了战略规划，再通过战略目标的拆解，形成可执行、可落地、可衡量的关键举措，支撑公司战略的达成。

公司战略投入是公司面向中长期，支撑公司长期生存和发展的重要战略管理手段。通过战略目标的管理支撑战略投入制订分层分级、可衡量、可执行的目标，并对执行的过程进行监控，对执行的结果进行评价，根据结果对人、组织进行应用形成激励。总之，战略投入的管理保证"方向大致正确"，而战略目标的管理和最后的评价、激励保证"组织充满活力"。

第三节　企业数字化转型的战略定位

移动互联网推动数字经济转型。以前，我们使用各种数字技术，在各个行业，尤其是通信行业，媒体行业，改善和提升效率。但是，现在一种颠覆式的、更具创新的数字技术，正在广泛地应用到各个领域，彻底带来了经济环境、经济活动，以及经济模式的深层次转变。

数字化无处不在，它正在重新定义各行各业的商业模式、客户和基础设施。数字经济时代，我们要渗透到客户的生活中，成为客户生活的中心。比如：微信、抖音、ChatGPT时时刻刻参与和影响着我们的生活。

一、数字化产业链上的关键Vendors

（一）从垂直封闭的自有业务经营转向开放的生态环境的运营，运营商与合作伙伴一起为客户提供海量的数字化内容与服务

数字化转型的核心驱动力来自用户行为和需求的变化。由于互联网化和数字化，ROADS成为用户体验和需求的新基准。一个新的敏捷数字化运营模式是实现ROADS需求，使能数字化转型，实现商业价值最大化的核心能力。

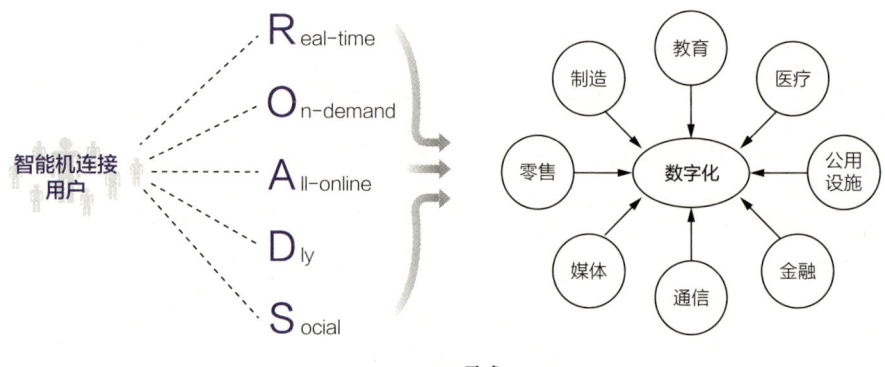

ROADS 需求

所谓的数字化运营商不仅仅提供数字通信业务，更重要的是面向未来的数字化经济，构建和融入新的数字生态圈，成为数字经济使能者。

（二）数字经济时代到来，运营商数字化转型势在必行，企业需要成为数字化产业链上的关键Vendors

要成为数字化产业链上的关键Vendors，数字化经济反过来重构了整个产业生态：政府、医疗、教育、制造、零售、媒体、公共设施、金融、通信行业等。

运营商数字化转型已经势在必行，从网络到业务，从运营到组织必须做出以下几点根本性的改变：

（1）业务数字化；

（2）运营互联网化；

（3）基础设施云化；

（4）组织流程敏捷化；

（5）商业模式多样化。

二、数字化转型方向

（一）数字化转型战略

移动、宽带、云、大数据等技术的发展正在根本性地改变人们的生活和工作模式，继蒸汽机、电气化、互联网引发的三次工业革命之后，以移动互联网为标志的第四次工业革命正在深刻影响人类社会的面貌。

现实世界和虚拟世界相互渗透和融合，数字化洪流所到之处泛滥流溢，快速促发各个产业、行业的革命性破解和升级。其颠覆性的业务、服务、效率、成本、体验、价值模式无可阻挡。数字化转型成为全球下一个25年周期大循环的主流趋势。

（二）产业融合，互联网化成为归一化的演进方向

数字化对于不同产业而言，其升级路径和演进节奏各异，但又遵循类似的规则。目前是"互联网+（互联网公司进入行业市场）"和"+互联网（行业企业互联网化升级）"两个流派。

互联网公司发展面临瓶颈，在固有的互联网业务领域巩固了领导者地位后，通过并购进入垂直行业领域是其必然选择。无论美国的MAG还是中国的BAT都在资本市场的支撑下并购整合，无所不入。Google每年并购超过50个新的技术公司，过去2年腾讯用于并购的资金超过500亿元，阿里更是每季度都有大手笔并购。同时，互联网公司需要行业领域的业务、商业模式创新，用互联网DevOps快速迭代服务模式用O2O线上线下模式颠覆传统业务。

而行业领域的领导者，也开始认识到数字化的价值和战略意义。在巩固自身业务领域领导者地位的基础上，逐步吸收和采用新的数据化技术，升级自己的服务、业务、运营和管理，实现提升效率和降低成本进而提升企业竞争力的目的。汽车领域的宝马公司、银行领域的招商银行、电信领

域的 ATT 等都在进行着"+互联网"的战略转型。

有关"互联网+"和"+互联网"的主导权和真伪之争，业界基本达成了一致性的观点，即两者各有偏废，传统业务和数字化技术并行不悖。包括互联网在内的数字化技术脱离了具体的业务就成了无源之水，而脱离了数字化技术强大支撑的行业业务也将成为枯萎之苗，面临被破解和替代的命运；业务和数字化技术相辅相成，其有机结合将产生新的改变社会和行业的力量，但二者的结合必须是"化学反应式"的，而非物理反应。

三、数字化转型架构

数字技术驱动传统企业进行数字化重构，各方面能力的数字化尤其重要。定义数字企业架构包含企业战略定位、商业模式、运营架构三个方面。

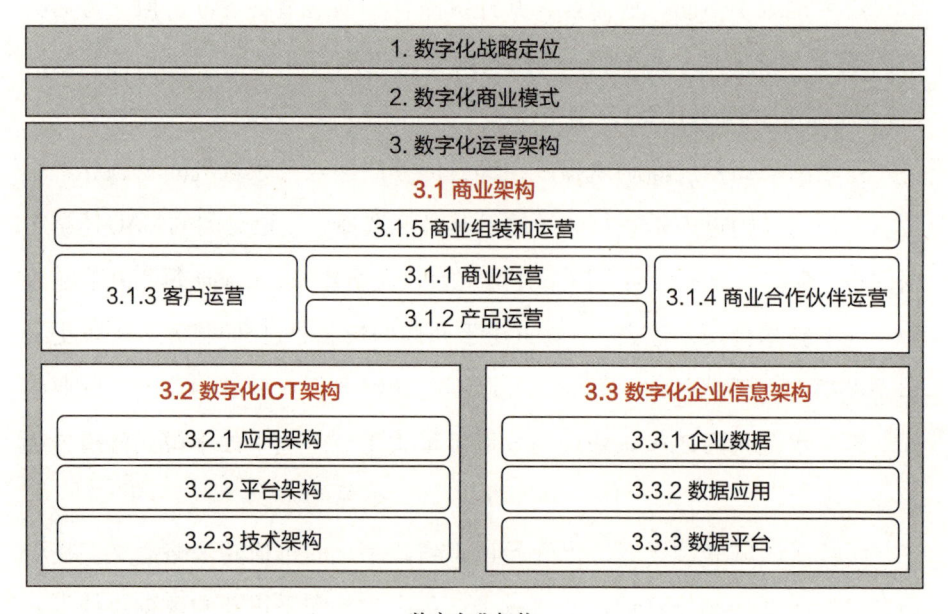

1. 数字化战略定位		
2. 数字化商业模式		
3. 数字化运营架构		
3.1 商业架构		
3.1.5 商业组装和运营		
3.1.3 客户运营	3.1.1 商业运营	3.1.4 商业合作伙伴运营
	3.1.2 产品运营	
3.2 数字化ICT架构		**3.3 数字化企业信息架构**
3.2.1 应用架构		3.3.1 企业数据
3.2.2 平台架构		3.3.2 数据应用
3.2.3 技术架构		3.3.3 数据平台

数字企业架构

四、数字化转型管理

（一）企业数字化管理参考框架

企业变革体现的是产品管理、伙伴管理、客户管理、收入管理、资源管理五大生命周期管理在数字经济环境下的改进、提升和变革。

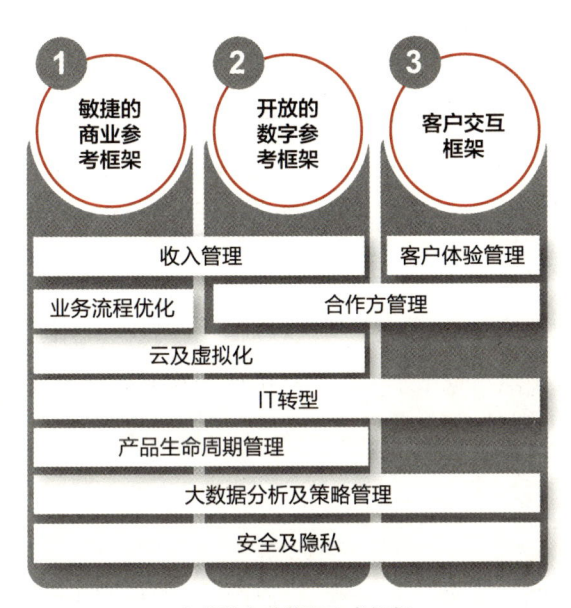

企业数字化管理参考框架

1. 敏捷的商业参考框架
2. 开放的数字参考框架
3. 客户交互框架

- 收入管理
- 业务流程优化
- 合作方管理
- 客户体验管理
- 云及虚拟化
- IT转型
- 产品生命周期管理
- 大数据分析及策略管理
- 安全及隐私

（二）数字化管理机制

德鲁克认为：当前所有企业的问题，都在于企业整个组织流程过长，导致决策效率太低。尤其是传统工业化管理体系，流程种类繁多且冗长，在这个业务快速变化的时代，传统的方式极大影响了决策和运作的效率。

1. 传统运作机制的不足

（1）工业社会的管理是建立在大规模分工的泰勒管理理论之上的，烦琐、庞大的科层体系和金字塔结构已经不能满足如今个性化、多样化的消费者需求。

（2）传统体系信息是垂直的，决策权从顶端流向一线，老板的决策影响巨大。

（3）动荡、无常、复杂、模糊，领袖需要采取不同的领导方式，而管理者同样需要改变。

2. 未来需要的灵活的管理机制

（1）《失控》中提道：没有强制性的中心控制，次级单位之间彼此高度连接，点对点间的影响通过网络形成了非线性因果关系。

（2）扁平化、网络化、垂直化、分权化、民主化、社会化、国际化，具备这些特征的管理机制不仅能确保组织高效灵活运行，而且极大激发了组织成员的创新能力。

未来的组织没有层级，把海尔、谷歌等公司放在一起比较，这些公司最基本的创新单元都非常小、人数非常少，有利于灵活面对市场的变化。

五、数字化转型执行

新技术时代的最大特点是消费者的变化。在数字化时代，消费者不再是商品的被动接受者，以前那些生硬的广告再也不能使消费者成为商品的拥趸。他们需要个性化的商品，享受快捷、便宜、贴身化的服务，也更愿意分享并且主动参与从创意到商品诞生的全部流程。

消费者的改变迫使企业运用大数据、移动互联等技术在较短的时间内获取消费者的个性化需求，并适时地进行改造、研发、生产和营销。可以说，数字技术无时无刻不在颠覆业态，那些观望、等待、行动缓慢的企业将毫无疑问被淘汰。如何找到转型路径，变得越来越重要。

企业尤其是传统企业向数字化转型不是一蹴而就的，也面临许多挑战和风险，但这不是墨守成规的借口，企业必须加速转型。企业在数字化转型的执行上应该注意以下三点。

（一）满足客户新需求

早在1973年，现代管理学之父彼得·德鲁克（Peter Drucker）就在书中写道，"满足客户的需求是每一个企业的使命和宗旨。"这本是一个不言自明的道理，但很多企业（尤其是一些大型企业）深陷于内部的流程问题和权力斗争，而忽视了这一点。反倒是街头巷尾的那些小门店更懂得如何满足顾客的需要，因为相比大型企业，这些门店的店主对顾客的了解要深入得多。

数字化时代，行业之间的界限越来越模糊。从传统角度来说，有些企业只专注于一个领域，但未来的数字企业需要关注更多其他领域，开发新的业务增长点，从而满足客户的需求。例如，如果你身处零售业，那么你还需关注诸如物流、金融、时尚行业的发展情况。

为构建以客户为中心的体验，企业不仅需要集成世界一流的技术，还需要改变原来的组织结构和流程，包括企业的管理层和普通员工都应接受企业的数字化转型，这样才能推动企业在数字经济时代实现长足发展。

如今，全球各地的客户把更多精力投在互联网搜索和社交媒体上。因为他们希望随时随地通过移动设备，灵活获取并快速利用这些信息。这场融合了人工智能、Web、社交媒体、移动商务和云计算的完美风暴，正引发商务领域的巨变，而且在与企业的博弈中，客户将在很大程度上重新占据主导地位。

思路转变也是改变链条中的关键一环，企业的管理者和普通员工都需要拥抱全新的思维方式。建立一个数据驱动的思维至关重要，实时、明确地将数据分类，这样就能对竞争对手做出反应，对行业变化做出反应，企业的动作与速度必须越来越快。

（二）拥抱人工智能，借力物联网

随着数字技术的普及，几乎每家企业都面临着如何使用人工智能，如何分析海量数据。

人工智能的应用范围非常广泛，它可以帮助各种行业提高效率、降低成本、提高客户满意度和竞争力。随着技术的不断发展和普及，我们相信人工智能的应用将会越来越广泛，对社会和经济的发展会产生更加积极的影响。

如何从这些数据中淘到真金，成为考验一家企业是否具有数字化能力的标志。虽然很多企业采集的客户信息越来越多，但他们却不善于利用这些信息。一般来说，企业98%的数据都是暗数据（暗数据是指那些需要资金来存储、保护和管理，却没有得到高效利用，不能提升商业价值的内容），更重要的是，这些数据还分散在多个数据库中。这就使企业难以获得一个完整的客户视图。所以，当目标消费者开始接触那些真正关注客户、了解并满足客户需求的企业时，这些缺乏完整视图的企业将毫无竞争力可言。

企业不能总固守过去，需要以一种开放的态度面对未来。比如，阿迪达斯在欧洲开设实体门店，利用3D扫描和3D打印技术帮助客户订制跑鞋。通过在鞋中放入传感器芯片搜集数据、改进产品，从而为客户提供更好的服务。

中国政府政策引领，为中国企业带来了巨大的契机。作为传统产业的钢铁企业，马钢已洞察到这一充满挑战的市场环境，并及时调整发展思路，把握竞争机遇。在此背景下，马钢借助SAP的管理模式以及行业最佳业务实践，建成先进的一体化平台。

物联网的普及势必掀起一股巨大的创新浪潮，尤其是在制造业产品的价值链中，物联网一定会起到举足轻重的作用。物联网是工业4.0理念中重要的一环。随着这股创新浪潮的兴起，企业不仅能够打造高效、灵活、模块化和自动化的智慧工厂，还能基于物联网解决方案另辟蹊径，成功转型为利用云计算的增值服务型企业。

（三）全力打造数字化价值链

数字经济为企业创造了许多新的业务机会，这些机会涉及价值链的方方面面。但是，企业要想抓住机会，就必须快速、灵活地利用数据，因为数据是推动数字化业务运营、创造增值业务成果的动力。

当价值链仍由过时的系统、脱节的流程和分散的信息支撑时，毫无疑问，企业将在竞争中处于劣势。而且，企业无法在覆盖多个业务领域的端到端流程中及时决策。流程本身的脱节，会进一步延误决策。

复杂性是整个价值链中亟待解决的问题。然而，随着企业向数字经济方向转型，以及采用物联网、社交媒体和其他外部结构化和非结构化数据流，整个价值链将变得更加复杂。要解决这个问题，唯一的办法是在企业内部构建一个灵活的数字化核心平台。这样，企业就能够对财务、供应链、研发和制造等核心业务流程执行平台迁移，并实时整合业务流程，进行商务分析，从而实现更智慧、更快速和更简单的运营。

借助先进的内存计算技术，企业终于能够摆脱批处理模式下的业务运营，无须再构建复杂的流程来突破传统技术的限制。事实上，数字化核心平台能帮助企业化繁为简，并释放数字化业务的全部潜能。

借助由数字化核心平台驱动的数字化价值链，企业将有机会提升业务价值，优化客户体验。该平台能够支持企业在所有业务领域实时决策，成为有效执行数字化价值链的重要一环。这样，企业就能够专注于战略性优先工作，而不是花时间维持系统的正常运营。

新技术发展到今天，不仅涌现了许多新兴数字化公司，也促进了一些传统企业的变身。企业应该明白，向数字化转型不是一蹴而就的事，而是任重而道远，但必须立即行动，在专业机构的帮助下，逐渐打造数字化能力，尽快成为数字化企业。

六、数字化转型流程

（一）企业数字化转型势在必行

数字时代哺育出的攻击型企业可以借助高级算法和充分的信息渠道，

迅速交付数字化产品和服务，从而大举进入甚而颠覆市场。用户或许不会这样表达，但实际上他们认为许多行业的业务流程都应大刀阔斧地改革。用户已经越来越习惯于直观的界面、随时可用的服务、需求的实时满足、个人订制、全球统一的标准和零差错。不过，流程改革如果到位，除了卓越的用户体验，还能帮助企业降低成本，提高运营管控，降低风险，从而实现更具有竞争力的定价。

为了满足用户的越来越高的期望，企业必须加快业务流程的数字化。这并不只是简单地对现有流程做自动化处理，而应该重新改造整体业务流程，包括精简各种程序，压缩文件的数量，开发自动化决策流程，处理监管和欺诈问题等。为了与改造过的业务流程相匹配，企业还应重新设计运营模型、技能、组织架构和岗位角色，调整和重建数据模型，以更好地支持决策流程、业绩跟踪和客户洞见等。数字化往往需要老经验与新技能相结合，例如培训销售经理和计划定价算法结合。设置数据专家、用户体验设计等新岗位。

（二）数字化转型的获益

企业由此获益多多。一旦信息密集型的流程被数字化，可节省高达90%的成本，交付时间也可实现数量级提升。各行各业都能看到这方面的实例：某银行对抵押贷款申请审批流程实行数字化后，新增贷款成本平均下降70%，贷款初步审核的时间从几天缩短到仅需一分钟。某电信公司开发了一项预付费自助服务，客户不需要后台介入就可以自行订购、激活手机。某鞋类零售商创建了店内库存管理系统，可实时查询某个款式或者某个尺码的鞋子是否有货，节省了店员和顾客的时间。某保险公司则借助数字流程改造实现了很大一部分简单案件的自动理赔审核。

1. 流程数字化的获益

企业通过挖掘数据能更好地了解流程效果、成本驱动因素、风险起因等。实时报告和数字化业务表现看板可以帮助管理人员防患于未然。举例来说,通过监测数字渠道中的客户购买行为和反馈,可以防微杜渐,及时发现并解决供应链质量问题。不少领先企业已经意识到,传统大型项目的数字化流程迁移往往需要很长时间才能真正生效,而且有时候根本就不起作用。反观成功企业,通过对流程重新改造,可以对现有流程的所有相关内容提出问题,并利用先进的数字技术来重建流程。比如,领先企业在系统中为客户设计了自助投诉选项,使其可自行提交投诉内容,而不是由企业的后台员工设计技术工具来进行此项操作。

这种方法结合了精益流程等传统的流程重建方法和灵活的软件开发等新方法,通常是一个流程改造结束后再设计下一个流程。先行者在数字化方面的成功经验可以为绝大多数行业的公司借鉴。

数字化通常会颠覆原有流程。例如,自动化的决策流程与自助服务相结合就可以淘汰人工流程。成功的数字化项目从为每个流程设计未来状态开始,比如把某项流程的交付时间从几天缩短到几分钟,暂不考虑当下的限制因素。一旦具有吸引力的未来状态已经被清晰地描绘出来,那些限制因素(如法规要求的检查)会重新加入进来。公司应当毫不犹疑地对每项限制因素提出质疑,因为许多限制因素可能只是人云亦云的迷思,完全可以通过与客户或监管人员沟通后迅速解决。

2. 流程数字化面临的困境与解决方案

挑选客户体验的某些阶段进行数字化,会提高流程中特定领域的效率,解决某些棘手问题,但是这样做永远无法为客户带来真正的无缝体验,浪费了巨大的潜力。处理客户开户等端到端的流程,流程数字化团队需要获得与客户体验相关的各个职能部门的支持。终端客户也应当深入参与进来,尤其要质疑传统观点。

为了能付诸实践,有些企业建立了具有初创企业风格的跨职能部门,把所有与端对端的客户体验相关的人员招致麾下（包括IT开发人员）。跨职能部门有权对现状提出质疑。跨职能部门的成员通常被派驻到同一地点工作，以提高沟通效率，确保真正的团队合作。

  由于数字化技能短缺，所以成功的数字化项目必须强调企业内部能力的培养。其目标是要打造一支由技能卓越、能快速适应数字化流程的员工组成的核心团队。尽管如此，很多时候公司还是必须寻找外部人才来满足新技能和新岗位的需求。考虑到数字化项目的重要性，首批领衔数字化项目的领导者应当仔细挑选值得信赖且愿意长期从事该项目的管理人员。与此同时，团队还必须具备模块化技能，搭建起在不同流程可重复使用的技术组件，使经济规模最大化。

七、组织数字化转型

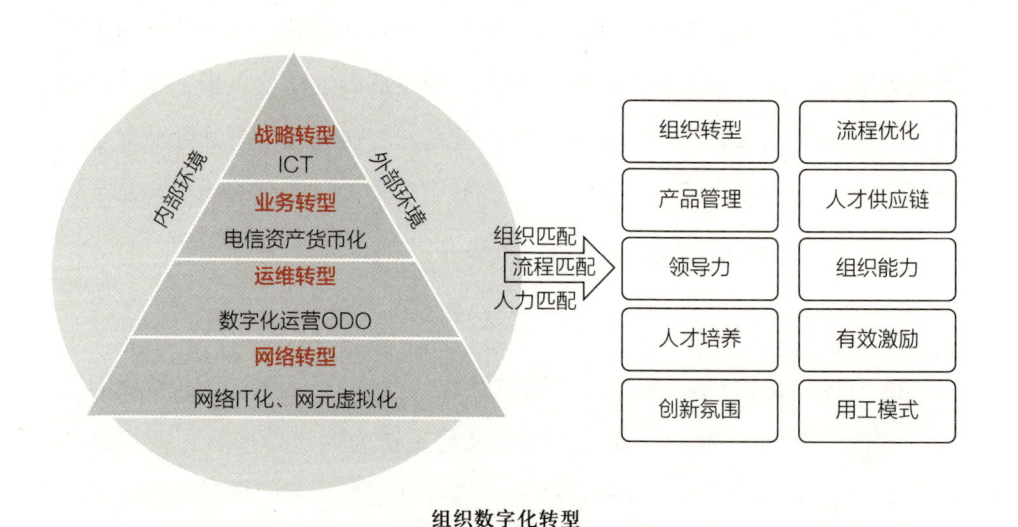

金字塔图（内部环境 / 外部环境）：
- 战略转型 ICT
- 业务转型 电信资产货币化
- 运维转型 数字化运营ODO
- 网络转型 网络IT化、网元虚拟化

组织匹配 / 流程匹配 / 人力匹配 →

组织转型	流程优化
产品管理	人才供应链
领导力	组织能力
人才培养	有效激励
创新氛围	用工模式

组织数字化转型

  组织（团体）与个人需要伴随着业务架构的调整而必须调整，适应数字化的大环境。组织从大变小，利于重塑小公司的创业特质、组织活力和激情——生态型组织。

| 组织创新（部门） | 管理创新（人才） | 创新管理（产品） | 互联网化运营 |

激情—生态型组织

八、数字化转型人才

近年来，传统企业正在积极尝试数字化转型，但因受相关技术、市场、运营人才匮乏，引进的技术人才水土不服等因素影响，转型的效果并不理想。究其缘由，人才是最大的制约因素之一。

数字化转型所需人才分为两个模块：第一是技术人才，即能够进行数字技术研发、数字产品生产的人才；第二是运营模块的人才，即能够从资金、技术、人才等方面确定本企业在产业链中的发展目标、发展策略和盈利模式的人才，包括项目管理、经营、信息网络管理等网络营销人员。

传统企业人才之困的突破策略有以下几个方面。

（一）增强危机意识，促进从业人员实现自身转型

传统企业应通过业内资讯、交流等方式，让员工充分了解数字化对企业的严重冲击和影响，使其增强危机意识，实现主动转型。就目前来看，多数企业都没有做到这一点，也没有积极转型的主动性、提升多媒体传播和营销能力等。

（二）完善培训机制

转型既要通过转变观念实现自身转型，还需要企业全面大力支持，使得人才参与各项培训，关注并尝试数字化转型。以培养为主，可采取邀请专家讲座、组织外出培训锻炼等多种形式，对不同类型、工种的人才分层

次进行不同培训。传统企业在制订数字化发展战略时要对人才的开发、培养、管理等方面建立行之有效的机制、计划和制度，调动人才积极性。

（三）开展数字化项目

为了加快企业数字化转型，企业应开展数字化项目，一方面，借助数字化转型项目以助于学习数字化转型先行者的实践经验；另一方面，结合自身资源优势，把数字化转型和自身企业优势结合起来。在项目的实施上，培养年轻骨干人才创新能力、产品研发与市场推广的协同力，实现数字产品项目策划、内容整合、产品设计、售后服务、在线或无线的营销推广等角色转换。

（四）走产学研结合之路，储备后续人才

传统企业应强化学习型企业建设，可以与研究所、高校、行业主管部门的人力资源部和培训部门联合开拓数字化转型的专业培训，为员工的学习提供机会和平台。加强与高等院校、科研机构的合作，共同开展教学、实习和科研合作，走产学研结合之路，建立起有效的系统培训机制，形成产学研联盟，共育人才，促进人才的快速成长。

九、数字化转型评估

如何评估数字化转型的成熟度和水平，需要有系统性的评估框架与模型，以下是一个从数字化转型战略视角和目标驱动，从战略、应用、技术和支撑四个方面，设置愿景、目标、丰富度、协同性、先进性、基础设施和平台能力、关键技术能力、组织、资金、人才、监管和生态等12个维度，29个细化定量指标，可作为数字化转型的评估工具。当然，针对不同的行业，可以根据具体的情况定制和细化相关的评估模型与工具。

数字化转型评估模型：基于12个维度，29个细化定量指标全面衡量

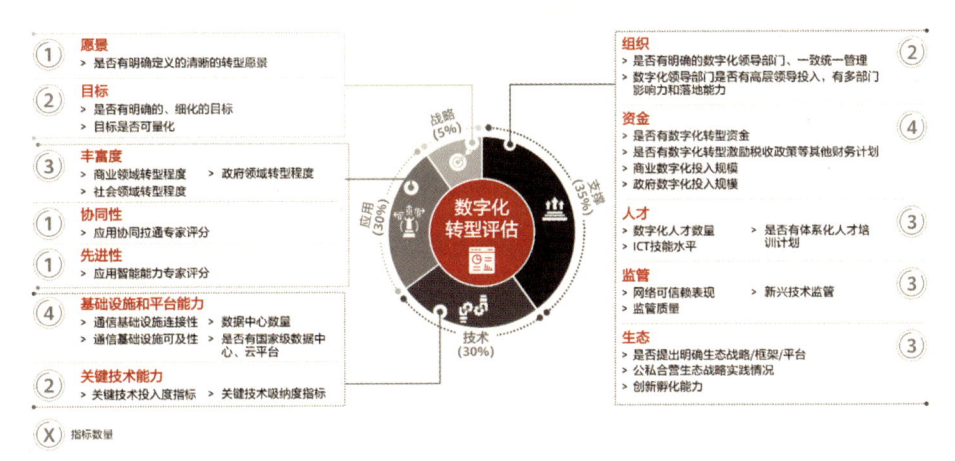

数字化转型评估模型

第四节 企业的商业模式选择

一、企业的商业模式象限，定位企业商业关系

数字化对企业商业运营的影响主要表现在两个方面：企业需要努力增加对客户的了解；企业意识到价值链正在被数字技术彻底改变。

很多传统企业发现，由于社交等新媒体、互联网平台提供的数据连通性和丰富性不断增强，新的小型初创公司对客户的熟悉程度越来越高。传统企业作为非数字化原生企业，对客户需求的了解，与数字化原生企业甚至初创公司相比，存在较大劣势。

互联网、云计算、物联网、人工智能等新兴技术为企业提供了更多的客户连接途径，传统的价值链管理正在发生变化，稳固的供应链网络也可能会变得支离破碎。客户可以方便地找到供应源头，直接跟供应商做生意。行业的边界被数据和算法击穿。由于数据和算法能力可以迅速累积行业经验，对企业来说，不管是客户资源、技术资源还是资本资源，在数字化时代都变得容易获得。企业间的合作伙伴关系更加紧密,从而提供更多的产品、集成体验。

为了在商业模式上反映上述数字化对企业商业运营的两方面影响,从对终端客户的了解程度和业务设计两个维度划分出四个模式象限:供应商象限、渠道型企业象限、模块化生产商象限、生态型企业象限。

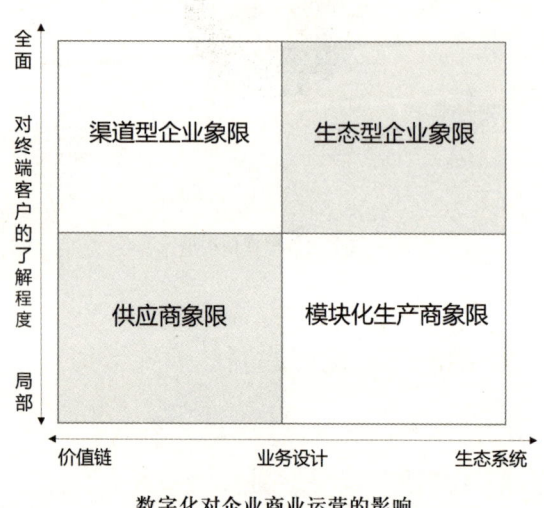

数字化对企业商业运营的影响

(一) 供应商象限

对终端客户的偏好缺乏直接了解,与终端用户可能有也可能没有直接关系。这一象限的企业只需要将产品和服务卖给价值链中的分销商。但在数字时代,用户可以很方便地上网搜索到替代产品或服务,企业就很容易受到商品同质化所带来的价格压力。

对于供应商而言,数字化转型可以确保业务运营尽可能高效,但这仅仅是第一步。随着数字化进程不断深入,终端客户会要求商品迎合他们的喜好和要求,如果企业对终端客户了解不多,就无法确保产品差异化,而逐步在价值链中边缘化。

（二）渠道型企业象限

与消费者直接建立联系，能够深入了解消费者。这一象限的企业可以为消费者提供多种传统渠道或数字渠道来购买产品，从而持续改进产品和服务，确保终端客户的综合体验，留住现有消费者、吸引新消费者。

全球最大的家具公司宜家就是一家典型的多渠道企业，它持续寻求方法改善其价值链中产品的种类。依托全球销售网点，宜家利用对客户的深入了解，开发"日常生活所需的产品"：从卧室家具到预制食品，不一而足，统一打上宜家的标志性品牌。经过数十年来专注于众多门店的客户体验，宜家最近推出了网上购物活动，让购物体验做到真正无缝，同时又多了一条进一步了解客户的途径。

（三）模块化生产商象限

提供了一种涵盖整个生态系统的独特能力，但是对终端客户缺乏直接了解。这一象限的企业提供的即插即用的产品或服务适用于众多的渠道或合作伙伴，但是终端用户的需求需要依赖分销渠道的反馈。与供应商象限一样，这个象限的竞争也很激烈，要在各方面做到领先就需要产品或服务不断创新，同时价位合理。

（四）生态型企业象限

既深入了解终端客户，又有广泛的供应基础。这一象限的企业充分利用这些优势，为消费者提供无缝体验。这类企业不仅销售自己的专有产品和服务，还销售整个生态系统上其他提供商的产品和服务，因而商业模式更加灵活。美国和中国的大型互联网零售商就是典型的生态系统推动者，一些医疗服务机构也是如此。研究表明，参与生态系统相较于仅参与价值链的企业，创造价值的潜力更大。

四个商业模式象限有助于企业清楚自身所处的商业环境以及面临的问

题，如果企业产品竞争力下降，或正在失去客户，或发展速度不如同行，就应该考虑进入到不同的象限。一是增进对终端客户的了解，二是成为生态系统中更重要的一员。通过分析当前所在的商业模式象限，选择并确立未来的商业模式。

二、选择实现企业价值最大化的商业模式

商业模式是企业为了最大化价值，构建的与内外部利益相关者的交易结构。企业价值描述企业如何联合伙伴为客户创造价值，通过价值获取和价值分配，实现价值增值。商业模式包含价值主张、利益相关者、活动、核心资源能力、盈利模式、价值增值六个要素。

（一）商业模式六要素

（1）价值主张：以新的定位、新的需求满足方式，获得新的价值空间。

（2）利益相关者：调整或引入利益相关方，改变利益相关者之间的交易关系，改变商业模式效率和利益分配方式。

（3）活动：优化业务活动设计，提高运营效率，降低经营成本。

（4）核心资源能力：识别关键资源和关键能力，构筑、发展价值控制点。

（5）盈利模式：新的受益方，新的收益维度，以更低的成本创造可持续的收入。

（6）价值增值：包括客户价值、企业价值、伙伴价值，指标上体现为投资回报率、规模增长率、现金流。

商业模式六要素模型从价值主张开始，明确企业能带给客户及伙伴的差异化价值或者需求满足方式，通过价值实现系统，最终达到价值增值目的。商业模式连接战略与经营，价值主张需要与组织的战略定位一体，价

值增值要支撑企业的可持续经营。需要注意的是，价值增值不仅仅是商业价值，社会价值也同等重要，比如对于政府来说，社会价值有时候更重要。

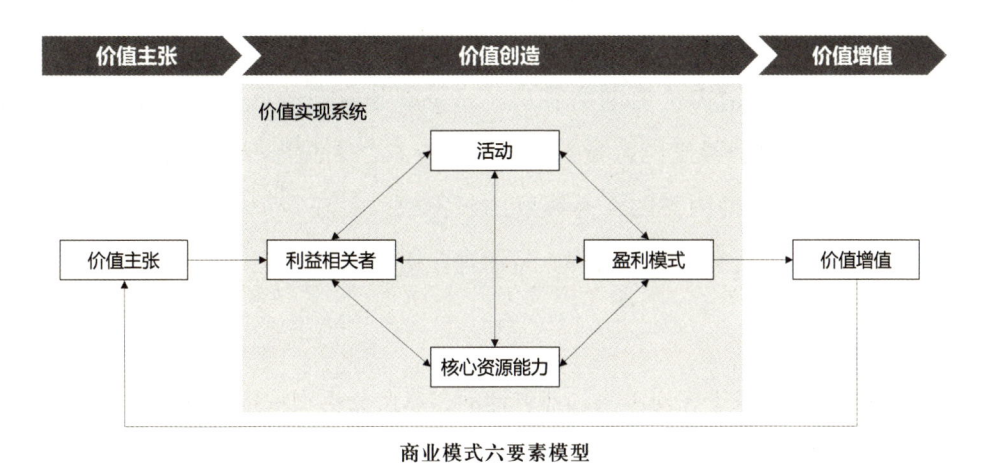

商业模式六要素模型

（二）商业模式规划和选择

商业模式规划和选择的核心是打破惯性思维，发掘新的赛道、新的客户、新的需求满足方式、新的空间，对应起来就是要选好定位、选好客户、选好需求的满足方式、选好场景，这之间是层层递进的关系。据此可以分析商业模式价值主张所对应的空间，以及所产生的对客户、对伙伴、对自身带来的价值。

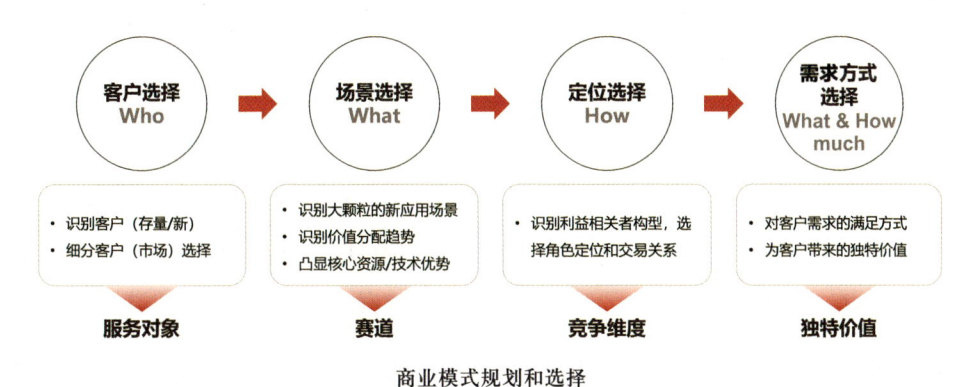

商业模式规划和选择

1. 客户选择

客户选择对应的是服务对象，包括两个核心点：一是识别客户，既包括存量客户中的关键客户、需要重点发展和持续增强的客户，也包含过去未关注但有很高潜力价值的新客户。二是细分客户的选择，关注三个维度：关注客户价值维度能否覆盖住投入的成本；关注客户核心需求维度能否发掘未被满足的刚需的、高频度的新需求；关注客户角色可扩展性维度，思考客户是否会转化为伙伴，帮助企业拓展行业市场。

2. 场景选择

场景选择，基于客户本身的业务活动，以此分析和识别大颗粒的应用场景，比如在煤矿场景，发掘出了井下降噪、安全监控等有别于传统的新场景。识别场景后，根据价值分配的趋势，寻找新场景中规模大、频度高、利润率相对更好的活动，作为可能的价值制高点选择。另外，还要找到与企业产品和资源最适配的活动，凸显企业的价值，实现资源和能力的复用规模。

3. 定位选择

定位选择，主要涉及企业的角色定位和交易关系是做最简单的"点"——提供设备，还是拉通供需提供"面"服务，或者在多个面之间进行相关度连接，提供针对不同客户群体的资源能力复用最大化，实现资源优势的最大化。可见定位不同，竞争的维度也不同，对整个生态的控制力也不同。

4. 需求方式选择

需求方式选择，对应的是对客户的独特价值及对伙伴带来的价值，最终呈现为企业本身的价值。在定位选择之后，就要针对为客户提供的交付方式进行确认。是提供产品还是服务？是一次性收费还是提供订阅服务？是提供解决方案一揽子解决问题，还是提供平台使能？是通过开源获得更多的产业生态聚合，还是通过闭源方式，获得应有的价值增值？这些都是不同的需求满足方式选择。

三、企业的商业模式飞轮，支撑企业价值的正向循环

企业的商业模式要支持长期发展，商业模式并非一成不变，在规划阶段就需要考虑面向未来可持续的商业模式，打造商业模式的飞轮。

（一）商业模式飞轮

商业模式飞轮是指企业要找出一个可持续、可良性循环的商业运作模式。尽管刚开始的时候飞轮转动起来会比较费力，但是在持续的商业模式打造过程中，关键要素获得了持续增强的反馈，商业要素的价值得到持续增强，飞轮的动能会越来越大，运转越来越快，从而产生强劲高效的盈利。

飞轮的本质是商业模式中的关键要素能够形成运转当中的增强回路，持续增强建立起价值的正向循环。以亚马逊为例，亚马逊的飞轮逻辑是好的客户体验能够带来客户流量，更多的流量可以吸引更多的卖家；第三方卖家提供丰富的产品，又能带来更好的客户体验。与此同时，越来越大的规模，也使得亚马逊的运营成本可以被更多的供货商分摊，改善成本结构，带来更多的收益，从而进一步降低价格，更低的价格又可以带来更好的用户体验，形成持续的循环往复。

2001年至今，包括将AWS变成对外服务，亚马逊都在不断实践和迭代这个飞轮。飞轮也会有各种衍生。如果用亚马逊的飞轮来理解京东、阿里、拼多多的业务，会发现企业的飞轮略有不同，但本质都是围绕着面向用户多快好省的体验去定义飞轮的结构和起点。

（二）构建商业模式飞轮

对于如何构建飞轮，我们总结业界的实践形成七步法。

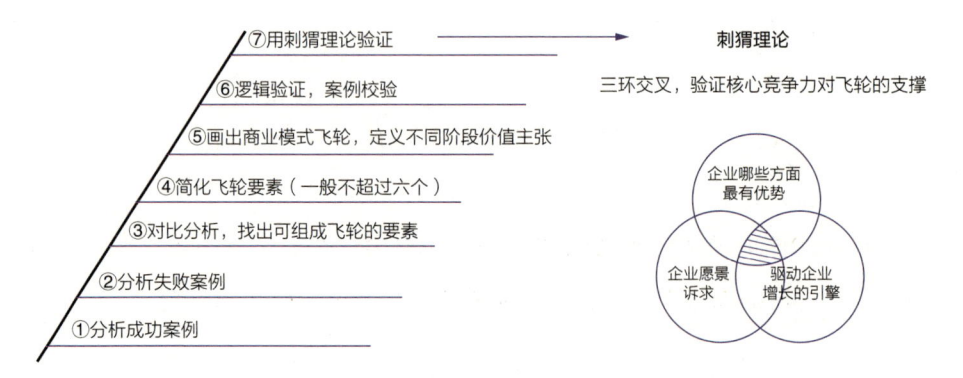

```
⑦用刺猬理论验证 ──────────▶   刺猬理论
 ⑥逻辑验证，案例校验              三环交叉，验证核心竞争力对飞轮的支撑
  ⑤画出商业模式飞轮，定义不同阶段价值主张
   ④简化飞轮要素（一般不超过六个）
    ③对比分析，找出可组成飞轮的要素
     ②分析失败案例
      ①分析成功案例
```

企业哪些方面最有优势 / 企业愿景诉求 / 驱动企业增长的引擎

商业模式飞轮

第一步，分析成功案例，找到关键成功要素；第二步，分析失败案例，找到关键的影响失败的要素；第三步，通过对比分析，找出组成飞轮的相关要素；第四步，简化飞轮要素，一般来说每个飞轮不要超过六个要素；第五步，把要素画到飞轮里，得到商业模式飞轮，定义不同阶段的价值主张；第六步，通过逻辑验证，观察各个要素之间是否能够形成正向的回馈；第七步，用刺猬理论来验证商业模式飞轮。所谓刺猬理论，就是回归业务的本质，把复杂的事件简化成基本原则，找到最基本的解决问题的方法。

结合企业优势、企业愿景及驱动企业增长的关键引擎，通过三者定位找到交叉的要素。如果这些要素就是待验证的商业要素，就验证了核心竞争力对飞轮的支撑。

商业模式规划和选择的核心要点就是价值主张，为用户的利益打破传统的交易构型，创造更大的价值增量。在这个过程中进行客户选择、场景选择、定位选择和满足方式的选择，进而分析在不同时期的价值空间，形成商业模式飞轮的设计，作为后续设计商业模式价值实现系统的导入。

第 五 章
华为数字化转型战略与方法论

华为基于自身数字化转型实践，以及为10多个行业1000多家企业提供的数字化转型服务所积累的丰富经验，归纳提炼出行业数字化转型的内涵与特点、主要挑战以及一套简单可操作的方法。

第一节　华为数字化转型概述

一、华为对数字化转型的内涵与特点的理解

华为认为，数字化转型是通过新一代数字技术的深入应用，构建一个全感知、全连接、全场景、全智能的数字世界，进而优化再造物理世界的业务，对传统管理模式、业务模式、商业模式进行创新和重塑，实现业务成功。

华为认为，数字化转型的根本目的在于提升企业竞争力。数字化转型过程中，运用新技术并不是目的，根本目的是提升产品和服务的竞争力，让企业获得更大的竞争优势。

华为认为，数字化转型本质上是业务转型，是新一代信息技术驱动下的一场业务、管理和商业模式的深度变革，技术是支点，业务是内核。

华为认为，数字化转型是一个长期系统工程。对于大多数企业而言，数字化转型面临的挑战来自方方面面：从技术驾驭到业务创新，从组织变革到文化重塑，从数字化能力建设到人才培养，因此数字化转型的成功不可能一蹴而就。数字化转型是一项长期艰巨的任务，多数企业需要3~5年甚至更长时间才能取得显著成果。

二、华为认为的数字化转型核心特征

数字化转型就是将新一代ICT技术作为新的生产要素，叠加到企业原有的生产要素中，从而引起企业业务的创新和重构。因此，新一代ICT技术能否得到有效运用，并为企业产生显著的业务价值是转型的核心特征。

数字化转型不仅仅是将技术简单运用到生产过程中，更应该不断积累和

形成数字资产，围绕数字资产构建数字世界的竞争力，为企业不断创造价值。

三、华为归纳的数字化转型面临的主要挑战

数字化转型是企业业务的全面变革，面临的挑战也来自方方面面。在数字化转型的道路上，不只是鲜花和掌声，还有丛生的荆棘。伴随着数字化转型的深入发展，其深层问题也逐步显现，例如缺少整体战略和路线图、高层没有对数字化转型达成共识、业务价值体现不足、数字化转型职责和权利不清晰等。归纳为如下四点挑战。

（一）文化观念冲突

未来的数字化企业将以完全不同的形态和方式运行。数字化转型过程将极大地突破传统企业的"舒适区"，在缺乏经验的未知领域探索，新旧两种文化观念将长期存在冲突。

（二）新技术驾驭和整合挑战大

数字化转型不仅要求企业能够迅速学习和掌握新技术，还需将新技术融会贯通形成组合优势，并且在业务变革上找准结合点，使之改变现有业务。驾驭并整合新技术是企业巨大的挑战。

（三）组织与人才匹配度不足

为了有效推进数字化转型，必须同时进行组织结构的变革。转型本身是动态的，在转型过程中如何建立并调整与转型匹配的组织机构是转型综合挑战的一个重要方面。数字化转型不仅需要新技术人才、业务创新人才，更需要能够将新技术与业务结合起来的跨领域人才，培养高水平的转型人才队伍是转型不可回避的问题。

数字化转型需要用到云、大数据、物联网（IoT）和人工智能（AI）等

大量新技术。同时，企业往往还面临着不同技术支持来自不同的供应商，如何将这些技术有效集成起来，对企业来说是一件极其困难的事情。数字化专业人才的获取是数字化转型过程中不可避免的挑战。

（四）新/老系统间对接和业务连续保障困难

企业在新ICT系统上的投入不足，只有20%投入在新系统的建设上，80%则用于老系统的维护。因为老系统承载着大量核心业务，所以新系统在一定时间内必须能兼容老系统。这也是困扰很多CIO的难题。

第二节 华为行业数字化转型的方法

华为从大量的行业数字化转型实践中，摸索积累了一套应用数字化技术实现业务成功的战略框架与战术工具集，对业务可持续创新发展的最佳实践进行了总结，提炼了其中具有通用性、普适性的关键要素，形成了一套简单可操作的方法。企业结合行业特点，在前瞻性的战略规划牵引下，走出一条动态演进的可持续发展道路，进而实现在数字化时代的自我进化。

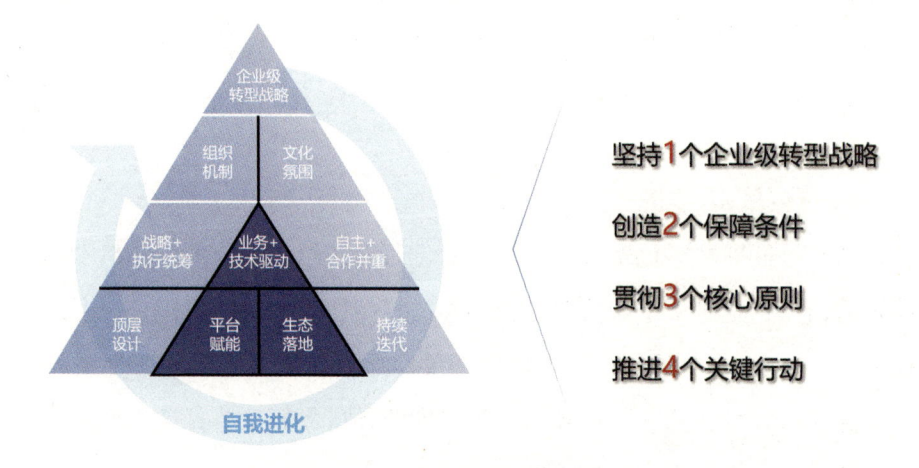

坚持**1**个企业级转型战略

创造**2**个保障条件

贯彻**3**个核心原则

推进**4**个关键行动

数字化时代的企业自我进化

一、坚持1个企业级转型战略

数字化战略是指筹划和指导数字化转型的方略,在高层次上面向未来,在方向性、全局性的重大决策问题上选择做什么、不做什么。数字化转型是企业层级的战略,是企业总体战略的重要组成部分。以战略为指引开展数字化转型,将大大提高转型成功的概率。

数字化转型战略主要包括:数字化转型愿景和使命,数字化转型定位目标,新商业模式、新业务模式、新管理模式,以及数字化转型战略举措。

二、创造2个保障条件

(一)组织机制保障

数字化转型需要强有力的组织来支撑,需要明确转型的责任主体,制订合理的组织业务目标、配套考核和激励机制,优化组织间协作流程。在适合的条件下,还应成立专门的数字化转型组织,协调业务和技术部门,建立数字世界和物理世界间的协同运作机制,统筹推进数字化转型落地。

(二)创造文化氛围

企业文化是数字化转型成功的关键要素,要不断培养转型文化理念,激发个体活力,为员工营造好的转型环境,形成数字化转型的动力源泉。培育数字文化、变革文化和创新文化,支撑数字化转型。

积极拥抱数字化,通过数据改变传统的管理思路和模式,习惯用数据说话、用数据决策、用数据管理、用数据创新;勇于探索,拥抱变化,自我颠覆,持续变革;崇尚创新、宽容失败、支持冒险,在数字化转型过程中更加积极和主动。

三、贯彻3个核心原则

（一）原则1：战略与执行统筹

数字化转型中，战略与执行并重。战略强调自上而下，重视顶层设计，从企业战略逐层解码，找到行动的目标、路径，指导具体的执行；执行强调自下而上，在大致正确的方向指引下，积极进行基层探索与创新，将技术与具体业务场景结合起来，从而找到价值兑现点。从成功的基层创新中归纳和总结经验，反过来影响和修订上层的战略和解码。战略与执行统筹处理好远期与近期、总体与局部、宏观与微观等各方面的关系。

（二）原则2：业务与技术双轮驱动

数字化转型的驱动力来自业务与技术两个方面。数字化转型实际是业务的转型升级，要从业务视角主动思考转型的目标和路径，将转型落实到具体的业务运作中。可以借鉴外部的实践经验，找到技术与业务变化的支撑点。新技术可以给业务带来巨大的提升潜力，企业应该在新技术的探索上做适度超前的投入，通过持续的探索和学习，把新技术的威力变现为实际的业务价值，推动业务持续转变升级。

（三）原则3：自主与合作并重

转型的关键在企业自身，企业需要实现转型的自我驱动。识别和聚焦核心能力，通过自我提升内化核心能力。对于非核心能力，以开放的心态，充分利用外部力量，快速补齐能力短板，为自身发展构建互利共赢的生态体系。

四、推进4个关键行动

（一）顶层设计

数字化转型的顶层设计就是制订转型的总体框架与发展目标，是全局有效协同的必要基础。顶层设计可以明确长期目标，实现战略解码，在组织内统一思想、统一目标、统一语言、统一行动，解决数字化转型的整体性、协作性、可持续性问题。

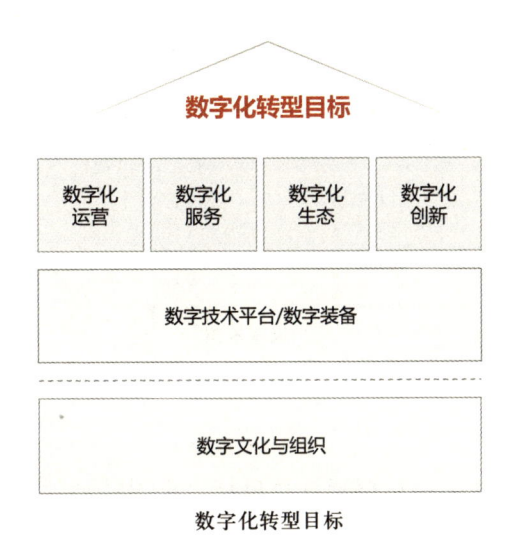

```
                    数字化转型目标
    ┌────────┬────────┬────────┬────────┐
    │ 数字化 │ 数字化 │ 数字化 │ 数字化 │
    │  运营  │  服务  │  生态  │  创新  │
    └────────┴────────┴────────┴────────┘
    ┌───────────────────────────────────┐
    │       数字技术平台/数字装备       │
    └───────────────────────────────────┘
    ┌───────────────────────────────────┐
    │         数字文化与组织            │
    └───────────────────────────────────┘
```

数字化转型目标

数字化转型顶层设计从过程上看，主要包括价值发现、蓝图构画、路径规划三大主要阶段。

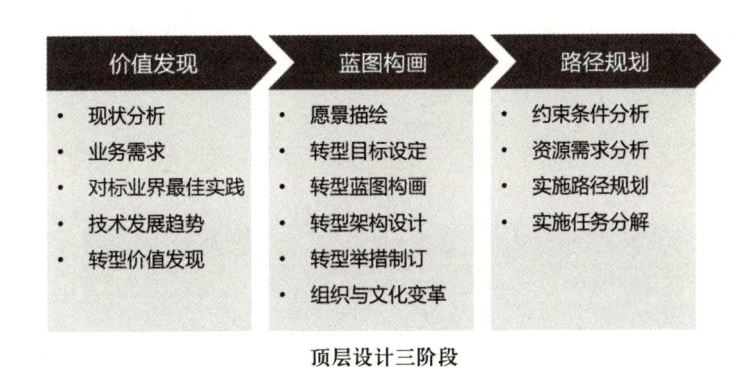

价值发现	蓝图构画	路径规划
• 现状分析 • 业务需求 • 对标业界最佳实践 • 技术发展趋势 • 转型价值发现	• 愿景描绘 • 转型目标设定 • 转型蓝图构画 • 转型架构设计 • 转型举措制订 • 组织与文化变革	• 约束条件分析 • 资源需求分析 • 实施路径规划 • 实施任务分解

顶层设计三阶段

1. 价值发现

快速实现业务价值是数字化转型顶层设计的难点。价值发现通过综合评估企业现状、分析业务需求、对标业界实践等方式，发现转型的业务价值，找准转型突破口。其主要工作包括现状与问题调研、业务需求理解、业界最佳实践对标、技术发展趋势分析以及转型价值发现等。

价值发现地图

运营		公共支撑	
• 风险预警	• 智能决策	• 服务化	• 全局共享

研发	生产	销售	服务
• 需求管理 • 敏捷开发 • 成果复用	• 柔性制造 • 智能制造 • 集成供应	• 精准营销 • 数字化渠道 • ROADS体验	• 一站式交付 • 主动服务 • ROADS体验

价值发现地图

2. 蓝图构画

蓝图构画是为数字化转型制订总目标，指引转型的总方向，使转型成为全局性共识。其主要工作包括愿景描绘、转型目标设定、转型蓝图构画、架构设计、技术路线选择、制订转型举措和组织与文化变革等。构画转型蓝图是这一阶段的核心工作：一方面要保证转型目标有效落地，具备可实施性；另一方面要保证转型未来可演进，可持续发展。因此，良好的企业架构设计是其中的关键点。

企业架构

架构愿景、目标	
业务架构	
数据架构	应用架构
技术架构	
架构治理	

企业架构

3. 路径规划

路径规划的主要任务是识别转型约束条件与资源需求，制订切实可行的实施规划，确保目标达成。其主要工作过程包括约束条件分析、资源需求分析、实施路径规划以及实施任务分解等。需要注意的是，在确保转型目标达成的前提下，投入合理的资源，同时有效控制实施风险。

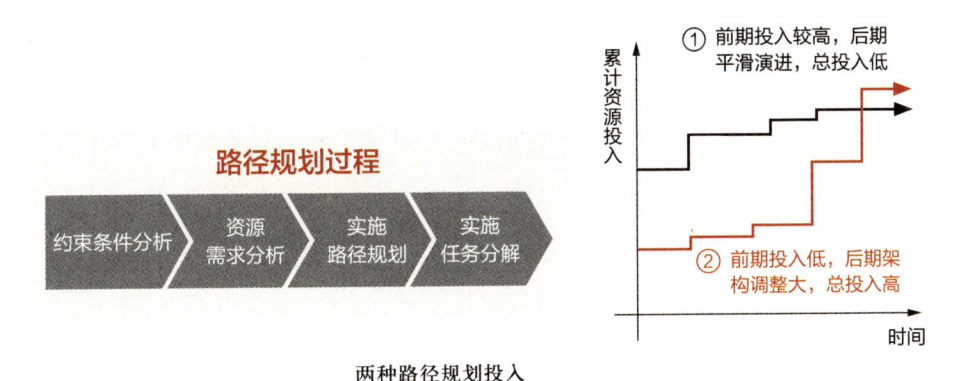

路径规划过程

约束条件分析 → 资源需求分析 → 实施路径规划 → 实施任务分解

① 前期投入较高，后期平滑演进，总投入低
② 前期投入低，后期架构调整大，总投入高

两种路径规划投入

（二）平台赋能

数字化时代下，外部环境的快速变化与企业内在的稳健经营要求形成了强烈矛盾，带来了巨大挑战。反映在企业数字化转型上，表现为业务需求快速多变，新技术层出不穷，而数字化系统需要稳定扩展与平滑演进，频繁地颠覆重构不仅造成重复投资建设，更带来业务经营与企业运营方面的额外风险。

企业需要不断强化、提升数字化能力来应对这种挑战，包括以下三个方面。

1. 业务与技术深入结合能力

将业务经营与企业运营的新功能、新需求不断在技术系统中落地实现并反哺业务，包括产品/服务数字化、精准营销、全要素在线、实时决策支持等。

2. 数据智能和价值再造能力

面向全量数据和数据全生命周期的治理和价值挖掘能力，包括外部数据融合、分析、建模、治理和数据安全等。

3. 技术管理和技术融合能力

对企业纳入的数字技术进行高效管理的能力。包括弹性基础设施、组件解耦服务化、服务运营管理、新技术纳入、API管理、技术安全以及开发运营等。

基于此，企业需要构建一个支撑数字化转型的平台，其特征具体表现为五方面。

（1）应用场景化。根据不同业务场景提供个性化应用功能，满足不同角色对象在企业经营活动中随时随地接入使用数字化系统的需要，丰富业务场景，提升用户体验。

（2）能力服务化。业务能力共性提取，形成数字化服务接口，业务流程灵活编排，支持业务敏捷与创新。

（3）数据融合化。全量数据采集汇聚，全域数据融合，全维数据智能分析，洞察业务内在规律，提供决策支持。

（4）技术组件化。以组件化框架承载，按需引入大数据、物联网、视频智能分析、AR/VR等新技术，技术架构易扩展，技术元素易集成，技术能力易调用。

（5）资源共享化。智能终端、网络连接、计算存储资源云化，共享复用，资源弹性高效管理。

在平台化的数字化系统上，业务经验有效沉淀，数据资产逐步积累，技术架构平滑演进，企业数字化能力迅速得到提升。平台化参考架构如下图。

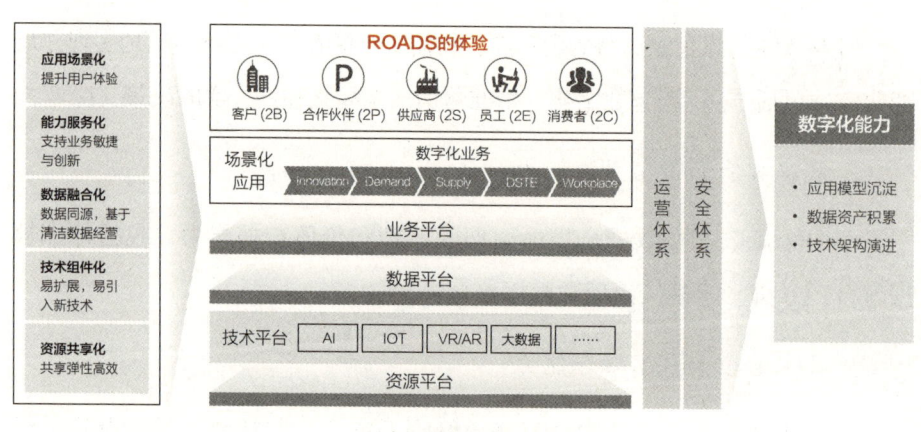

平台化系统参考架构

（三）生态落地

数字化时代，基于上下游"服务提供、服务采购"的简单合作模式逐渐失效，"链式串接"向"网状互联"的合作方式演化成为行业共识。在数字化系统建设上，企业自主完成全部系统建设越来越不可行，以生态方式构建数字化系统，可以吸引多类型厂商协同联动、优势互补。

在平台化架构下，基于数字化系统建设所需的能力分层和角色分工，使企业能够低成本高效率发现合作资源、建立合作关系、推动合作落地、保持合作发展，实现关键技术自主、能力短板补齐、服务良性竞争，构建良性生态体系，为数字化系统的长期持续健康发展提供保障。

数字化系统建设生态体系参考

数字化系统建设所需的生态合作资源通常包括：咨询设计服务、应用服务、技术平台服务、系统集成服务、运营安全服务和投融资服务等。

（四）持续迭代

数字时代业务变化快、技术更新快，需要敏捷迭代。但是迭代不代表全盘颠覆，数字化转型的能力需要不断积累和传承，信息化建设要支撑物理世界业务的可持续发展。因此，数字化建设的迭代应该是分层的，不同的分层以不同的周期进行迭代和演进。如下图所示。

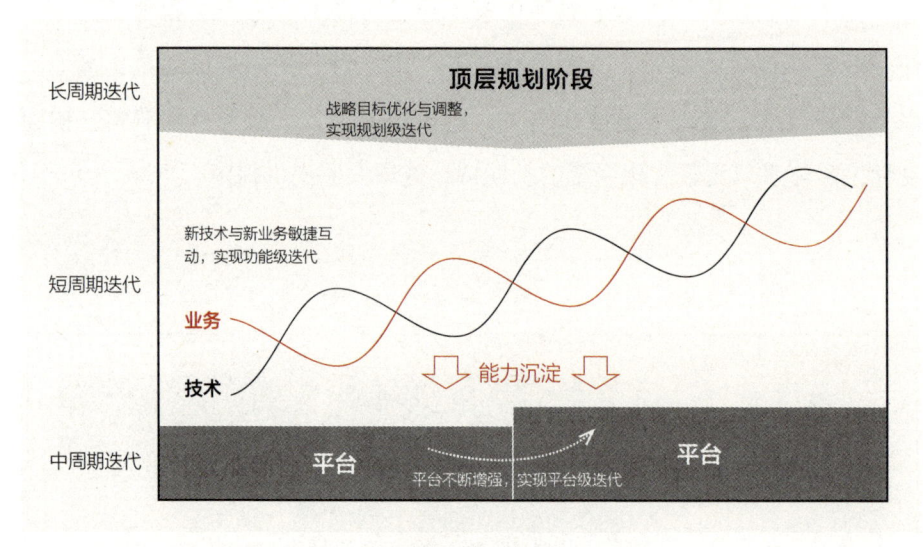

持续迭代参考模型

1. 功能级的"短周期"迭代

业务需求快速变化，ICT技术的发展快速变化，新技术和业务的结合快速变化，这些都需要敏捷迭代。通过短周期迭代，使得转型紧贴业务价值的实现，降低转型风险。

2. 平台能力级的"中周期"迭代

平台承载了转型的能力，比如快速引入新技术、以服务化来应对业务的敏捷变化、大数据快速建模等，因此架构和平台都需要相对稳定，而非快速颠覆。往往在失败的短周期迭代中也会有闪光点，要将短周期迭代中的成功经验不断沉淀到平台中，不能错失每一个有价值的积累。平台能力级的"中周期"迭代，有助于将转型的能力持续增强。

3. 规划设计级的"长周期"迭代

规划设计过程中，在多次的业务功能和平台能力迭代之后，数字化转型逐步逼近战略目标。在阶段性目标基本达成的时候，需要进行方向性的审视并做出调整。但是战略目标的调整应该是相对"长周期"的。规划设计过快的变化不利于转型的资源投入和行动的持续有效。

通过三个层次的持续迭代，企业数字化转型不断完善，数字化能力不断提升。

第三节　华为数字化转型成熟度评估模型

战略决心	数字文化、人才和技能	卓越客户体验	数据管理与分析	服务创新与数字交付	数字技术领导力
数字愿景	敏捷团队	以客户为中心	数据战略与治理	服务创新	基础数字技术
商业敏捷	思维、培训与发展	体验治理	数据增值	数字交付	数字技术运维
财务与投资模型	数字工作平台	品牌意识	数据挖掘		数字技术运用与治理

数字化转型成熟度评估模型

华为提供的全行业数字成熟度评估模型（ODMM——Open Digital Maturity Model），能够帮助企业识别实现数字业务目标所需要补齐的成熟度。数字化转型成熟度评估模型采用多级指标体系，一级指标是6个评估维度，包括：战略决心，数字文化、人才和技能，卓越客户体验，数据管理与分析，服务创新与数字交付，数字技术领导力。

一、评估模型特点

(1) 基于全行业对标；

(2) 参考产业组织和机构的200多项最佳实践；

(3) 六类面向企业数字化转型的600多项关键绩效指标；

(4) 一套完整的评估方法和工具；

(5) 评估结果与业务能力关联，加速转型规划和实施。

数字化转型成熟度评估模型，不仅仅是为了得出一个分数，更重要的是针对评估项的要求及业界实践，识别差距和改进点，形成有针对性的改进建议，以便进行持续改进。

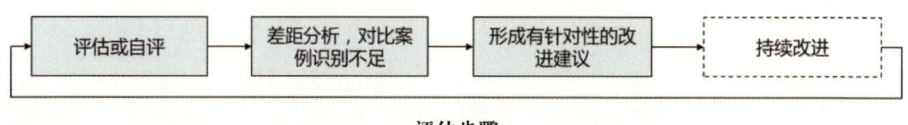

评估或自评 → 差距分析，对比案例识别不足 → 形成有针对性的改进建议 → 持续改进

评估步骤

二、评估指标

数字化转型成熟度评估模型的二级指标为细分的评估维度，三级指标为具体评估项，如下页图所示。

（一）二级指标维度

1. 数字愿景

制订明确的数字化愿景和战略，在公司内部、外部清晰地传达。高层管理团队践行"数字第一"，考虑跨行业贡献和对生态系统的影响。

2. 商业敏捷

包括战略投资组合管理和协调能力。

数字化转型成熟度评估模型二级指标

数字技术领导力
- L2-基础数字技术
  - L3-APIs、微服务
  - API便籍
  - 微服务架构
  - L3-移动及物联网应用
  - 移动应用
  - 物联网应用
  - L3-云计算与网络虚拟化
  - IT应用云化水平
  - SaaS云服务应用水平
  - L3-安全性
  - 安全技术的采用
  - L3-技术储备
  - 技术架构和技术路线型新技术引进

创新与数字交付
- L2-创新
  - L3-业务创新
  - 创新想法的获取
  - 创新解决方法的验证
- L2-数字交付
  - L3-敏捷和DevOps
- L2-服务开发及运维
  - L3-可靠性运维
  - 服务可用性和可靠性
  - 服务性能管理
  - L3-服务化IT产品运营
  - L3-开发平台及工具链
  - 工具链的使用
  - 服务化平台的人员技能与组织

数据管理与分析
- L2-数据战略和治理
  - L3-数据生命周期模型
  - 数据共享
  - 数据责任体系
  - L3-信息架构设计和应用
  - L3-数据管理和质量
  - 参考数据/主数据管理
  - 元数据管理
  - 数据质量保证
  - L3-信息安全和隐私
- L2-数据分析
  - L3-数据获取和汇合
  - 数据湖
  - 数据主题和数据服务
  - L3-数据分析与决策

卓越客户体验
- L2-以客户为中心
  - L3-个性化服务
  - 客户细分及服务定制
  - L3-主动服务
  - 主动关怀及关注
  - L3-全方位客户管理
  - 全渠道运营
  - 社交平台的采用
- L2-体验管理
  - L3-客户体验管理闭环
  - 客户体验管理活动
  - 合作伙伴的参与
  - L3-体验导向设计
  - 统一客户视角
  - L3-客户体验数据可用性
  - 客户体验数据可用性
  - 客户声音并采取行动

数字文化、人才和技能
- L2-敏捷团队
  - L3-多技能复合型团队
  - L3-授权和实验
  - 数字化实验的环境
  - 赋权
  - L3-共享在线信息
  - 设计思维
  - L3-按需人力安排
  - 快速建立虚拟团队或获取资源
- L2-思维、学习与发展
  - L3-激励机制
  - L3-数字人才
  - L3-学习与发展

战略决心
- L2-数字愿景
  - L3-清晰的目标
  - 清晰的愿景和目标
  - 突破口和主线
  - KPI感评估体系
  - L3-数字领导力
  - 业务与IT合作
  - 数字化意识
  - L3-蓝图牵引
  - L3-新价值追求
- L2-商业敏捷
  - L3-战略投资组合管理
  - L3-协调能力

颜色示意: 1分 | 2分 | 3分 | 4分 | 5分

3. 团队灵活性（敏捷团队）

团队成员可以探索、创新、测试和应用决策过程的新方法和替代方法，团队成员的知识和信息在团队中充分共享。

4. 思维、学习与发展

开发数字化学习平台，提升员工的数字化技能，并对员工进行技能认证；应用数字化工具对员工历史绩效进行分析，做员工发展规划；使用数字工具分析人才需求和供应情况。

5. 以客户为中心

允许用户通过数字渠道查看和修改其账户/服务；产品和服务是针对个人/企业实体的需求量身订制的；监控客户的个人需求，并在最佳时间通过个人精心推荐的方式通知客户更合适的产品。

6. 体验管理

所有职能部门以客户为中心，对客户体验有很强的责任感，并积极改进用户体验；对客户体验进行度量；有客户状态、行为和兴趣全面视图；客户体验驱动新产品/服务的设计；对合作伙伴有客户体验指标的管理；全渠道（电话、网站、实体店）与客户进行互动。

7. 数据战略和治理

包括数据生命周期模型、信息架构设计和应用、数据管理和质量、信息安全和隐私等。

8. 数据分析

业务决策是基于相关数据，可以量化改善运营绩效；新的数据源可以很容易地集成到现有的数据管理和分析平台中；有强大的数据分析（机器学习）能力。

9.（服务）创新

有标准化和全方位支撑数字化创意产生和实验的流程，包括资金投入；生态和价值链管理，与合作伙伴在传统领域外共同探索创造价值；采用智能灵活的服务集成实践和技术，在企业和数字化生态系统内提供无缝服务；有明确的战略和流程，管理新的数字服务引入和市场开发业务（非技术层面）。

10. 数字交付

云环境中的 DevOps；全面监控，将基础架构、应用程序和实际用户之间的事件和告警相关联；基于反馈和分析做出响应，通过渐进式激活管理新产品开发风险；有明确的战略和流程来管理多方联合敏捷交付。

11. 服务开发及运维

自动化运营（AI、大数据分析的应用），服务性能管理（流量、应用/服务性能跟踪）。

12. 基础数字技术

云计算和网络虚拟化、移动、物联网、边缘计算、数据管理技术、RPA（机器人过程自动化）。

有利用开源代码、开放标准和开放平台的战略；安全技术使能数字化转型；数字化身份识别；关注软件开发生命周期中的自动化程度；技术路标管理。

（二）数字化成熟度模型评分表

数字化成熟度模型评分表包括：L1~L3级指标维度分类、维度对应的问题，评分标准（1~5分）。在实际应用中，顺序针对维度问题按评分标准进行打分。

1. 数字化成熟度模型自评

使用评分表完成自评打分后，对照业界标杆识别差距，从而获得短板项和差距值。自评结果示意如下图。

数字成熟度 L1~L3 维度分类 | **Metric 和对应的问题** | **评分标准（1~5分）**

L1	L2	L3	Metric	Question	（起步）1-Initiating	（局部突破）2-Emerging	（全面开展）3-Performing	（成为竞争优势）4-Advancing	（行业领先）5-Leading
战略决心	数字愿景	清晰的目标	愿景和战略的沟通	您的数字化愿景和战略是如何被很好的制订并沟通的？	刚有意识	初步制订了转型的愿景和战略，但未进行很好的内外沟通	制订转型的愿景和战略，并在组织内和变革项目中进行沟通	有完善的转型愿景和战略，并在组织内外进行沟通和传达	愿景和战略进行持续维护和演进
			制订清晰的目标和路标	对业务目标和变革的愿景，进行数字化转型的关键举措的设计、路标和关联域的设计，以牵引本领域的转型	刚有意识，还没有目标和路标	初步制订了转型的目标，但目标没有与业务目标和变革战略进行匹配；路标也不清晰	制订了转型的目标，且业务目标和变革战略进行匹配，初步制订了路标	制订了清晰的目标和中业务目标和变革战略保持一致	清晰的目标和路标，与业务目标和变革战略保持一致，并持续维护
			突破口和主线	有没有明确的数字化转型的突破口和主线？（制订突破口和主线，集中力量在前期专注某项工作，并通过该突破口牵引其他变革点	刚有意识，但还没有明确的转型突破口	初步明确了转型的突破口和变革主线	有明确的转型突破口和变革主线；与转型目标进行很好地匹配	有明确的转型突破口和变革主线；并在相应的规划项目中很好地落地	突破口和主线清晰，并根据转型的过程进行持续管理和落地
			KPI或评估体系	是否有专门针对数字化转型成效的KPI或者评估体系？	刚有意识，没有明确的KPI来评估转型的成效	有部分的KPI针对数字化转型成效进行评估	将原有的KPI与数字化转型成效的KPI进行适当区分；初步有一套评估体系进行成效的测评	清晰的KPI与评估体系既兼顾了原有的与绩效、财务等相关的指标，并覆盖了与数字化转型强相关的数字化指标	持续完善

数字化成熟度模型评分表

数字化成熟度模型示例 - 自评结果示意

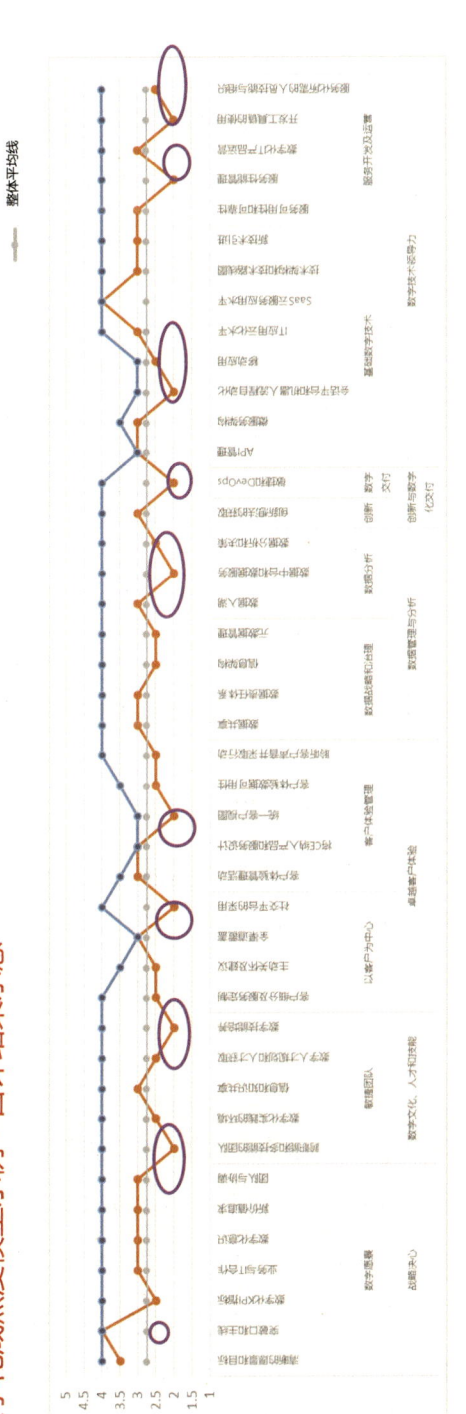

评分差距：
业界标杆平均分为：3.8分

数字化成熟度模型自评结果示意

第五章 华为数字化转型战略与方法论

2. 数字化成熟度评估发现问题及改进建议

使用评分表完成自评打分后，对照业界标杆识别差距，从而获得短板项和差距值。把自评结果按照紧迫性、重要性归入对应的象限，从而识别主要问题和改进点。如下图所示。

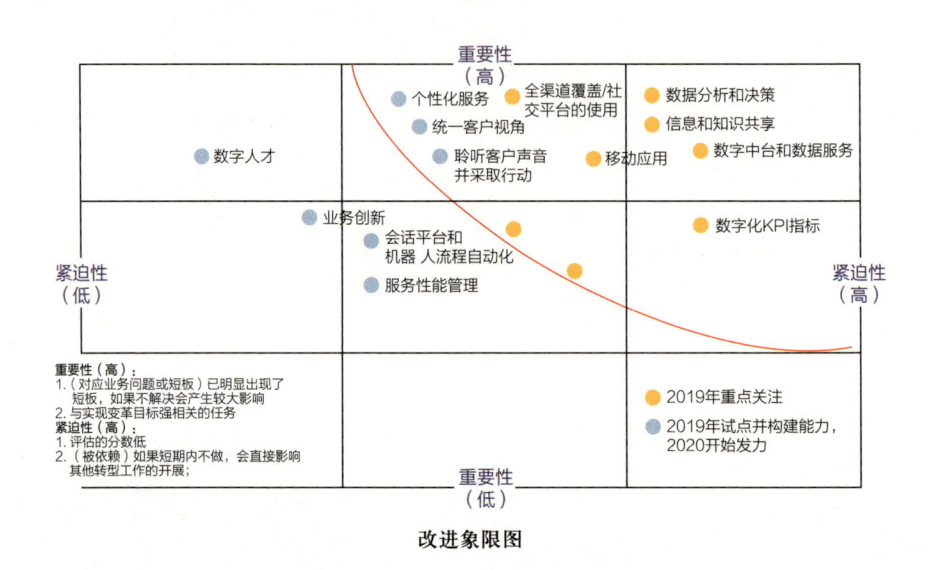

改进象限图

从改进象限图中圈定重要性高且紧迫性高的问题，给出有针对性的改进建议，并落实到数字化转型的任务中。

第四节　华为公司及其愿景

华为公司成立于1987年，是一家由员工持有全部股份的民营企业，目前有19.7万名员工，其中超过10.5万研发员工（占员工总数的53.4%），业务遍及170多个国家和地区。2020年华为在财富世界500强中名列第49位。华为坚持强力投资于研究与开发，过去10年研发总投资超过7200亿元，在欧盟委员会发布的《2020年欧盟工业研发投资排名》中位列全球第三。

华为是全球领先的ICT（信息与通信）基础设施和智能终端提供商。通过数字技术的突破，带给客户更好的产品和服务，从而把数字世界带入人们的生活和工作中。华为聚焦ICT基础设施和智能终端，围绕每个人、每个家庭、每个组织的需求与体验，携手伙伴共同构建万物互联的智能世界。华为坚持围绕客户需求持续创新，加大基础研究投入，厚积薄发，推动世界进步。

华为聚焦ICT技术，面向运营商、政企和消费者三类客户群，提供产品解决方案和服务。运营商业务、企业业务、消费者业务和云业务是华为的核心业务领域。华为在通信网络、IT、智能终端和云服务等领域为客户提供有竞争力且安全可信赖的产品、解决方案与服务，与生态伙伴开放合作，持续为客户创造价值，释放个人潜能，丰富家庭生活，激发组织创新。

第五节　华为的价值主张

华为力求通过无处不在的联接、无所不及的智能、个性化体验以及数字平台，构建万物互联的智能世界。

一、无处不在的联接

联接是每个人的基本权利，是人类进步和经济增长的基石。网络联接将成为无处不在的自然存在。网络主动感知变化和需求，智能、随需、无缝、安全地联接人与人、物与物、人与物。随着5G时代到来，新的联接版图正在打开。

二、无所不及的智能

以AI为驱动的第四次技术革命已经到来，AI作为一种通用技术将无所不及。智能将注入各行各业以及各种产品解决方案，深刻改变业务运作过程和价值创造模式，并通过构筑网络韧性，保障关键业务及数据安全。

三、个性化体验

企业基于AI、云、大数据,深刻洞察客户需求、敏捷创新,提供更加个性化的产品和服务,产业通过整合协同推动规模化创新。个性化的体验不再是少数人的专属特权,每个人的个性得到充分尊重,潜能将充分释放。

四、数字平台

人类正在经历新一轮的数字化浪潮。政府及企业将因数字化、智能化而变得敏捷、高效、生机勃勃。开放、灵活、易用、安全的数字平台,将成为实现整个社会数字化的基石和土壤,激发行业创新和产业升级。

第六节 华为公司战略概述

一、华为公司战略

华为公司的战略是聚焦ICT基础设施和智能终端,使能数字化和智能化。

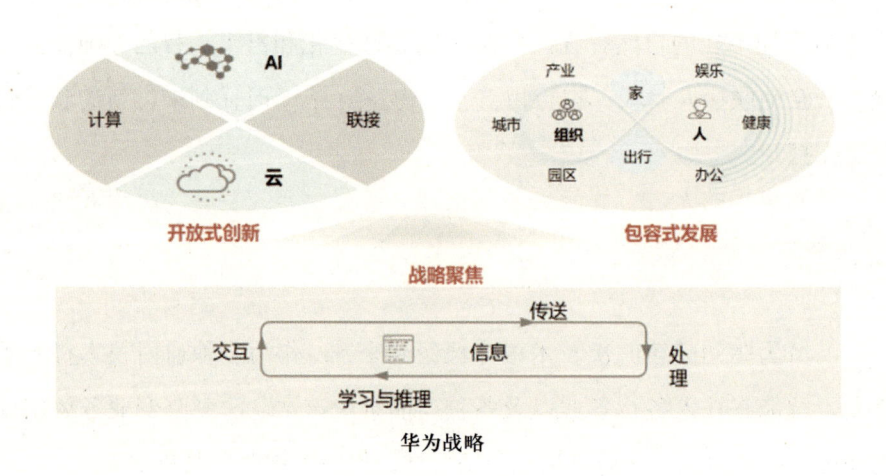

华为战略

（一）战略聚焦

华为战略聚焦于信息技术：围绕信息的传送、处理、学习推理、交互（包括呈现、输入、感知等）。

（二）开放式创新

技术创新、架构和模式的演进都在促进更为开放的创新。

1. 信息技术的创新

关键是"联接+计算"两大领域的突破，尤其是在基础理论层面。

2. 云是华为所有产业的黑土地

基础设施技术通过开放的平台模式，让产业链上下游、全社会的千军万马更好地协作。

3. AI 具有 GPT（通用技术）的关键特征

AI 面向各行各业、全场景，需要更大范围的分工协作，丰富和提升每个场景下整体 AI 系统的能力。

（三）包容式发展

价值创造方面，通过培养人才、使能伙伴，实现包容式发展。

产业合作伙伴具备利用数字技术共同发展的能力，是创造和分享数字经济价值的关键。

华为通过生态发展机制，如开放的平台和服务、开发者计划、ICT 学院等，培养更多的人才，使能更多的伙伴，实现包容式发展，共建万物互联的智能世界。

二、华为 ICT 基础设施业务

从市场角度看，ICT 基础设施业务主要包括运营商市场和企业市场，基于创新的产品与解决方案，构筑开放生态，打造场景化智能体解决方案，服务运营商客户和政企客户，进而服务每个人、每个家庭和每个组织。

从产业角度看，ICT基础设施业务主要包括联接产业和云与计算产业。联接产业将基于5G、全光网络、智能IP网络等，致力于打造泛在千兆、确定性体验和超自动化的智能联接，支撑智能体构建。云与计算产业将围绕"一云两翼双引擎"的产业布局，致力于智能中枢核心能力的构建，让云无处不在，让智能无所不及，共建全场景智慧。

ICT基础的整体战略围绕"联接+计算"，打造行业智能体；开放生态，共建全场景智慧。

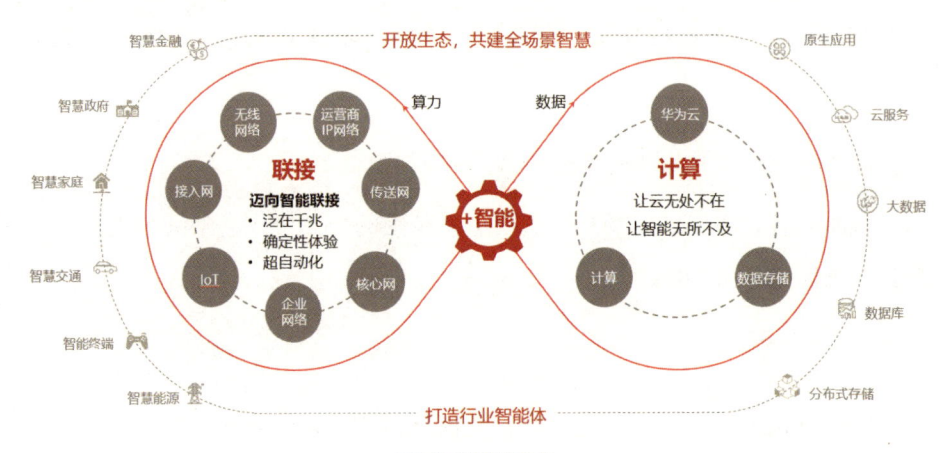

ICT 基础设施业务

联接的核心目标：将联接带入智能联接时代。智能联接的特征是泛在千兆、确定性体验、超自动化。计算的核心目标：让云无处不在，让智能无所不及。

联接和计算通过智能技术发生协同和关联，联接向计算输送数据，计算给联接提供算力支撑。

围绕"联接+计算+智能"的ICT基础设施业务，构筑开放的生态，打造行业智能体、共建全场景智慧。

第七节　智能联接

一、打造行业智能体，支撑产业智能升级

在智慧社会，数据作为重要的生产要素，需要通过"任意对象和信息的数字化""任意信息的普遍联接""海量信息的存储和计算"等关键共性数字基础设施，把数据资源变成"智源"，才能有力支撑各行各业的数字化转型走向智能升级，重构体验、优化流程和使能创新。这需要多种ICT关键技术形成一体化协同发展。

为支持政企智能升级，促进ICT产业协同发展，2020年华为发布了针对政企智能升级的开放技术参考架构"智能体"。它以云为基础、以AI为核心，通过云网边端协同，构建立体感知、全域协同、精确判断、持续进化和开放的智能系统。

二、智能体架构

（一）智慧应用

智慧应用是面向行业场景，通过ICT技术与行业知识深度融合，由行业ISV开发的各类应用，帮助政企客户重构体验、优化流程、使能创新，解决问题并创造价值。智慧应用需要伙伴共同丰富软件与服务生态。预计未来5年，软件与服务产业的全球市场空间将高达1万亿美元。

（二）智能中枢

智能中枢是智能体的大脑和决策系统，以AI为核心、以混合云为最佳底座，使能数据、赋能应用，支撑全场景智慧应用。

（三）智能联接

智能联接是撑起智能体的躯干，包括智能中枢内部的联接，智能中枢到智能交互设备的联接，以及智能交互设备之间的联接。5G、F5G、智能IP网络、核心网、ADN等是实现智能联接的关键技术。

（四）智能交互

智能交互是联通物理世界和数字世界的基础，它包括各种终端，如摄像机、手机、机器人、生产设备等，也包括对这些终端进行管控、分析、处理的智能边缘平台。智能交互将催生边缘计算产业机会，预计未来5年，边缘计算产业的全球市场空间将高达5000亿美元。

智能体把联接、计算、云、AI、行业应用一体化协同发展，形成开放兼容、稳定成熟的基础支撑技术体系，是智能升级的参考架构（如下图所示）。根据不同的需求提供场景化解决方案，帮助企业客户实现商业成功，帮助政府实现兴业、惠民、善政。

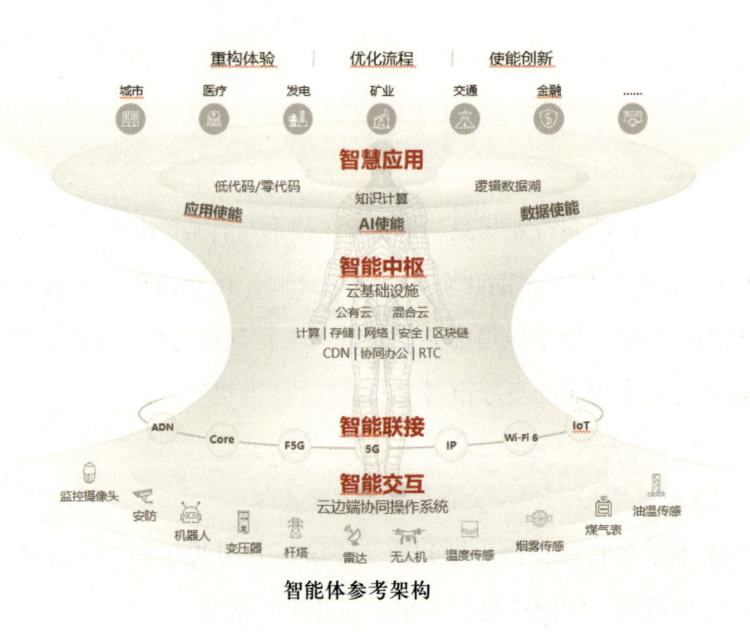

智能体参考架构

三、迈向智能联接，打造全场景解决方案

（一）智能联接的目标

智能联接的目标就是让联接智能起来，把智能联接起来。华为将打造泛在千兆、确定性体验和超自动化的全场景智能联接解决方案，共建行业智能体。

首先，带宽能力是联接的基础。为满足家庭和企业场景中超高清视频、VR/AR应用、AI摄像机、无人机等需求，需要无处不在、无缝覆盖的千兆联接；其次，为满足家庭场景下办公和学习等业务需求、企业场景下安全和可靠性生产的需求，联接网络要能做到确定性体验；最后，网络的规模和复杂性成倍增加，必须引入大数据和AI，实现超自动化。

华为会基于5G、F5G、Wi-Fi6，面向个人、家庭、组织及各个技术领域，把AI摄像机、超高清无人机、超高清工业相机、机械臂以及VR、AR等智能交互设备通过泛在千兆联接起来，满足超大带宽的实时和低时延回传需求。同时全面引入智能技术，精确识别业务意图，实时动态匹配网络资源，打造智能IP+光协同的联接网络，满足不同业务的差异化服务以及确定性体验的需求。通过在网元、网络和云端三层引入智能，打造自动驾驶网络解决方案，从SDN升级到ADN，让业务部署更高效、更准确，消除人为错误，减少网络故障时间，实现联接的超自动化运维。

在网络场景中，面向智能体，华为提供园区、数据中心、广域、安全等基于智能联接的网络级解决方案。在行业场景中，智能联接协同智能交互与智能中枢，结合行业Know-how，为交通、政府、能源和金融等行业，打造场景化智能升级解决方案。

（二）智能联接发展战略举措

为落地智能联接发展战略，华为制订了4个关键举措。

1. 继续投资基础研究

围绕平台、模块、算法、工艺等构建系统工程能力，同时在光通信和蜂窝通信等领域，不断挑战香农极限，做到网络性能的最优。

2. 推动联接产业全球标准发展

标准对联接产业发展有着深远意义，华为将携手 3GPP、ETSI、IETF、TMForum 等行业组织，继续推动 5G、F5G、IPv6 以及 ADN 等标准的发展和完善。

3. 全栈引入智能，打造智能联接网络的大脑

4. 加大与客户伙伴的联合创新

结合行业 Know-how，孵化更多的场景化解决方案。

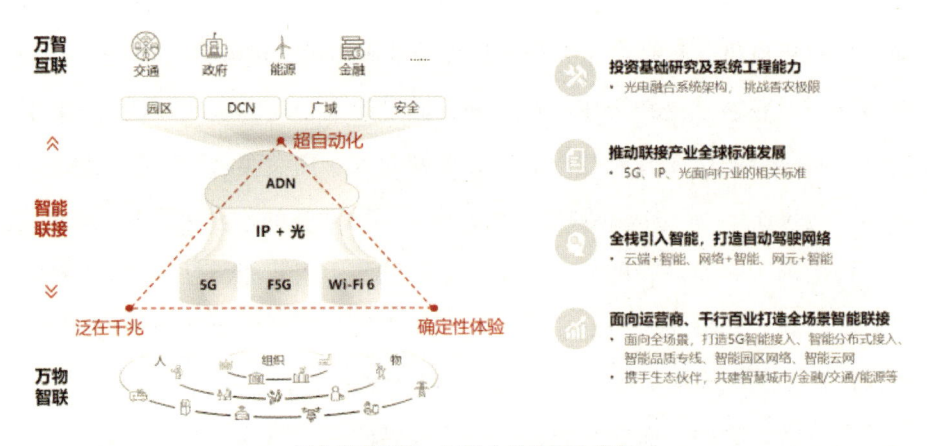

迈向智能联接，打造全场景解决方案

四、打造"1+N"5G 目标网，满足业务多样化需求

华为在无线领域持续创新，联合客户打造最佳网络体验。应对全球运营商多种多样的站点部署场景，通过高性能、绿色、极简的站点综合解决

方案，满足客户在站点部署、频谱获取及体验一致性等方面的需求，助力运营商打造1+N极简网络，构筑1个普遍覆盖的基础网络，按需叠加N种能力，最大化移动网络价值。

（一）面向"1+N"5G目标网

华为发布5G全系列解决方案，支撑全频谱向5G演进，包括构筑"1"张普遍覆盖的宽管道基础网；实现"N"维能力按需叠加；"1+N"走向自动驾驶网络，降低5G网络运维复杂度。

（二）5G时代，网络节能备受运营商关注

能耗占网络运营成本的20%以上，5G大规模建设使整网能耗增加，减少整网无效能耗是节能的主要方向。华为基于5G三层节能方案与运营商客户进行节能试点。2020年，华为在浙江余杭的百站规模5G网络中，应用华为PowerStar方案帮助客户优化网络能耗，实现了15%的网络节能优化目标。

（三）产业再升级，5.5G持续扩张商业新空间

华为提出5.5G产业愿景，在5G三个标准场景的基础上，进行增强和扩展，定义三大新场景，从支撑万物互联到使能万物智联，为社会发展和行业升级创造新的价值。这三大新场景如下。

1. 上行超宽带（UCBC）

实现上行带宽能力十倍提升，满足生产制造场景下，机器视觉、海量宽带物联等上传需求，加速千行百业智能化升级。

2. 宽带实时交互（RTBC）

支持大带宽和低交互时延，实现一定的时延和可靠性下带宽速率提升10倍，打造物理世界和数字世界交互的沉浸式体验。

3. 通信融合感知（HCS）

将 M-MIMO 的波束扫描技术应用于感知领域，提供感知和室内定位等服务，应用于车联网和无人机场等场景，助力自动驾驶发展。

（四）5G 确定性网络，成为行业数字化的基石

全球 5G 商用加速，为个人、家庭和企业带来了丰富的业务体验，更为行业数字化带来广阔的空间，为运营商带来新的增长机会。综合智能制造、智慧港口、智能电网、AR/VR 等 10 多个行业数百个应用场景的解析和实践，行业数字化对 5G 网络的诉求收敛为能力可编排的差异化网络、数据安全有保障的专属网络以及自主管理可自助服务的 DIY 网络。基于这 3 个维度构筑确定性能力的网络，就是 5G 确定性网络。5G 确定性网络是指利用 5G 网络资源打造可预期、可规划、可验证、有确定性能力的移动专网，提供差异化的业务体验。

华为联合产业伙伴成立了 5G 确定性网络产业联盟及产业创新基地。截至目前，5G 确定性网络产业联盟已拥有来自运营商以及多媒体、工业、能源、医疗、车联网等多个领域的 100 多家成员单位，持续推动产业共识和生态建设，解决 5G 面向行业落地中的关键技术、商业、生态和产业断点，加速 5G 产业发展，树立了上海洋山港智慧港口、国家电网和南方电网智能电网、青岛海尔智慧工厂、北京世园会奇幻光影森林 AR 科技文旅、深圳机场 AR 广告等行业样板，产业影响力日益提升。

五、以智能 IP 为底座，为全行业数字化提供新动能

为了实现智能 IP 网络时代的技术领先，保持竞争力，2020 年华为发布了智能 IP 发展战略关键举措 "1+2+3+4+X"。

智能 IP 发展战略关键举措 "1+2+3+4+X"

围绕1个智能IP战略，重构软件、硬件2个统一平台，定义出智能IP网络的3个架构特征：智能超宽、智能联接、智能运维。打造4大引擎全系列产品，最终使能X个行业的解决方案，共同助力企业数字化转型。

六、持续创新，创造更多新价值

2020年，华为聚焦用创新点亮未来，为客户创造价值，推动整个产业良性发展，不断突破，加速数字经济和数字世界的发展进程。

（一）以应用创新驱动商业成功

充分释放5G红利，携手合作伙伴提供场景化解决方案，使能运营商、行业客户实现商业成功。

(1) 5G to C 商业成功：打造精品case；商业模式探索等。

(2) 5G to B 商业成功：设计端到端解决方案、优秀实践案例等。

(3) 极速专线：品质专线、品质园区等。

(4) Home+：5G FWA；FTTR 等。

（二）技术和解决方案创新，实现网络价值最大化

1. 联接

以目标网为牵引，精准建网，最大化网络价值。

打造智能云网，协同 IP+光，推动云网协同走向云网融合。以数字化运营运维：将数字技术和创新带入每一个运营运维环节，引领智能服务新体验、新价值。

2. 计算

通过5G协同夯实客户数字业务底座，使能客户实现业务创新，拓展业务边界。

（三）更绿色，更安全，更包容，消除数字鸿沟，促进绿色数字经济发展

华为通过技术创新、协同产业，以数字化手段支持运营商端到端保障网络，持续构建更广泛的覆盖、更绿色的联接，让数字技术惠及每个人、每个家庭。

七、构建5G to B新能力，支持千行百业数字化

5G进入千行百业不仅需要管道能力，还需要平台+生态。华为推出5G to B 解决方案，依托并聚合"云、网、X"，聚焦行业和场景，帮助运营商构建一站式解决方案及生态黑土地，支持各行各业数字化。

（一）5G to B 解决方案

行业市场：面向行业场景，提供"云、网、X"一站式产商品上架、生态引入和平台运营服务。

应用使能：持续积累平台资产，成为行业生态应用创新中心，为5G to B

应用开发者提供开发、上架和变现能力。

网络能力开放：开放NaaS原子能力，提供产商品定义、编排、订购开通、计费等的一体化运营平台，可视可管。

基础网络：提供面向企业的5G to B基础网络和企业智慧边缘（边云协同），以及包含规、建、维、优在内的专业服务能力及企业自服务能力。

（二）项目合作模式

2021年，5G to B在部分行业已经开启小规模复制和商用，通过小规模的复制，摸索出了相对确定的项目合作模式。

在医疗、教育、园区等行业应用场景中，运营商基于已有的行业理解和方案能力，会倾向于成为方案集成方，整合所有环节后，向行业用户交付一揽子解决方案。

在港口、电网等专业性较强的应用场景中，运营商会倾向于聚焦网络建设、云的建设，然后通过行业既有的拥有集成能力的ISV龙头来负责总集成。

华为建议运营商审视自己已经具备的综合能力，面向不同的行业用户，选取不同的集成策略（总集成或被集成），如此才能更好地交付5G to B行业解决方案。而且，运营商的角色实际上是会随着能力的增强和业态发展而有所变化的。华为通过GDE（General Digital Engine）数智平台和专业服务，将数智技术带入网络的规划、建设、运维、优化和运营各个环节，使能运营商数字化转型，助力运营商与伙伴创新，加速数字业务敏捷创新。

八、能源数字化使能运营商构建绿色站点和数据中心

以前，大家对未来的通信设备有很清晰的架构。随着通信设备数量、种类及数据中心的增加，华为发现能源成为数字世界的关键一环，针对能源所占的投资会逐步增加。

华为5G Power持续创新，在站点场景，通过一站一柜解决方案实现以柜替房，一站一刀解决方案实现以杆替柜，助力客户极简建站，节省租金和电费。在机房场景，智慧超级站实现免机房新建快速部署，eMIMO架构支持全能源制式输入输出。CO-eMIMO电源可实现机房扩容免工程改造，支持ICT融合部署。

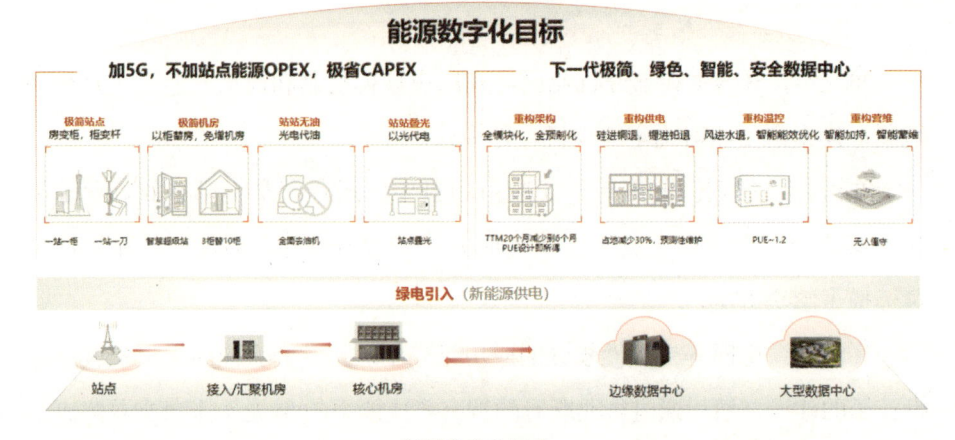

能源数字化目标

数据中心有几大特征，第一，建设模式是统一的系统级规划，全模块化分期投资，全预制化；第二，温控系统风进水退，AI能效优化，降低PUE；第三，通过AI加持、智能营维重构营维；第四，通过硅进铜退、锂进铅退，重构供电。最终打造极简、绿色、智能、安全的数据中心。

第八节 云计算

面向未来的智能世界，数字化成功的关键是要用云原生的思维践行云原生。未来所有的设备、终端、传感器都将是联网的，未来所有的基础设施和应用都将是云化的。

华为云的目标——深耕数字化，一切皆服务。

华为云将华为30多年在ICT领域的技术积累和产品解决方案开放给客户，通过基础设施即服务、技术即服务和经验即服务，践行"一切皆服务"的战略，为客户、伙伴和开发者提供稳定可靠、安全可信、可持续发展的云服务。截至2022年底，华为云已经推出248个云服务和超过7.8万个API，在全球拥有超过4.1万个合作伙伴，400万名开发人员。在全球范围内，华为云服务了700多个电子政务云项目，与150多个城市合作，共建"一城一云"。针对金融、互联网和汽车行业的服务也取得了巨大的进步。华为云在全球IaaS市场排名前五，在中国排名第二。华为云的目标是成为全球客户数字化转型的首选云。

一、基础设施即服务，让业务全球可达

为了服务于全球的客户，华为云投资数亿美元打造"全球一张网"。华为云全球存算网KooVerse是覆盖全球、统一架构的分布式云基础设施，为客户提供全球一致体验的计算、存储、网络等基础设施服务。

华为云KooVerse通过CloudOcean、CloudSea和CloudLake三层架构，打造了50ms时延覆盖圈，满足企业业务的不同时延要求。云边缘枢纽CloudLake提供云到端侧5ms以内的超低时延覆盖，满足工业制造、无人驾驶等场景的极低时延热应用的要求，规模在5000台服务器以内。CloudSea是城市枢纽，时延覆盖在10ms以内，规模在10万台服务器左右。华为在贵州、内蒙古和安徽等地规划建设百万节点CloudOcean云核心枢纽，能够为客户提供50ms时延的云资源。通过科技创新与自然优势相结合，为客户提供更加绿色、高效的云服务，满足未来数字经济发展对海量算力的需求。

目前华为云KooVerse覆盖了29个地理区域的78个可用区，为全球170多个国家和地区的客户提供服务。在这些国家和地区，企业无须再新建数据中心，一键即可获取华为云服务。

（一）云原生基础设施，为企业数字化转型提供最强底座

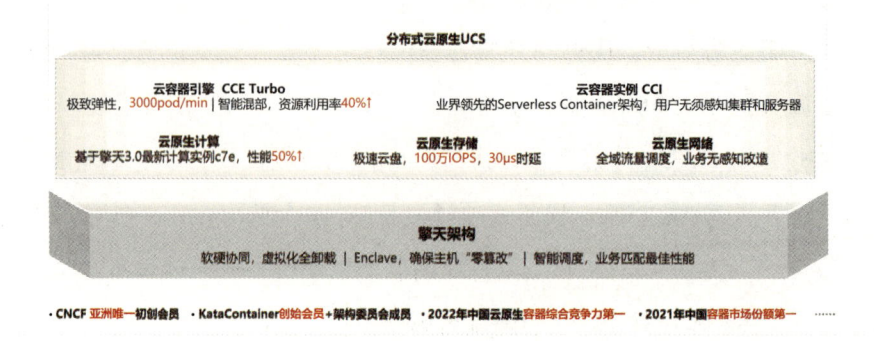

分布式云原生UCS

云容器引擎 CCE Turbo	云容器实例 CCI
极致弹性，3000pod/min｜智能混部，资源利用率40%↑	业界领先的Serverless Container架构，用户无须感知集群和服务器

云原生计算	云原生存储	云原生网络
基于擎天3.0最新计算实例c7e，性能50%↑	极速云盘，100万IOPS，30μs时延	全域流量调度，业务无感知改造

擎天架构

软硬协同，虚拟化全卸载｜Enclave，确保主机"零篡改"｜智能调度，业务匹配最佳性能

· CNCF 亚洲唯一初创会员 ｜ KataContainer创始会员+架构委员会成员 ｜ 2022年中国云原生容器综合竞争力第一 ｜ 2021年中国容器市场份额第一 ……

云原生基础设施

伴随着企业数字化转型的深入，数字应用更加丰富、更加复杂。传统云服务的资源弹性与简化运维价值依然是基础，但已经远远不能适应企业需要。资源极致弹性、应用敏捷开发迭代正在发展成为云服务的新常态，云原生（cloud native）也因此成为包括高科技类企业和传统政企的共同选择。随着云原生应用深入企业各个业务场景，云原生正在走向分布式，跨云跨地域统一协同治理、保证一致应用体验等新的需求日渐突出。

华为云坚持技术创新引领产业发展，践行技术普惠，2018年发布全球首个K8s Serverless云容器实例，2019年全球首发多云容器平台，2020年推出全球首个双零损耗裸金属容器产品，后续发布分布式云原生UCS和云容器集群CCE Turbo，通过系统创新和架构创新，满足客户多样化业务需求。

华为云是最早一批投身云原生技术的厂商，并于2015年参与云原生计算基金会（CNCF）组建，是CNCF在亚洲唯一初创成员和首个白金会员。7年来，华为云在云原生领域持续深耕，CNCF社区代码贡献量亚洲第一，是ISTIO指导委员会成员，代码贡献量亚洲排名第一。同时，华为云是KataContainer创始会员和Istio社区亚洲唯一指导委员会成员。

（二）全栈架构创新，软硬协同、全域调度，构建极致性价比云服务

例如，裸金属容器可以实现客户成本下降30%，全新一代计算实例算力提升50%，包转发速率突破4000万PPS能力大关，severless容器可以实现秒级千容器扩容；在云边端全场景可以实现一致体验一致生态，并构建裸机、虚机、容器统一资源池，提升资源利用率，在客户使用云服务时，实现全链路的安全。

华为云擎天架构包含数据面"软硬协同系统"和管控面"瑶光分布式云操作系统"两部分。其中，数据面从极简数据中心、擎天卡、极速I/O引擎、极简虚拟化、多样性算力5个维度进行软硬协同创新，实现计算、存储、网络、安全的全卸载与加速，并已全面支持虚拟机、裸机与容器；瑶光分布式云操作系统作为面向云、AI、5G时代的分布式云操作系统，依托全域调度能力实现云边端的协同与治理。

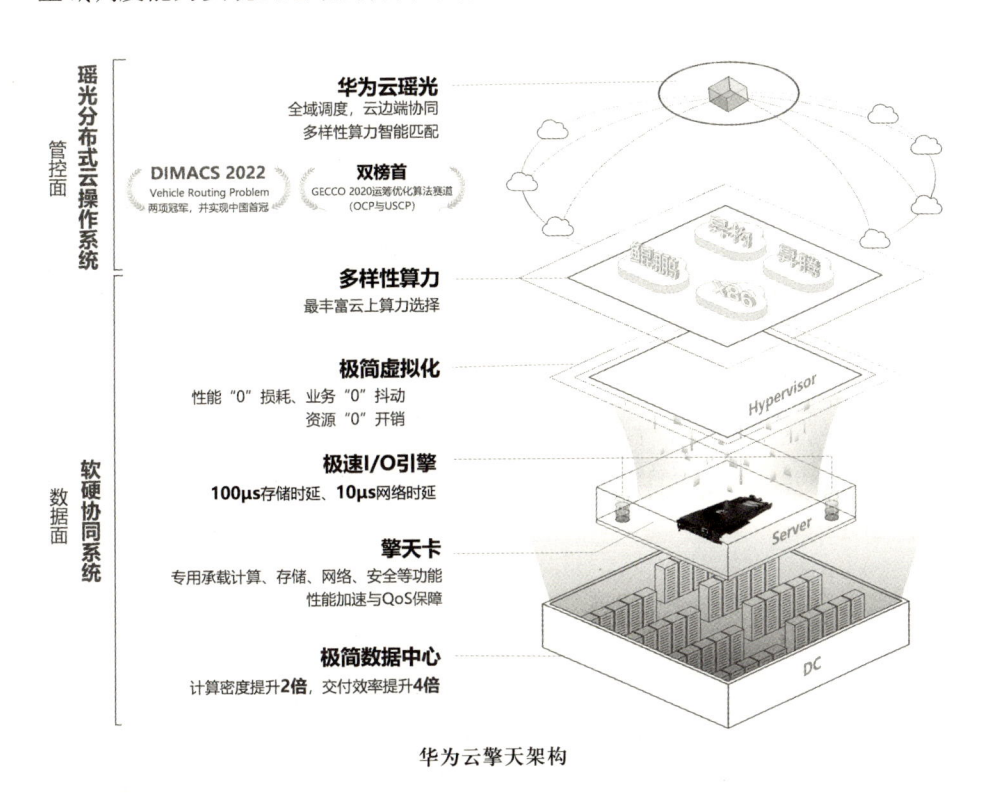

瑶光分布式云操作系统（管控面）

- **华为云瑶光**
  全域调度，云边端协同
  多样性算力智能匹配
- **DIMACS 2022** Vehicle Routing Problem 两项冠军，并实现中国首冠
- **双榜首** GECCO 2020运筹优化算法赛道 (OCP与USCP)

软硬协同系统（数据面）

- **多样性算力**
  最丰富云上算力选择
- **极简虚拟化**
  性能"0"损耗、业务"0"抖动
  资源"0"开销
- **极速I/O引擎**
  100μs存储时延、10μs网络时延
- **擎天卡**
  专用承载计算、存储、网络、安全等功能
  性能加速与QoS保障
- **极简数据中心**
  计算密度提升2倍，交付效率提升4倍

华为云擎天架构

（三）华为云多样性算力，为应用提供最佳算力选择

华为云提供业界最丰富的算力，包括X86、鲲鹏、昇腾、异构，通过不同的规格、形态为客户匹配最佳算力。

X86算力方面，2021年华为云推出全新一代X86计算实例C7，计算性能持续领先业界，整机最大算力相比上一代提升50%，同时发放速度可达分钟级千台，为客户业务提供高性能保障；鲲鹏算力方面，基于华为ARM-Based鲲鹏处理器，使华为云具备更高性价比的KC1计算实例，性价比相比X86架构可提升30%，同时更加安全可信。基于鲲鹏处理器打造的公有云业界首家云手机服务，运行性能相比X86模拟器提升40%；昇腾算力方面，基于昇腾的AI算力，Ai1s实例助力视觉计算类业务性价比提升40%。KAt1实例大规模集训训练最高可达256P算力；异构算力方面，提供丰富的异构实例，如图像加速增强型G6实例，单卡支持16GB显存，计算加速型P2v实例，单主机最大可支持8卡，同时采用NVLink技术，速率最高可达300GB/s。

（四）华为云存储，做强存储服务关键能力，全面支撑企业上云

华为的全闪存技术实现"两新三加持"，即全新Flash-Native存储引擎、全栈架构创新、全栈自研芯片加持、硬核算法加持和AI加持。全新"通用型SSD"云硬盘，满足网站服务器、开发测试、企业OA场景等。对"超高IO"云硬盘进行性能升级，用通用型SSD来替换超高IO的HDD，实现全闪存。全新SFS Turbo极速型文件服务，500us延迟/10万IOPS/4GB带宽，并发性能提升2倍，满足如科学计算、渲染等文件场景。

（五）华为云极简高速网络，一跳入云

华为云通过覆盖全球2800+的边缘节点和公网边缘多协议的加速能力，结合边缘和云骨干连接方案实现跨国、跨洲的加速，为客户提供全栈、全网、全球的加速网络，助力行业应用实现端到端体验提升。通过智能区分

动静态内容，静态内容从边缘节点就近获取，动态内容通过自研智能路由技术选择最佳路由回源获取，可将传输指标提升20%+，优化网站整体性能和用户体验。由华为骨干网实现跨国流量转发，提供服务可让用户"一跳"进入华为云网络，保证转发路径SLA最优，安全性高。统一IP地址访问，管理更简便，端到端健康监测，可实现跨region、跨AZ的负载均衡和分担容灾。作为中国唯一全平台、全节点、全服务通过PCI-DSS安全认证的云，有效保证跨境数据传输的安全性。针对企业业务上云场景，基于云专线或VPN建立云上与云下之间的大二层网络，解决云上和云下网络二层互通问题，在不改变子网规划的前提下将数据中心或私有云主机业务部分迁移上云。

（六）容器集群CCE Turbo，加速企业应用创新

以容器为核心的云原生基础设施，不仅提供更高效的资源，还能把开发运维人员从资源的调配和运维中解放出来，聚焦于应用和业务创新。容器全面规模化应用的同时也对性能、弹性、调度能力提出了更高的要求。

华为云CCE Turbo集群是基于云原生基础设施全面增强的云容器产品，并实现在计算、网络、调度的全面加速。一是智能调度，解决业务在波峰和波谷的变化造成的资源浪费，CCE Turbo将企业离线和在线业务在同一集群中混合部署，根据在线、离线业务的不同需求进行灵活调度，如在线业务访问量低时，CCE Turbo可将空闲资源用来运行离线计算业务（如离线分析、模型训练等），而当业务高峰来临前，会自动释放离线业务占用的资源，保障在线业务对资源的诉求；二是网络加速，为了解决业务应对大流量时网络连通速度、转发效率的挑战，华为云打造全新的云原生网络2.0为网络全面加速，使得容器可直通VPC网络，将原有的"容器网络+虚拟机网络"的两层模型变为一层，网络资源连通时间缩短一半，有效支撑业务30秒内扩容1000容器实例，轻松应对流量浪涌，同时也将网络通信时延降低

40%，让应用访问更流畅；三是急速弹性，社交媒体、短视频直播等场景会出现突发热点事件的短时流量暴涨，CCE-Turbo 优化容器应用调度性能，基于云原生网络2.0提供动态预热技术，实现3000Pod/min 的极致弹性速度，满足社交、直播场景突发热点事件的流量浪涌；四是计算加速，通过新一代计算资源C7n，实现了计算加速，性能、安全、稳定性全面升级。

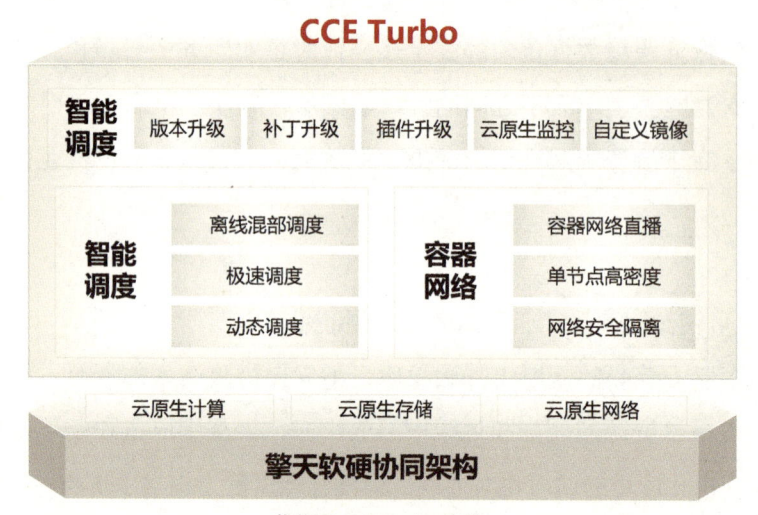

华为云 CCE Turbo 集群

（七）华为云UCS，无处不在的云原生服务

随着云原生应用深入企业各个业务场景，云原生正在走向分布式，跨云跨地域统一协同治理，保证一致应用体验等新的需求日渐突出。通过华为云UCS，让企业使用云原生应用时感受不到地域限制、跨云限制、流量限制，充分保证应用的一致性体验。华为云的目标是要把云原生能力带入企业的每一个业务场景，加速千行百业拥抱云原生。

```
        政务              大企业            互联网              金融
    智慧  智慧  智慧     安保  车联  智慧    直播  游戏  教育    互金  灾备  资管
    交通  社区  医疗          网    门店
```

分布式云原生服务
UCS (Ubiquitous Cloud-Native Service)

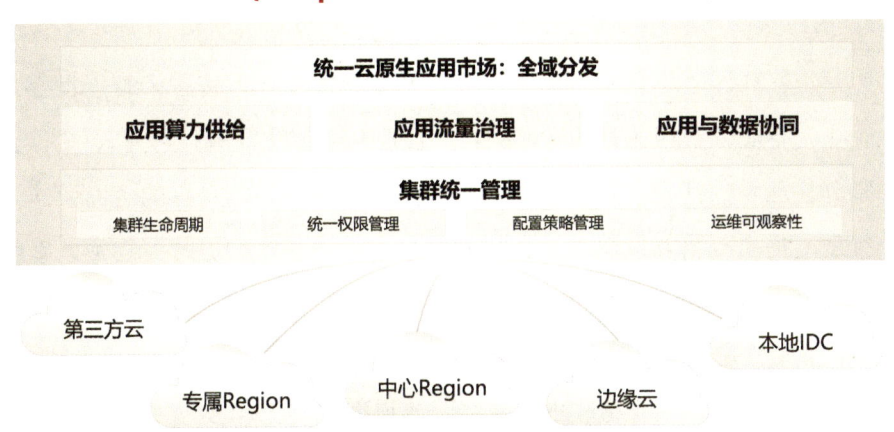

统一云原生应用市场：全域分发
应用算力供给 / 应用流量治理 / 应用与数据协同
集群统一管理
集群生命周期 / 统一权限管理 / 配置策略管理 / 运维可观察性

第三方云 —— 专属Region —— 中心Region —— 边缘云 —— 本地IDC

华为云分布式云原生服务

（八）华为云分布式云基础设施，将云延伸到业务所需位置

分布式云通过将一致架构的云基础设施和服务，从中心Region延伸到业务所需的各类位置，包括城域范围内的热点区域、企业的数据中心机房及企业的各类业务现场，让云的能力无处不在，让企业可以从全局的视角重新思考各类型业务的部署策略，加快企业全面云化的进程。

一是必须是逻辑上的"一朵云"，将云基础设施和服务延伸到业务所需的各类位置，包括城域范围内的热点区域、企业的DC机房或企业的各类业务现场，从而满足多场景、多地域的业务需求；二是在全局构建一张VPC打通的云网络，实现各业务系统基于内网互通，便捷安全地接入，从而降低企业上云门槛；三是提供一致的运行环境，使企业开发者可以一次开发验证即可在各类环境中无差别地运行，实现高效的业务复制和迭代；四是提供一套统一的管理体系，包括用户认证授权、企业项目管理、资源配额管理、自动化部署工具、运维监控、费用结算工具等能力集，从而帮助企业对多层次组织架构做到全局统一治理以及策略化的向下授权，并实现分权分域的局部自治。总而言之，分布式云，要让企业获得无处不在、体验一致的"一朵云"的能力。

（九）华为云IoT，万物生于端、长于云，加速行业升级

万物互联，不仅仅是对物的感知，更重要的是让万物融入智能世界，让企业、行业以及产业基于智能的物，加速其数字化升级。华为云IoT以云为基础，从物的泛在联接、物的场景化孪生、物与智能世界的全面协同三个维度，提出万物互联新范式，让万物生于端而长于云，将万物带入整个智能世界中。从这三个维度，华为云IoT基于端边云协同的物联网云服务，面向行业客户推出各种行业方案。

在工业领域，工业物联平台围绕资产模型中心、OT数据中心、边缘应用中心，面向制造企业提供一站式OT数据治理方案，使能制造流程的管控与优化；提供数字工厂方案，面向离散工艺为主的企业，提供开箱即用的生产透明化方案，让业务在1~3周内快速迭代上线。在生活领域，面向消费电子、家居电器、运动健康等设备生产厂商提供一站式的智能硬件解决方案，基于华为云IoT统一接入运营。同时，其加载HarmonyOS的智能设备还能无缝融入Harmony生态带来的极致体验，实现2B/2C的全场景融合。除此之外，华为云与伙伴一起，面向交通、城市、园区、仓储等50个行业及其子场景推出物联网行业解决方案，加速千行百业的智能升级，持续深耕数字化。

（十）华为云Stack，支持本地部署的持续创新，构建用户视角"一朵云"

华为云Stack是面向政企的一朵全栈云。在统一API、统一体验和统一生态的基础上，通过本地部署满足用户的合规要求，通过统一管理运营实现用户视角"一朵云"，致力于成为一朵更懂政企的云。在华为公有云基础

上，华为云 Stack 做了大量的标准化、轻量化、工程化的工作，包括自动化的安装部署、升级、监控，以及南北向需求的适配。华为云 Stack 总计提供 13 类、90 多个客户机房部署的云服务，是业界服务数量最多的混合云，能够支撑政府、金融、电力等各行业核心业务上云。

二、技术即服务，让创新触手可及，加速应用现代化

应用现代化是企业数字化转型的必由之路。传统企业应用基于单体架构、面向物理机部署，已无法满足业务快速发展的需求，需要向云上运行的现代化应用演进。首先，通过低码、零码的组装式交付，让应用的使用者参与到应用的开发构建中来，实现全民开发，加速业务创新和孵化；其次，开发模式也要从传统的"瀑布式"开发到云上数智驱动的 DevOps 和 DataDriven，实现应用的上线周期从月级到天级的跨越，让应用开发走向自动化和智能化；最后，要解决传统单体应用故障高发、单点安全等问题，需要向微服务/serverless 等服务化架构演进，并采用多活高可用的部署来保障企业业务的韧性，从以前单纯的运行时安全扩展到开发、运行、软件供应链的全生命周期安全。

技术即服务，就是将领先技术转换成云上的服务，让企业和开发者不必重复造轮子。华为云通过全栈创新，加速企业应用现代化。华为把年收入 10% 以上用于研发，是全球持有专利最多的企业之一，每年巨额研发投入的成果通过云服务开放，实现云服务触手可得，一搜即得。

华为云目前已发布云服务 240+ 个，概括为 4 条生产线：数据治理生产线 DataArts、AI 开发生产线 ModelArts、软件开发生产线 CodeArts 和数字内容开发生产线 MetaStudio。华为云把华为的 tPaaS 服务产品、全流程软件/媒体/AI 数据治理开发经验放到华为云上，供华为云生态伙伴和客户使用，践行云原生，加速政企业务创新。

（一）数据治理生产线 DataArts，基于数智融合架构，提供一站式数智融合开发与治理

数据治理生产线

数据治理生产线 DataArts 支持 40+ 项数据源接入、10 万+次并发作业调度，全流程拖拽式开发，全生命周期数据治理，帮助企业快速构建从数据接入到数据分析的端到端智能数据系统，消除数据孤岛。

DataArts 的核心是从集成、开发、治理到数据应用消费的全生命周期智能管理，包括智能化数据准备，低代码模式数据开发，快速实现数据建模；智能化数据质量管理，支持规则推荐，实现数据质量自动稽核；智能化数据资产管理，支持全局数据资产管理和搜索，加速数据资产沉淀；智能化数据安全管理，支持智能识别隐私数据，保障全链路数据安全。同时，通过联合60+ 位行业伙伴，沉淀超过 600+ 项行业数据经验库，实现开箱即用，共建数据资产生态，帮助企业加快数据变现，促进行业数字化转型。例如，信义玻璃在数字化转型过程中，通过华为云的数据治理生产线，集成各类 IT 系统数据及超过数十万点位的生产设备和生产工艺数据，进行高效数据处理，建立了企业级数据目录。在此基础上，华为云联合伙伴帮助信义玻璃达到经营数据可视化、可分析、可预测，风险可预警，使经营报表生成时间从过去的 1 周缩减到 1 小时，同时通过能耗和工艺数据的可视化，促进产线数据的横向对比、纵向寻优，使产线能耗大幅降低，每年节省费用数千万元。

（二）AI 开发生产线 ModelArts，提供 AI 开发的一站式平台，让 AI 开发更高效、AI 落地更简单

AI 开发生产线 ModelArts 聚焦两件事情。一是做深根技术，做强全流程

工具栈，让企业可以在这个平台上做专业的AI开发和稳定可靠的AI运营（如下图所示）。ModelArts沉淀于三个AI根技术：知识计算、盘古大模型和天筹AI求解器，持续构建大模型训练、推理加速能力、自动驾驶开发优化能力、ModelBox推理加速等高阶应用框架，从算力资源调度、AI业务编排、AI资产管理以及AI应用部署，提供数据处理、算法开发、模型训练、模型管理、模型部署等AI应用开发全流程技术能力。二是让AI落地更简单。ModelArt支持全流程MLOps开发，实现行业数据参与AI持续迭代，同时大幅提升AI应用的二次开发效率。

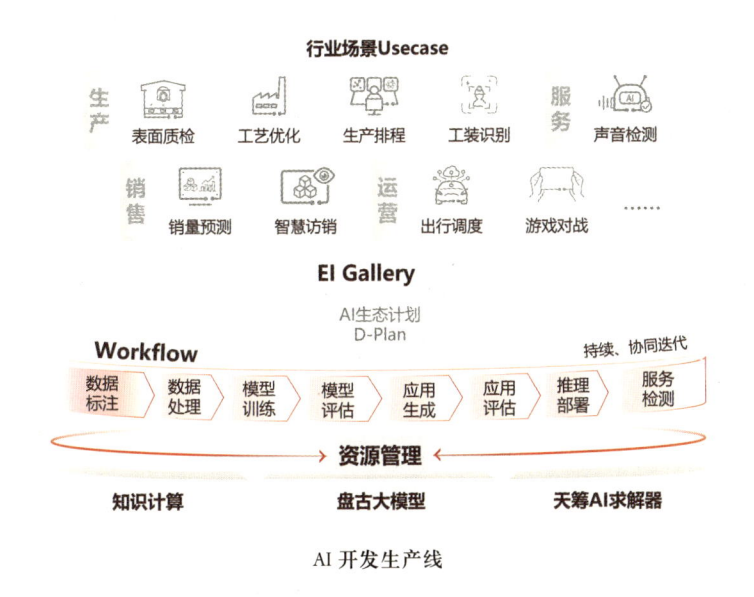

AI 开发生产线

华为发起了AI商业生态计划D-PLAN，华为云提供人、货、场，和行业ISV一起加速AI在行业的落地。通过D-Plan的AI项目实践，华为云在AI社区EI Gallery上沉淀了9大L0级的行业场景用例，覆盖生成、销售、服务和运营等企业运作全场景，以及Gallery上沉淀的2000多个横跨零售、医疗、游戏等几十个商业领域的优质模型。技术方面，华为云ModelArts获得中国信通院首批AI开发平台全能力域领先级证书。市场方面，IDC报告显示，华为云ModelArts蝉联中国公有云机器学习市场TOP1。

（三）软件开发生产线CodeArts，提供一站式DevSecOps（开发、安全和运维）

微服务　Web应用　移动应用　Cloud Native　嵌入式应用

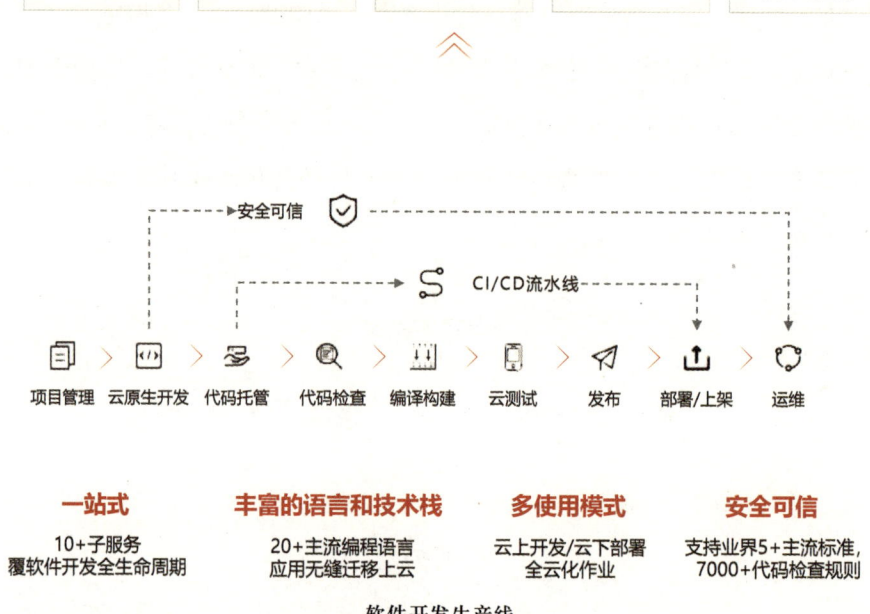

安全可信　CI/CD流水线

项目管理　云原生开发　代码托管　代码检查　编译构建　云测试　发布　部署/上架　运维

一站式
10+子服务
覆软件开发全生命周期

丰富的语言和技术栈
20+主流编程语言
应用无缝迁移上云

多使用模式
云上开发/云下部署
全云化作业

安全可信
支持业界5+主流标准，
7000+代码检查规则

软件开发生产线

华为云开发运维能力面向应用全生命周期，打通需求、开发、测试、部署等全流程，实现业务快速创新。同时，提供全代码、轻代码和低代码等各种开发模式，支持10多种主流开发语言，内置15000+条代码检查规则，支持千万事务的自动化测试并发请求。

目前华为云已经在全国建成了30多个软件开发创新中心，汇聚政府、互联网、工业、教育等多个行业超过150万名开发者，月活用户达到50万个。同时，CodeArts也跟终端云集成打通，面向2B2C各类业务场景提供一体化开发体验。例如，德邦快递研发上云项目中，CodeArts帮助客户半年内实现从线下到云端开发流水线的转型，上线运行半年完成了750多个流水线业务交付，迁移80+个业务系统，代码问题发生率下降71.74%，极大地提升了软件研发生产的效率和安全性。

（四）数字内容生产线MetaStudio，内容生产快人一步

面向未来数字世界，各行各业都会存在一系列的数字人+实时互动的虚拟空间，人们会在其中进行社交、工作、娱乐等。用户关心的是使用数字分身接入这些虚拟空间和全球各地的用户实时互动，而对于应用提供方，则更加关注如何提供有创意、强互动的3D应用，持续提升内容力，吸引更多的用户和流量。

数字内容生产线MetaStudio提供3D数字内容开发、应用开发和实时互动框架。以社交类的数字时装虚拟空间为例。首先，基于数字内容开发框架，设计师可以快速制作各种类型的数字时装。其次，通过应用开发框架，搭建虚拟时装艺术空间，让用户体验时尚的数字时装。最后，使用实时互动框架，设计师可以通过数字人面对面为用户提供穿搭指导，用户间也可以相互交流、分享体验。

通过数字内容生产线MetaStudio，各行业客户都可以便捷地在云上生产数字内容、开发3D应用，打造虚拟演唱会、虚拟展会、办公协作、工业数字孪生等一个又一个的3D虚拟空间，同时支撑海量用户的实时互动，让虚拟世界和现实世界无缝融合。

使创新触手可及，让优秀得以复制。让专业的人做专业的事，比如AI开发，不再需要自己开发每一步，而是可以基于AI开发生产线快速实现AI落地，让企业可以聚焦在自己的业务领域，专注业务的创新和发展。

三、经验即服务，让优秀得以复制，使能产业上云

华为云整合华为内外部经验和能力，沉淀行业实践，让"优秀"得以复制。华为云开天aPaaS（如下页图所示）以API为中心，聚合行业生态，将华为自身30多年的经验，以及全球各行各业伙伴的创新和数字化转型的宝贵经验都沉淀在开天aPaaS上。华为云与华为终端云、流程IT云之间云云协

同，将这些宝贵经验和外溢的能力，以可被调用的API服务开放给开发者，让开发者不必从0到1重复造轮子，而是把更多的精力放到业务的价值创造上，使能行业的场景化创新。通过开天工作台，让优秀经验得以复制；通过华为云云商店，让优秀经验得以变现。

```
煤矿   政务   教育   工业   互联网   ……

工业aPaaS  政务aPaaS  电力aPaaS  煤矿aPaaS  公路aPaaS
                    行业aPaaS

云手机 KooPhone                              企业空间 KooDrive
100+操控无感知时延   云搜索 KooSearch   云消息 KooMessage   河图 KooMap      13个9数据持久性，
20万+华为应用        20+语言支持       100+短信模板       400+种地物分析API  秒级RTO
                   20+行业经验       450+终端类型
                         基础aPaaS

开天aPaas    集成工作台    企业工作台    API中心
```

华为云开天 aPaas

（一）基础aPaaS，打造一站式通用服务

企业日常运营涉及办公、营销推广、企业管理等方方面面，这些场景的数字化是企业高效运营的基础。华为云将华为自身数字化转型的经验、终端领域的技术成果与伙伴丰富的行业能力相结合，打造云消息、云地图、企业搜索、云手机、云空间等根服务，开放一站式的场景化能力，加速应用创新，让开发者聚焦价值创造，加速企业数字化升级。

1. 云消息 KooMessage 服务

提供全场景消息，包含服务号、智能消息、5G消息、Push消息等多种形式，触达包括手机、Pad、PC、智慧屏、智能手表等各种终端设备，覆盖

华为、荣耀、小米、VIVO、OPPO等手机品牌。目前云消息服务能触达300多款、5亿多台终端设备，同时提供100+种短信模板，让企业能够通过丰富的模板快速生成自己的富媒体消息，帮助企业有效提升营销转化率，提高用户满意度。

KooMessage可广泛应用在电商、出行、金融等行业。唯品会通过华为云KooMessage服务，根据客户喜好实现个性化内容推送，通过手机、Pad、智慧屏、智能手表等各种终端设备精准触达高价值客户，到达率超过95%，点击转化率提升20多倍。

2. 河图（云地图）KooMap服务

华为云与40+位合作伙伴携手打造KooMap，能够提供50多颗卫星的对地观测遥感数据、400多种地物分析API，可广泛服务于智慧城市、资源监测、物流、出行等领域，应用于导航地图、森林防火、应急监测、土地管理、农业监测等场景，大幅提升建模效率与地表对象识别准确率。

3. 企业搜索（云搜索）KooSearch

KooSearch是下一代智能搜索引擎服务，能够打造企业流量入口，支持50+种语言，融合多模态AI能力、海量内容理解能力和先进的引擎，为用户提供包括购物、旅游、本地生活、App、教育等在内的20+个行业知识语义理解能力，将专业的行业搜索带给更多企业。富米科技基于KooSearch的电商搜索服务，让网站商品的用户浏览量提升了30%。

4. 云手机KooPhone

KooPhone能为企业用户提供移动办公、跨屏协同、客服营销等服务，让企业用户突破手机物理资源的限制，不仅实现100ms操控无感知时延，还能尽享20万+项华为云和终端云的生态应用。同时通过防截屏、视频水印、音视频流传输加密等特性，帮助企业用户实现安全的移动办公。在中国移动5G云手机项目中，KooPhone帮助中国移动将云端资源利用效率提升10倍。

5. 企业空间（云空间）KooDrive

KooDrive是面向企业用户提供的一站式文件存储、同步、备份和管理的存储服务，具备多级加密、全链路保护的高安全性和13个9的数据持久性。华为终端使用KooDrive构建云空间服务，云上数据量超过1900PB，稳定保证了每日8000多万张照片的并发上传

（二）行业aPaaS，沉淀行业资产，让优先经验得以复制

面向垂直行业，华为云与军团协同，联合能力型伙伴围绕价值场景，将自身技术优势与伙伴行业经验充分融合，在工业、政务、教育、电力、煤矿、公路、海港、机场、轨道、供热等领域沉淀行业资产，共同打造行业aPaaS。

1. 工业aPaaS

工业数字化转型的核心是工业软件。过去，工业软件大多是以单体架构为主，针对不同客户的需求和创新需要大量定制，而这些定制因为是单体架构不能共享。

工业软件实现突破有两个关键：一是充分利用云计算框架变革的机会窗，聚合大量掌握丰富工业知识的科学家，构建工业软件底层根技术。华为云通过联合产业伙伴，引入大量科学家和行业专家，基于AI、并行调度、GPU加速等核心技术，在云上构建几何模型建模、图形渲染、数据模型驱动等10大工业软件内核引擎，以及工业基础资源库，让工业软件伙伴基于这些根技术少走弯路、不重复投资，快速地构建起不同工业领域的专业软件，并从第三代单机工业软件快速升级到第四代SaaS工业软件，实现弯道超车。二是充分开放企业的工业场景，牵引国内工业软件的发展。为此，华为率先开放了电路设计、机械结构设计等场景，通过华为的业务需求，牵引相关的软件企业不断进步。2022年6月，华为云发布数据模型驱动引擎服

务 Data Model Engine，沉淀 24 种工业数据模型，如物料、电子、需求、工艺等，伙伴和开发者可利用这些模型快速开发。

2. 政务 aPaaS

政务 aPaaS 服务城市数字化转型，让城市更高效、更美好。在城市场景中，政府需要提供各种便民和治理服务，如创业扶持、食品溯源、城市治理等来保障城市的有序发展。华为云基于 600 多个政务云项目构建了政务 aPaaS，汇聚全国 60 多家生态伙伴，沉淀了 100 多个政务服务 API。基于这些 API 服务，开发者和伙伴能够快速完成政务应用创新，帮助政府更高效地管理城市。

3. 电力 aPaaS

电力 aPaaS 通过将电力行业应用沉淀上云实现数字化、智慧化，共筑电力数字新动力。华为云携伙伴一起，将电力行业的 100 多种应用沉淀为电力 aPaaS API，实现从发电、输电、变电、配电到用电的全生命周期的数字化作业。国家电网公司基于华为云电力 aPaaS 实现了全网 60 多座换流站的数字化改造。

4. 公路 aPaaS

让车畅于路，让人悦其行。公路交通是国民经济循环的动脉，通行难、事故率高成为很多城市的通病，需要通过云化、数字化提升通行效率。华为云联合伙伴打造公路 aPaaS，沉淀 300 多个交通行业 API，覆盖了公路的建、管、养、运、服全生命周期，实现公路全流程数字化、智能化。例如，宁波交投集团基于华为云公路 aPaaS 的事故快速发现和交通态势智能预测能力，可以准确发现 10+ 种类型的交通事故，并提供疏导策略。在 2022 年国庆假期期间，杭州湾跨海大桥南岸连接线全长 58.7 公里道路实现 300 多起交通事故在 8 秒内迅速发现，20 分钟内处置完毕，平均拥堵时长缩短 30%，综合通行效率提升 10%。

5. 煤矿 aPaaS

煤矿 aPaaS 通过智能化手段打造无人少人、安全高效的智能矿山。基于"盘古矿山大模型"对海量矿山数据的预训练大模型，在实际应用时，伙伴和开发者无须从零开始训练模型，只需要输入小样本数据进行调优，即可快速生成不同矿山场景的 AI 服务。目前已经沉淀了 18 个机器视觉类 API 到煤矿 aPaaS 上，覆盖矿山采、掘、机、运、通等主业务环节，实现无人少人作业，让煤矿工人也可以穿西装打领带去工作。

截至 2022 年 11 月，开天 aPaaS 已联合伙伴沉淀了多个基础 aPaaS 和行业 aPaaS，开放超过 7 万个 API。为了让开发者更加方便地使用以上行业能力，华为云还提供完善的开发框架和能力，通过集成工作台、企业工作台、API 中心三大平台，帮助开发者快速调用 Kit 能力，集成开发行业应用。

四、华为云咨询，助力政企数字化转型和智能升级

面向政企数字化转型，华为云咨询提供数字化转型规划、数据使能和企业上云三大咨询服务，帮助政企梳理业务设计，制订目标架构，明确应用云化和服务化路径，给出数据治理的方法和方案。

（一）数字转型规划咨询的价值

明确政企转意识、转组织、转文化、转方法、转模式的路径；支撑数字化转型的 4A 架构和演进路线；实现用户体验提升、运营效率提升和模式创新。

（二）数据使能咨询的价值

厘清企业数据资产，承载业务"数字孪生"；用数据分析提升运营效率；挖掘数据价值，通过产品创新获得新收入。

（三）企业上云咨询的价值

企业通过云化解决或支撑解决突出的业务问题；匹配业务战略的云化战略；设计企业云化的方向与蓝图；设计可执行、可落地路径。

依托华为自身转型实践所积累的科学可落地的数字化转型方法论，吸纳业界优秀经验，华为云咨询具有"咨询规划、实施解决方案、华为云平台承载"三大能力：成熟方法论+工具，提供专业咨询规划；源于华为自身数字化转型实践，更懂企业；华为云平台承载，提供端到端的实施路径。

坚持"立而不破"核心理念，既拥抱未来，也适应过去。使云化方案适用于过去的存量IT系统，通过数据联接起来；在新建的系统中采用以云为基础，以数据驱动的微服务化新型架构。

通过"理论与实践"相结合，华为云咨询为客户提供从咨询到落地的"可信任、可落地、可验证"的独特价值。从业务入手，从客户的具体问题出发，为客户提供端到端解决方案，帮助客户数字化转型成功。

五、华为云生态，构筑共创、共享、共赢的数字生态

华为云秉承"共创、共享、共赢"的生态理念，与开发者和伙伴共创新价值，实现"一切皆服务"的战略目标（如下页图所示）。截至2022年12月底，华为云已聚合4.1万家合作伙伴，400万名开发者。华为云从云服务能力（经验即服务）、新伙伴体系、开发者赋能、华为云云商店4个方面为伙伴、开发者提供支持和服务。

（一）经验即服务

华为云将自身和全球客户、伙伴的数字化转型经验都沉淀在云上，提供开天aPaaS服务，以API服务开放给伙伴和开发者，让他们不必重复从0到1的过程。目前华为云已经发布政务、工业等7大行业aPaaS，以及KooMessage云消息、河图KooMap等5大基础aPaaS。

华为云

4.1万+ 合作伙伴

400万+ 开发者

1万+ 云市场商品

31家 销售额超千万的伙伴

开天aPaaS

行业aPaaS：工业aPaaS、政务aPaaS、教育aPaaS、供热aPaaS、煤矿aPaaS、电力aPaaS、公路aPaaS、...

基础aPaaS：KooMessage、KooMap、KooSearch、KooDrive、KooPhone、...

新伙伴体系

GoCloud 技术共生
- 6种角色：构建Offering
- 赋能与认证：激励补贴

GrowCloud 商业共赢
- 销售拓展支持：激励与运营支持
- 上市与营销支持

开发者赋能

沃土云创
- 开发者中心：云学堂
- 开发者技术支持：开发者应用分发变现

产业协同
- 支撑鲲鹏、昇腾、鸿蒙、HMS等开发者生态
- 赋能500万各类开发者

云商店

丰富品类
- aPaaS：SaaS：人工服务
- License：资产

联营
- 商业模式：资源共持：MaaS

华为云 ☁️

KooVerse — 计算 — 存储 — 容器 — DataArts — ModelArts — CodeArts — MetaStudio

*截至2022年12月底

（二）伙伴新体系

华为云以构建伙伴能力为核心，进行全面的伙伴体系变革。华为云发布了新的伙伴体系 GoCloud 和 GrowCloud。GoCloud 的目标是培育与发展伙伴能力，帮助伙伴在华为云构建丰富的解决方案与服务，为客户创造更多价值。GrowCloud 的目标是帮助合作伙伴扩大客户覆盖面，加速销售增长，实现商业共赢。华为云与伙伴一起联合构建、联合营销、联合销售以及联合交付，保障伙伴能力提升和商业闭环。目前，华为云与伙伴共建 300 多个联合解决方案，在华为云的年销售额超千万的合作伙伴达到 31 家。目前已经有 2000 多家伙伴加入了 GoCloud 合作框架，华为提供 1.2 亿元专项资金为软件、服务、培训等行业的伙伴提供赋能和激励。在 GrowCloud 合作框架中，目前已有超过 4.1 万家伙伴选择与华为云开展商业合作，共同为超过 11 万家客户服务，伙伴收入同比增长超过 55%。

（三）开发者赋能

华为云持续创新，在技术、平台、体验、多元生态协同等维度全面赋能开发者，同时加大投入，增强开发者服务体系建设，持续提升开发者体验。围绕 160+ 项赋能云，以华为云为底座，华为支撑鲲鹏、昇腾、HMS、鸿蒙等开发者，扶持各产业创新中心，全面赋能开发者。通过华为云学堂、开发者技术支持、沃土云创计划、产业协同等帮助全球 400 万名开发者成长。

（四）华为云云商店

华为云提供云商店 KooGallery，将从"丰富、品质、创新、共赢"4 个维度全面升级。KooGallery 的目标是成为用户首选的企业应用平台。截至目前，华为云云商店已经吸引了 7000 多家优秀的伙伴商家入驻，提供 60 多个品类，1 万多款商品，云商店销售额同比增长 63%。同时越来越多的用户也在选择华为云云商店，当前月付费客户数已达 6.5 万人。未来，华为云将继续携手伙伴做好云商店的联营联运，从商业模式、平台赋能、资源扶持等多个层面开展深度合作，联接伙伴和用户，一起走向商业共赢。

第九节　华为业务战略

一、企业业务战略

智能世界触手可及。华为企业业务在新环境下，加强打造场景化创新方案，构建共生共创共享的数字生态，助力各行各业向数字世界挖掘生存、探索和发展的力量，全年保持稳健增长。华为打造了覆盖智慧城市、金融、能源、交通、制造等10余个行业的100多个场景化解决方案。华为云、智能IP网络、智简全光网、计算、数据中心、数据存储、5GtoB等产品和解决方案的市场竞争力进一步提升，并通过多种优势产品组合满足客户差异化需求。针对政企智能升级，华为提出以云为基础，以AI为核心的全新智能体开放技术架构，包括智能交互、智能联接、智能中枢和智慧应用。

华为广泛聚合销售伙伴、解决方案伙伴、服务与运营伙伴、投融资伙伴、人才联盟、行业组织和产业伙伴，提出支持伙伴盈利、简化政策、提升伙伴能力、构建生态伙伴圈4大举措，帮助伙伴实现更高的追求，构建开放、合作和共赢的多元生态系统。华为致力于打通千行百业数字化转型的高速路，与客户、伙伴共创行业新价值。华为发挥云、AI和联接的协同优势，提供稳定可靠、安全可信、可持续发展的公有云服务和混合云解决方案。目前华为已上线220+项云服务、提出210+个解决方案，在全球累计获得80+项权威安全认证，发展超过1.9万个合作伙伴，汇聚160万名开发者，云市场上架应用超过4000个。截至2020年底，全球700多个城市、253家世界500强企业选择华为作为数字化转型的合作伙伴。2020年，华为企业业务实现销售收入1003.4亿元，同比增长23%。

（一）构建数字新范式，多域协同，打造场景化解决方案，释放生态潜能，共创行业新价值

未来二三十年，人类将迈向智能社会，其深度、广度远超华为想象。传统的发展范式已经不能满足社会诉求，我们迫切需要将所有要素重新编排、重新组合，构建数字新范式（如下图所示），从而迸发新的生产力。数字新范式总结如下三点。

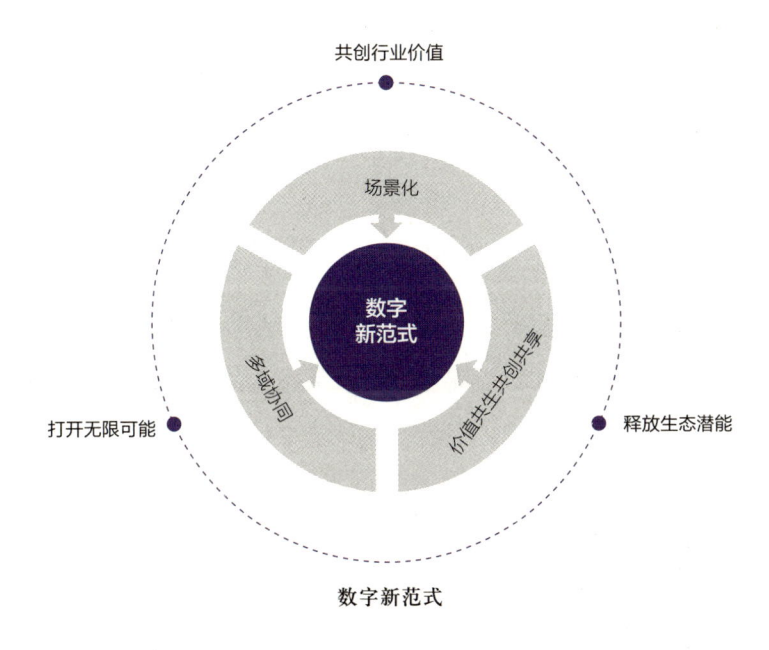

数字新范式

首先，事物的本质和根本出发点必须紧紧围绕客户需求、客户痛点和梦想，由场景化创新来创造。其次，数字化进程越来越依靠多技术协同，将行业基础设施数字化、业务流程数字化，实现数字孪生，为千行百业的发展打开无限可能。最后，数字生态模式就是要实现价值共生、共创、共享，与伙伴优势互补，相互激发，互相成就，共同做大蛋糕。

（二）优势互补，打造"数字生态立方"，共创行业价值

在过去商品"供不应求"的时代，传统的生态模式主要为产品销售，基于等价交换的原则去满足人们的"刚需"。

数字化时代的商业本质是做大蛋糕，是正和游戏，不是零和游戏。华为倡议从三个维度打造"数字生态立方"。

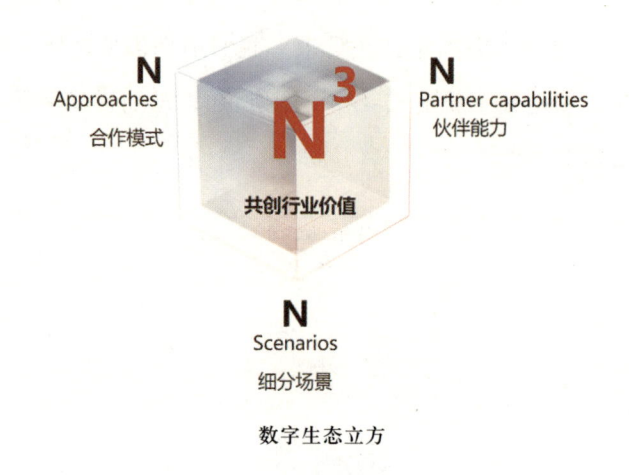

N^3
N Approaches 合作模式
N Partner capabilities 伙伴能力
N Scenarios 细分场景
共创行业价值

数字生态立方

首先，瞄准数字化的未来，深入挖掘各行业远未被满足的场景诉求，这是做对蛋糕的前提；其次，需要聚合N种能力的伙伴，各自发挥专长，这是做成、做大蛋糕的基础；最后，要打造N种合作方式和商业模式，实现共生、共创、共享，这是做大蛋糕的永恒动力源。

深圳未来机场就是华为与伙伴一起践行"数字生态立方"，共创价值的案例。从航班业务流，深入机位分配、地勤保障等一个个细分场景，到聚合伙伴软件开发、数据治理的能力，再到围绕项目全生命周期的开放合作，华为联合伙伴帮助深圳机场构建未来机场，仅2019年就减少摆渡超过260万人次，安检效率提升60%。

面对各种挑战与不确定性，华为只会更加开放，与伙伴优势互补，做最好的自己，成就客户，成就行业。

（三）共筑城市智能体，打造"1+1+N+X"全场景解决方案

华为智慧城市解决方案已服务于全球40多个国家和地区的700多个城市。华为坚持"以人为本"，基于联接、AI、云、计算和行业应用的有机协

同，携手合作伙伴落地"1+1+N+X"的"城市智能体"架构。

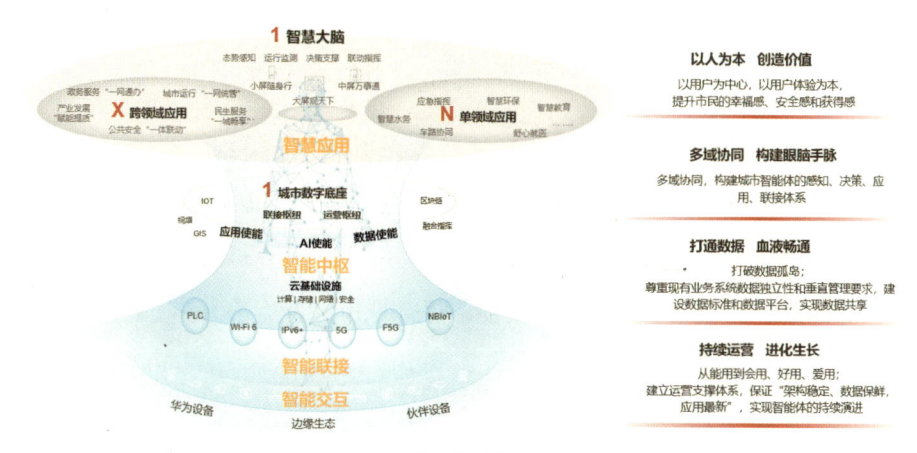

城市智能体

城市智能体是城市发展与城市治理内在规律的认知突破，它通过秉持"以人为本"理念，以智能体为参考架构，打造能感知、会思考、可进化、有温度的云网边端一体化协同城市智能系统，提升市民的获得感、幸福感、安全感。

智能交互、智能联接、智能中枢共同组成了云网边端一体化的城市数字底座，即第一个"1"。

"1+N+X"是城市智慧应用体系。通过与客户、伙伴的协同创新，加速ICT技术与行业知识的深度融合，重构体验、优化流程、使能创新，逐步形成"1+N+X"智慧应用体系。其中1是指一个智慧大脑，N+X应用是提升政务效率、提振经济运行、创新城市治理、优化公共服务、促进生态文明建设、推进城市高质量发展的核心抓手。

城市智能体有四大价值主张，即以人为本，创造价值；多域协同，构建眼脑手脉；打通数据，血液通畅；持续运营，进化生长。

1. 以人为本，创造价值

在智慧城市建设过程中，华为始终秉承"以人为本"的理念，以用户为中心,以用户体验为本,解决城市治理与群众迫切需求的矛盾,提升城市综合治理水平,让企业生产效率更高、让行业更具创造力,从而提升广大市民的幸福感、安全感和获得感。

2. 多域协同,构建眼脑手脉

城市智能体各子系统之间普遍联系,互相促进,彼此协同。打造城市智能体要通过联接、AI、计算、云和行业应用等多域协同,构建起眼、脑、手、脉体系,为城市发展注入新动能,提升城市综合竞争力。

3. 打通数据,血液通畅

数据如同智慧城市的"血液",数据融合和业务协同是智慧城市智慧化的基础。只有实现海量数据的有效联接,提炼有效信息,才能盘活数据价值,真正让数据服务于各项工作。因此必须要打通城市各业务系统的数据,保证血液流通顺畅。打破数据孤岛,在尊重现有业务系统数据独立性和垂直管理的基础上,建设数据标准和数据平台,实现数据共享,让城市智能体的各系统有效运行、自我演进。

4. 持续运营,进化生长

城市智能体是一个生命体、有机体,具备自我演化、自我迭代和自我生长的功能,需要持续滋养。要打造新型智慧城市,需要长期可持续运营。通过建立运营支撑体系,保证其"架构稳定、数据保鲜、应用最新",让智慧城市系统能被大家用起来,并从能用走向会用、好用及爱用,打造城市智能体的自我进化环境,从而实现城市全生命周期的智能化,提升城市生命力。

二、消费者业务战略

华为消费者业务面向未来万物互联的智能世界,坚持以消费者为中心，致力于为消费者打造优质体验的全场景智慧生活，坚持用创新为消费者创造价值。

华为不断建设"1+8+N"全场景智慧生活战略（1代表手机，8代表平板电脑、PC、VR设备、可穿戴设备、智慧屏、智慧音频、智能音箱、车机，N代表泛IoT设备）。华为以HarmonyOS和HMS（华为终端云服务，Huawei Mobile Services）为核心驱动及服务能力，围绕以智能家居、智慧办公、智慧出行、运动健康和影音娱乐为主的五大高频刚需生活场景，为消费者提供变革性的智慧生活体验。

华为在2019年创造性地推出了面向全场景的分布式操作系统HarmonyOS。作为划时代的万物互联操作系统，HarmonyOS通过分布式技术，将多个物理上相互分离的设备融合成一个"超级终端"，按需调用、组合不同设备的软硬件能力，为用户带来最适合其所在场景的智慧体验。即使用户切换场景，智慧体验也能跨终端迁移，无缝流转。

2020年华为将HarmonyOS升级至2.0版本，分布式能力得到全面升级，同时发布了自适应的UX框架，让开发者能够快速触达千万级新设备和用户。HarmonyOS 2.0手机开发者Beta版也在2020年12月如期而至，帮助手机开发者更轻松、高效地创造出属于万物互联时代的全新应用。目前已经有120多家知名应用厂商，如京东、百度、优酷开始基于HarmonyOS进行创新。

三、开放合作，共建共享，推动产业发展

作为全球领先的ICT基础设施提供商，华为致力于构建一个多样、繁荣的ICT生态圈，从而加速行业客户的数字化转型进程。在此过程当中，华为秉承开放合作、共建共享的原则，与客户、伙伴一起最大化产业价值，实现商业共赢和利益分享。

面向开发者，通过华为云、鲲鹏/昇腾使能平台向伙伴开放创新领先的

ICT能力，支持伙伴业务创新，快速响应和满足面向运营商和企业市场的客户需求，实现商业成功。具体内容包括："开放能力"，为开发者提供ICT开放能力，覆盖云计算、大数据、SDN、AI等最前沿的技术领域；"平台工具"，专项投入开放平台和远程实验室建设，让伙伴聚焦业务、高效开发；"开发服务"，为伙伴提供研发、营销、销售和交付能力培训；"创新基金"，为伙伴创新的联合解决方案提供实物支持、开发资金支持、技术专家支持。面向消费者市场，华为全面开放HarmonyOS和HMS应用构建平台，使能全球开发者便捷、快速地接入，进行应用创新，实现生态共享；同时通过10亿美元耀星计划，激励全球开发者全面提升创新力度。

截至2020年底，华为云、鲲鹏/昇腾拥有超过1.9万家合作伙伴，200万名开发者，上架应用5000多个；华为HMS全球注册开发者达230多万名，HMS Core应用12万个；华为ICT学院覆盖全球1500所高校，全年培养学员5.7万余万人，累计认证超过35万人。

在推动标准和开源方面，华为作为ICT产业的重要领导者和贡献者，积极参与600多个行业组织，担任超过400个重要职务，每年贡献提案超过6000篇；主动将OpenHarmony、openEuler、openGauss、MindSpore等开源，促进移动和计算等领域开放创新、产业升级和生态繁荣共赢。

同时，华为聚焦5G、云、人工智能等产业方向，依托行业主流平台如GSMA、TMF等行业组织，积极与产业链上下游伙伴合作，共同引领产业方向，推进产业发展。

一方面与全球性战略合作伙伴，包括微软、Intel、Bosch、SAP等签订长期战略合作协议；另一方面，依托华为遍布全球的OpenLab，完成800+项合作伙伴认证和900+项解决方案认证，推动客户、伙伴与华为的联合创新，共享数字化转型成果。

第十节 华为的数字化转型实践

一、华为的创新理念

华为一直坚持理想主义和现实主义双轮驱动的创新理念：从客户需求出发，进行产品的研发；以未来趋势为判断依据，深入技术的"根"，通过愿景、假设以及先进技术驱动开发。

（一）基于对未来智能社会的愿景假设，激活全球基础研究原动力，共建创新价值链

创新1.0的核心理念是：基于客户需求和挑战，是技术创新、工程创新、产品与解决方案的创新，是从1到N的创新。创新1.0的核心是帮助客户和合作伙伴增强竞争力，帮助客户增加收益或者降低成本，实现商业成功。过去，华为无论在无线、光网络还是智能手机领域都有大量的工程和技术创新，为客户带来极大的商业价值，产生了巨大的社会价值。

创新2.0的核心理念是：基于对未来智能社会的假设和愿景，以及世界级难题基础理论的突破和基础技术的发明，为数字世界的发展持续不断地创造新的技术，解决0到1的问题。创新2.0的核心是基于愿景和假设及解决世界级难题的基础理论突破和基础技术的发明，为数字世界的发展持续不断创造新的技术。2020年，华为秉承开放创新的理念，持续加强基础研究，积极推动产学研协同创新，用创新成果点亮未来。

（二）构建开放协同的产学研生态，持续加强基础研究与理论突破，使能数字化和智能化世界发展

持续构建开放、协同的产学研生态，以产业牵引学术研究，广泛开展

学术合作，重点支持不确定性创新以及效率提升。构建开放的基础研究平台，吸引全球人才。中国十大研究所博士后工作站全面启动，推动高潜人才汇聚、交流和组织熵减，已累计对外发布300多个博士后课题。开展战略协同和顶层设计，加速产学研融合机制建设，持续推动向"创新引领""基础研究技术""顶尖人才为中心"的转型。

（三）厚积薄发，持续强力投资技术创新与发明，实现产业进步与发展

后香农时代，为实现ICT产业的持续发展与繁荣，需要从数学、物理、化学等基础研究领域寻求新的突破。数学作为科学理论的基础，更是未来发展的重要支撑。2020年，华为向全球发布ICT领域面向数学的十大挑战问题，希望影响和推动理论研究突破，共同解决更高性能、更少资源消耗，DNN可解释性以及超大规模网络优化等世界级难题。

二、华为自身的数字化转型实践

华为持续进行管理改进，从公司的研发、销售、交付、供应链、人力资源、财经，到战略管理、品牌和领导力等各个方面都已建立起世界级的一流管理体系。

在数字化转型的大趋势下，华为支撑一线按需调用、灵活作战，构建开放的平台能力和统一的数据底座，打造基于ROADS体验驱动的数字化华为，持续提升效率，努力为客户创造更大价值，提高客户满意度。同时华为从"使用者视角"基于用户体验推动流程的持续优化。

（一）华为的数字化转型愿景

华为数字化转型愿景是全面推进数字化战略，打造全联接的智能华为，在追求客户满意度的同时提升效率效益。

传统信息化流程过于繁杂，且缺少实时业务感知，"烟囱式"的IT应用让数据服务更加愚笨。华为坚定地认为，数字化服务在主业，突破人才的瓶颈、技术的瓶颈、资金的瓶颈，解决效率与成本问题，构建立足华为自身实践的HIS行业数字化平台，大量使用数字化技术或是AI技术，在体验和效率方面得到提升，进而形成模式创新，满足客户的诉求，才能诞生出最佳企业管理。

（二）华为数字化转型战略实施要点

1. 对准用户体验

华为不仅仅要帮助企业数字化转型，还要面向消费者、合作伙伴、供应商和华为员工构建数字化体验。由于用户属性不同，开发者有个体开发者也有组织开发者，精准找到客户需求至关重要，这成为建设全连接智能的基础。

2. 对准作业场景

面对复杂的使用场景，华为希望通过应用和装备覆盖这些业务形态（BG/FU/MU），在200+项作业/办公/交易场景中精准找到客户的需求点，打造场景化的应用体系。在推进数字化转型过程中，一直服务于业务作战、业务系统。不是人去找应用，而是应用找人。

如今，华为所有业务部门，包括事业部、功能部门都拥有了数字化IT装备，把每个业务的数字化职责和人连接在一起，疏解技术、应用和人之间的关系。

3. 打造数字平台

用总分模式把华为大量的基础设施、IT的账号云、资源、网络中央集群。华为HIS数字平台的作用，对上要满足快速为客户服务提供应用的能力，对下要实现华为公司IoT万物互联的战略。在华为云的基础上，构建安全可信、业务数字化使能、资源链接、智能运营的核心平台能力。

（三）华为数字化转型的工作目标

华为数字化变革的目标是"多打粮食，增加土地肥力"，近期目标是在新的内外形势下，采用数字化的方式保障业务连续性，构建疫情下的新型作战体系和数字化平台，持续支撑业务。

通过数字化支撑业务连续性，基于公司统一的数据底座，华为构建了550多个逻辑数据实体和超过110亿个实例级的图模型节点和关系，封装了100多项公共数据服务。面向订单的快速供应、风险事前管理等共24个业务连续性场景，保障供应有序运作、风险可控。其中，BOM分解和原产地判断作为精品服务，有效满足了研发、供应链、消费者BG等多领域需求。面向供应约束的多维因素动态变化、加严风险的场景模拟应对，构建多版本计划集成与齐套管理能力，实现器件、单板版本切换在线管理和评审，衔接风险可预警。构建订单微量测算及关联交易作战装备工具，实现场景切换时30分钟内完成配置，新订单自动实时完成测算，历史订单8小时内完成数据初始化，确保订单合规。构建网络韧性评估和基于模拟仿真的调整方案推荐能力，支撑全球供应网络韧性指数大幅提升；运输资源模拟能力支撑资源动态调整时效由天级降低到小时级，快速推荐最优资源方案。

1. 运营商业务

通过云上峰会/展会、客户在线交易协同等形式，有效支撑线上业务开展，实现了客户接触不降温、交易交付不中断。一线用户线上作业、消费的习惯逐步形成，数字化作战平台在全球广泛应用，使用量快速提升。

2. 企业业务

数字化建设聚焦生存安全，为客户、伙伴与华为的协同发展提供了全球多币种与0-touch交易、伙伴地市虚拟团队协同等一系列的数字化装备，保障线上无接触式交易与效率提升。

3. 消费者业务

构建线上一体化阵地，实现线上线下的一致化体验，销售助手全面提升门店销售能力；"伙伴一站式"覆盖2.1万多家关键伙伴，大幅提升合作伙伴效率。

4. 区域

通过数字化手段，在疫情期间实现数字化远程指挥以及无接触监管，支撑经营目标达成、效益效率提升。云上峰会、云上产品展示等，支撑客户接触活动数量同比提升，高层峰会/战略峰会数量基本持平，提升客户体验。通过自身交易数字化、IT系统与客户数字化系统对接等，支撑无接触交易交付，同时也进一步促进了与客户的数字化连接水平。在人员流动困难的情况下，通过数字化手段，实现对区域经营组织的高效管理。

（四）HR的数字化转型实践：通过数字化运营，提升客户价值与用户体验

通过数字化运营，在人才选、用、育、留的人力资源管理各环节不断提升客户价值（效率与效益）与用户体验。

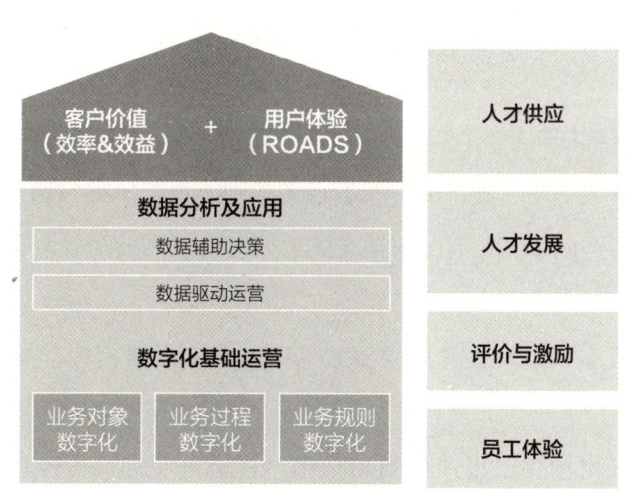

HR的数字化转型实践

人才供应：通过数据分析，促进人力资源的合理配置，牵引优质资源向优质客户和公司战略机会点倾斜；通过数据分析技术，改善人力资源需求预测与供应计划，提升Workforce效能与效益。

人才发展：通过数据分析技术，更好地实现智能推荐与个性化定制的学习发展方案，支撑人才结构、能力的转换。

评价与激励：通过数字化技术，实现作业即记录，记录即评价，支撑精准激励，激发人才活力。

员工体验：基于数据（事件、角色等）驱动的人力资源服务的自动化推荐与订阅服务；通过数字化提升Global Mobility（国际派遣）体验。

（五）流程IT的数字化转型实践：构建面向业务数字化转型的"IT铁三角"

一是与业务一起组建业务使能团队BET，面向业务提供解决方案；二是组建IT服务工业组织，把所有IT部门提供的服务变成基于云的服务，由这个组织负责华为在全球4大业务和170个国家运作的服务平台；三是数据驱动，构建灵活、实时的运营指挥中心，对业务运作、用户体验以及IT提供的SLA服务做到心中有数，驱动持续改进。比如，某个国家IT系统体验低于内部标准或者物流供应出现风险，IT部门要能实时感知。

（六）财经数字化转型实践：财务报销自动化，全流程效率提升100倍

（1）识别效率高：支持多种票据自动识别，单张单据识别仅需2s。

（2）识别准确率高：有效解决旋转、错行、模糊变形等复杂识别场景，准确率>98%。

（3）支持发票验真：连接权威数据库，验证发票真伪，提供100%正确的识别结果。

（4）流程自动化：报销规则结构化，打通自动化流程链，减少人工干

预，自动完成报销，全流程效率提升100倍。

（七）园区智慧能效管理转型实践：消失的晚间行政热线

对于华为园区的物业管理人员来说，他们的工作不只是朝九晚五。晚间的八九点钟，是他们工作中的另一个"小高峰"。每逢晚上八九点，此起彼伏的电话铃声总是让他们忙到焦头烂额。

"你好，能否帮忙开下三楼B1区××办公室的空调？"

"哎呀，我还在加班呢，灯怎么就熄了？帮忙再开下吧。开到几点？我也不知道。"

…………

据统计，以往华为中国园区每晚要接到1000多起这样的热线，一个个连环催命call总是让物业工作人员头痛不已。按照需求，晚上八点重新开空调、九点开灯，似乎已经成了他们的工作惯例。

而现在，随着新型的能效管理方案在园区落地、生根，晚间热线高峰消失了。该方案通过华为数字平台把各用电设备设施、物联传感设备、园区各种能效系统（如冷源系统、照明系统、BA系统、储能系统、充电系统等）以及相关IT系统打通，实现信息融合，并进行联动协作，从而实现用电设备的自动开关。该方案通过数据建模、算法分析和机器学习，实现园区能效管理的可视、可诊、可优。

（1）可视：建立完善的能耗强度、能效值、能耗量等KPI指标体系，通过各种维度的智能报表，展示各用电设备的用电情况，做到明明白白用电，全面掌握园区能源动态。

（2）可诊：设置能效故障诊断规则触发报警和预案管控机制，当设备能效/故障规则触发时，系统会将报警异常相关信息传递给能效展示模块。

（3）可优：基于历史运行数据和负荷预测情况、设备、区域、整体能耗量数据以及影响负荷的天气、工作日历、区域用途、人流量等影响因素，实时分析建筑内部主要设备和功能区域（会议室、餐厅等）的能耗优化建议。

以园区最耗电的冷水机为例。过去冷水机组都过着规律的"老人机"生活。每天早上八点开始运转，晚上八点结束，这便是它一天的使命，中途不能随意停止。而在如今的华为园区，机器开始变得更加智能，冷水机组也能"自动驾驶"了。通过在园区安装物联网传感设备，实时采集周边外部环境、人流密度、温度、会议室使用情况等数据，结合冷水机运行状态，数字平台将各种数据汇聚起来并进行关键参数建模，使用华为自研的AI算法，最终决定该区域冷水机组的开关。以某个会议室为例，数字平台通过会议室管理系统的信息（会议开始时间、结束时间、参加人数等），以及根据传感器传回的实时温度信息分析判断需要在会议开始前提前多久启动空调及空调的风力。假如会议提前结束，通过会议室管理系统提交的信息，结合监控摄像头确认会议室没人了，可以提前关闭空调。冷水机组一脚"刹车""油门"，便可实现自动驾驶，平均每天减少75分钟的运作时间，从而提升园区能源利用效率。

2018年华为基地空调耗电 **4亿度**　　智能能效管理方案节能 **10%**

节电 **4000** 万度，相当 **30000** 吨CO_2

提升园区能源利用效率

据统计，华为在中国各基地每年要用掉4亿度电，费用约5亿元。如果能对能耗加以管理和优化，很容易产生较好的经济效益。在落实智慧园区能效管理解决方案后，整个园区主机群COP均值从3.2上升到4.3，主机制冷效率提升28%，能源消耗节省10%，节电4000万度，相当于减少了3万多吨CO_2的排放。长此以往，园区在能耗支出上将节省一笔不菲的开支。

华为智慧能效管理的实践带来三大改变：

改变一，能效管理可视，从能效管理不清晰，升级为"一张图"掌握能效动态；

改变二，能效管理可诊，从无节制使用，升级为自动诊断触发告警；

改变三，能效管理可优，从单靠专家经验，到AI+专家的组合优化。

（八）制造数字化转型实践：5G+F5G+WIFI6融合网络

华为南方工厂是华为硬件产品的生产制造基地，拥有7栋22层厂房，面积48.4万平方米及200条产线。传统的生产装备无法满足现代化企业效率提升的需求。

（1）加工制程柔性化需求：传统产线有线连接，产线调整周期长，柔性化差。

（2）质量管控智能化需求：传统产线数据在本地孤立存储，数据无法上云，生产加工中无法实时产线间联动分析。

（3）人、工具、物料精细化管理需求：工厂需要精准调度物料和工具，进行资产盘点，人员管控需要了解工人分布挖掘资源使用潜能，改善管理目标。

（4）网络维护简单化需求：传统车间网络管控复杂、维护成本高，采用融合"5G一张网"，简化网络，降低运维管理成本。

（5）生产交付高效化需求：ICT产品出厂软件加载时采用传统的有线方式，需要人工操作，并发数量少。

规划5G+F5G+Wi-Fi6融合网络应用满足企业需求。5G承载AGV小车等移动类业务，Wi-Fi6+UWB补强室内覆盖和提升定位精度，F5G承载产线控制等固定类业务，从而实现端到端"一条流"智能生产。

满足8大类40+个应用场景。

（1）室内定位，包括：资产盘点（打印机、扫描终端RF、手持PDA、资产等），资源调度（贵重测试仪器调拨、关键生产辅助资源），物料透明可视（非一个流加工场景下人工快速找料），快速质量隔离，一线作业人员电子围栏技能防呆，人员热力图，异常快速闭环最近工程人员。

（2）设备剪辫子，包括：柔性制造，5G LAN，通用及自动化设备程序加载。

（3）边缘AI检测，包括：印刷缺陷，来料缺陷，组装缺陷，包装检测。

（4）自动测试，包括：自动老化，自动加载OS，自动加载测试。

（5）智能物流，包括：AGV调度，物流配送调度，5G自动驾驶。

（6）PLC连接，包括：PLC控制，PLC协同，PLC云化。

（7）AR应用，包括：远程指导（制造指挥中心实时远程支持生产在线各类通用异常问题快速定位、快速解决），在线智能诊断（结合数字双胞胎及知识库，AR眼镜智能在线诊断），辅助维修（维修工段通过AR增强快速标定问题点，辅助问题快速解决），培训指导（实时专业化对新员工及新技能工培训指导，快速上手），参观厂验。

（8）多网融合，包括有线、WIFI、UWB及其他。

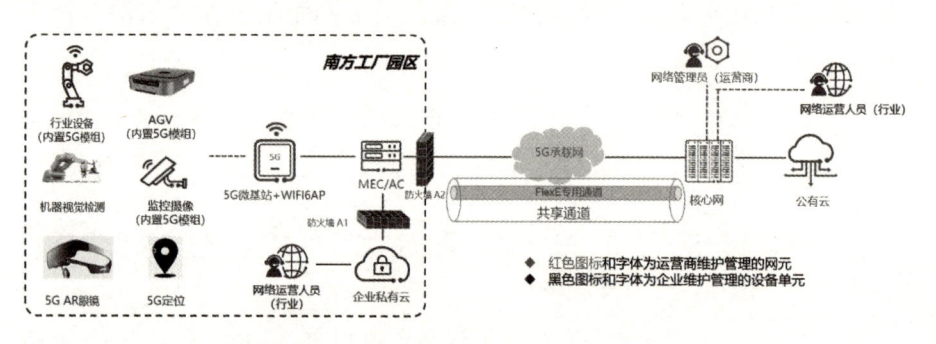

华为南方工厂数字化转型的整体应用及网络解决方案

工厂园区采用5G+F5G+Wi-Fi6网络覆盖，MEC下沉企业园区保障数据在园区内闭环。园区网络和外部核心网通过防火墙进行隔离，园区私网与5G专网通过防火墙隔离。工厂终端设备通过无线方式接入5G+Wi-Fi6，同时与企业私有云数据链路打通，企业管理人员可通过应用软件对产线的5G+Wi-Fi6设备进行管控。从工厂的部署安全、工控终端接入安全、边缘MEC安全、切片安全、数据安全和安全管理运营六个维度进行综合考虑，保障南方工厂园区内的5G+Wi-Fi6网络稳定，满足企业需求。

华为南方工厂数字化转型取得的成效如下。

（1）加工制程柔性化：通过设备剪辫子，增加生产柔性，提高生产效率，产线数量减少40%。

（2）质量管控智能化：通过AI边缘质量检测、5G端边云协同，实现质检从"本地计算"到"边缘计算"AI迁移，降低成本增加智能管控。

（3）加工制程清晰化：通过室内定位，连接生产关键资源（人、机、料、工具等），结合生产数字化实现从"黑箱工厂"到"透明工厂"，挖掘资源使用潜能，改善管理目标；（精准调度物料和工具、资产盘点、人员热力地图、异常快速闭环最近工位人员）。

（4）网络维护简单化：采用多网融合"5G一张网"，简化网络运维、管理。

（5）生产交付高效化：通过自动测试、AGV调度、PLC连接、AR/VR，提升加工制程软件加载和数据传输速率，提升交付效率。

（九）数字化转型中的网络安全与隐私保护

1. 华为网络安全框架：打造可信的产品和解决方案

过去30年，华为服务全球30亿以上的人口，支持全球170多个国家和地区的1500多张运营商网络的稳定运行，在全球范围内一直保持着良好的网络安全记录，在网络安全上的实践得到客户的认可。

从2011年起，华为就把网络安全和隐私保护作为公司的重要发展战略之一，董事会在2018年明确将其提升为华为公司的最高纲领，提供足够的资源保证落地执行。

网络安全和隐私保护不仅仅是客户对华为的要求，也是华为作为负责任的ICT供应商企业社会责任的一部分。华为要强调的是，华为不会为任何国家和组织提供不恰当的信息，未来也会严格按照法律赋予的权利和规定的程序来处理这样的诉求。华为以客户为中心，致力于保护客户及用户的合法权益不受侵害。

数字时代信任需要建立在事实的基础上，事实必须是可验证的，而验证需要基于共同标准。通用的安全标准和独立验证可以增加人们对技术的信任，可以作为服务购买者、安全机构和技术供应商之间的共同语言，向用户提供更好的安全保障。

为了应对日益严峻的网络安全挑战，华为发布了新的网络安全框架。华为的关键假设是"网络环境是不安全的，网络攻击是常态化的"，核心使命是打造安全可信、富有韧性的产品和解决方案来帮助客户增强网络韧性。

网络安全是全社会面临的共同挑战。华为愿意以正直可信、开放透明、负责任的态度和利益相关方沟通合作，通过科技创新、制订标准、管理改进等一系列方式应对挑战，消减风险。

2. 尊重和保护隐私，建立完善的隐私保护框架和治理体系

作为全球领先的信息和通信技术（ICT）基础设施解决方案和智能设备提供商，华为完全遵守法律法规。华为坚持开放的态度，例如，端到端的隐私保护应用实践对监管机构、客户和消费者都是透明的。由于数据是数字世界中最重要的资源，因此隐私保护是数字发展的基础。华为将隐私视为企业社会责任的关键要素，华为会对其进行保护，不会出售华为客户和消费者的数据。

对于运营商和企业客户：华为将隐私作为解决方案的一部分，并帮助客户成功地将其业务数字化。对于消费者：存储在设备/云上的个人数据受到严格保护，华为让消费者完全控制其个人数据的收集、处理和共享。对

于云客户：华为遵守严格的服务边界，不会出租或从客户数据中获利，将其数据用于未经客户明确授权的目的。对于行业合作伙伴、治理/监管机构：隐私保护需要整个产业链中各方的共同努力和持续改进。华为致力于探索和应对数字社会带来的隐私挑战，为保护和发展全连通智能世界做出贡献。

华为拥有全面的隐私结构，具有明确的角色和职责，并由一个历史悠久的网络安全和隐私委员会管理。华为轮值董事长担任该委员会主席，所有业务部门都有与隐私相关的岗位角色和办公室。华为建立了欧盟DPO和团队，以独立监控GDPR的合规情况。所有华为员工须接受隐私意识培训，确保每位员工准确理解隐私原则，并严格遵守公司的隐私法规和流程。

华为采用全面的供应商管理方法，确保协议到位，明确责任，遵守隐私标准，并在基于风险的模型上对供应商进行审计和审核，以确保合规。华为采用最佳实践来保护个人数据，严格控制数据传输，确保满足当地法律法规，以及任何监管和数据主体要求。

三、华为赋能行业数字化转型实践

（一）深圳地铁，150秒传输速度让"地铁变高铁"

地铁作为居民首选的出行方式之一，每天都承载着巨大的客流压力，像深圳这样的一线城市，一天甚至承载着500多万人次的客流量。

以深圳地铁11号线为例，由于带宽小、无法实时下载录像，事件追溯的主要手段是依靠人工，平均下载录像50列次/月，平均耗时约1.5小时/次，每月需耗工时75小时，效率低且耗费过多人力，无法满足紧急需求。这种低效耗时的处理方式从深圳地铁11号线开通一直延续到现在。

华为联合深圳地铁，在最高时速120公里的深圳地铁11号线搭建了全球首个城轨5G车地通信网络。在华为5G通信技术的帮助下，列车上8节车厢共40个高清摄像头带来的监控视频、设备监测等高达25GB的车载数据,在短短150秒内便通过部署在列车和车站的5G车地设备完成了自动传输,其中自动下载速率高达1.5Gbps。

今后再遇到乘客丢包等情况时,只需要利用乘客上下车的时间,即可实现全线列车视频自动回传,省时省力。由此可见,5G与4G技术的差距,如同高铁之于绿皮火车。

同时,5G配合人脸识别及智能行为分析,协助锁定车厢危险人员,及时判别危险行为,加强出行安全;25G列车视频迅速传输到地面,通过华为数字平台视频云系统AI图像识别、大数据分析等新技术,快速确认背包遗失位置、拿包人身份及轨迹,实现地铁智慧巡检、智慧客服和智慧列车。远期乘客遗留物品警示、自动寻人等功能也可以基于这一技术真正落到实处。

5G技术就如同打开了一扇门,地铁运营生产中所有涉及数据传输的工作,都可以利用它达到一个全新的高度,也可延伸到多个智慧地铁场景的应用。

隧道风险、弓网状态如何、周界是否有异物入侵、钢轨是否有磨损,这些都是工作人员开展日常运维和巡检工作的重要环节。传统方式主要靠人工完成,例如平时接触网检修,要靠工作人员下载录像,晚上回去后一帧一帧查看列车运行一整天后,哪个地方有打火花的情况,哪个地方有震动,第二天再进行有针对性的检修;再如隧道和轨旁的检修,需查看隧道旁边是否有线缆松脱、轨旁是否有异物等,也全靠人工打着手电筒从头走到尾一一排查。

现在有了5G提供高可靠、低时延的大带宽车地通信,实现超大数据的高速回传、落地存储和及时调用,再结合深圳地铁建立的智慧运维系统分析处理,及时推送到维修人员、指挥中心工作人员手中,这将在地铁列车智慧巡检上发挥巨大的作用,实现设备计划修向状态修的升级以及全生命周期管理,真正意义上增强地铁运营安全性、可靠性和应急处置能力。

基于5G技术，华为数字平台的视频、大数据+AI、云将帮助深圳地铁建设统一的高速超宽带无线传输通道，结合云、管、端协同的全栈式云与大数据服务实现统一存储、分类应用，同时引入图像分析、人工智能、边缘计算等先进技术，提升乘客体验。各类新技术将全面覆盖地铁的各个领域，极大地提高轨道交通系统自动化、智能化、可靠性程度。

5G+AI赋能，轨道交通将开启车轮上的智能变革。5G突出的网络连接能力，让信息和数据跟随地铁的人流、车站的物流、设备间的信息流等一起快速流动起来，减少信息孤岛，打破数据壁垒，加速实现万物互联。万物互联产生海量数据，支撑和激发各行业突破性应用创新。5G将以万物互联的模式推进轨道交通行业的深度整合，真正实现工业化和信息化的深度融合。

（二）天津交警，用AI来"指挥"红绿灯，让出行更顺畅

1. 华为云交通智能体，为救援车辆开辟绿色生命通道

2019年5月8日，天津生态城消防中队进行了一次特别的演练，华为云交通智能体帮助天津生态城"扑灭"了一场大火。

上午8点50分，天津滨海新区某小区住户发生火灾险情，烟雾传感器自动报警，住户业主手机收到通知。

消防部门接到火警信号后，迅速下达指令，通知119、120紧急联动。同时启动"绿色生命通道"为消防车、救护车自动规划最优路径，对沿途交通信号灯进行调整和调度，一路开启绿灯，提前开启道路避让信息屏。

从天津生态城消防中队到该火灾小区，需要途经5个红绿灯路口。以往正常情况救援车到达需要4分30秒，而本次演练仅用时2分30秒，相比正常救援行动节省了了44%的通行时间。"绿色生命通道"极大地提升了救援效率。把握这关键的2分钟，就是拯救了一条生命，一个家庭。

华为云交通智能体，建立在对全域交通智能预判的基础上提前进行疏

导,通过AI预测高峰路段情况,在关键时刻为特殊救护车辆开辟绿色通道,提升救援效率。除此之外,在日常生活出行中,华为云交通智能体还能发挥重要作用。

2. 红绿灯不懂"察言观色",用AI来"指挥"红绿灯

我们都碰到过经过路口时没车经过却一直是红灯,有时车队好长,绿灯时间却很短。红绿灯无法根据车流变化实时进行自我调节。传统的交通信号控制系统面临的主要问题是交通流量采集难,人工信号配时靠经验,配时周期固定、不灵活。解决问题的核心是——如何采集到足够准确的流量数据,以及如何利用最新技术与传统交通控制工程理论相结合,自动生成智能最优的信号配时方案。

华为云交通智能体解决方案,从精准车流数据采集和AI信号控制两个方面双管齐下。在车流数据采集方面,通过将云、大数据和AI算法多种技术相结合,自动解析道路监控视频,获取车流量、排队情况、车速等多种信息(测试车辆的计数准确性高于96%,对80米无遮挡区域计数准确率高于95%)。

基于可信丰富的流量数据,通过大数据平台和AI平台进行综合分析和自动仿真,生成多时段精细化配时优化方案,再反向控制红绿灯,实现根据即时交通状况对信号灯进行调整和调度。让我们原来的"车看灯,读秒数通行"模式,变成了智能的"灯看车,按车数放行"。

在天津生态城路段,每天早上"出岛"必经之地的彩虹大桥堵得让人心累。华为交通智能体解决方案上线之后,相较以往堵车情况明显减少。通过周一早高峰的同一时间现场勘察,可以明显看出同一路段方向在周一早高峰同一时间拥堵车流明显减少,早高峰的"出岛长队"得到了缓解。

3. 全域路网分析,路面巧治拥堵

交通路网和围棋棋盘有很高的相似度,交通问题在每个点和每条线上有更多更复杂的状态,往往一个堵点会引发更多的拥堵,牵一发而动全

局。面对这种场景，华为云交通智能体率先采用人工智能深度学习技术，对全域路网的关键路口、路径综合分析，学习掌握多路口之间的相互作用，计算输出复杂路网的整体信号控制流，提供最优的交通组织优化建议，实现路口、路段和区域交通流量7×24小时实时精准调控，提高区域道路的"吞吐量"。

上线华为交通智能体后，交警反馈早高峰车辆排队溢出次数明显减少。原来持续1个小时左右的早高峰，现在已经基本缩短了10~15分钟。

借助AI、大数据、物联网、边缘计算等技术，天津生态城探索出让市民出行更加便捷高效的"智慧解决方案"。

（三）深圳交警：智能非现场执法驯服"擎天柱"

深圳的快速发展离不开路上飞奔的"泥头车"。目前全市有1万多辆"泥头车"，在城市建设中，这些被誉为"擎天柱"的"泥头车"是城市光荣的建设者，但它们身形高大威猛，偶尔还有些"任性"。数据统计，2015—2017年共发生涉"泥头车"道路交通事故142起，造成87人死亡、130人受伤。

依托深圳道路上的电警卡口，加强日常监管，让"擎天柱"不要有侥幸心理。2017年底，深圳交警升级非现场执法系统，系统启用后，交警在后台对每日电警卡口拍摄的图片进行更加精准的识别。针对在限行道路上行驶的"泥头车"，执法量每月提升20%，接近400多例。"擎天柱"对深圳交警的非现场执法有了敬畏感，再配合不定期的现场执法，大大降低了"泥头车"司机在限行道路行驶、超速、不靠右行驶等违法行为，交警的执法量也开始下降。

以前，前端电警、卡口将抓拍的"擎天柱"照片存入"疑似违法库"，人工对这些照片一张一张进行审核，正片用于处罚"擎天柱"的交通违法行为，筛选过程中产生的大量"废片"被存入"废片库"。现在，华为与深圳交警联合创新实验室推出的智能非现场执法方案利用人工智能识别算法对"废片库"进行再次识别,俗称"废片回滚",将原本丢弃违法图片捞出来,重新进入执法流程。方案一上线,深圳交警的执法效率显著提升。

以前,前端电警抓拍照片传回到后台,是由人工对这些照片一张一张审核并记录的。计算一下,全市每天回传3万张照片,100名工作人员每人每天处理300张,每天工作8个小时,在不吃不喝的情况下平均1分钟需要处理1.25张,工作人员的工作强度非常大,疲于应付。现在,智能非现场执法系统的"智能预审"完美地解决了这一问题,"疑似违法库"在人工审核之前,通过人工智能识别算法对大量交通违法图片进行预审初筛,过滤掉没有违法的图片。工作人员只需对筛选出来的疑似违法图片进行复核即可,每月人工审核违法图片量由90万张降为40万张,违法图片审核效率提升50%以上,解放出更多的警力,同时也保证了执法效率。

执法量及执法效率显著的背后有两个抓手,一个是算法,另一个是算力。

先来看算法。第一步,华为智能非现场执法解决方案将算法和硬件解耦;第二步,搭建一个开放多算法的融合平台,采用开放架构AI资源池,整合细分领域算法最优合作伙伴,训练合作伙伴开放算法、算法模型等底层SDK。例如,华尊、警视通等合作伙伴可以将开发的视频识别算法上传到"算法商城",组成算法仓,有20多种算法供选择。针对某一违法场景,各个合作伙伴的算法可以同时计算,通过一段时间的对比和不断优化,在不同的场景下平台优先推荐最优算法。不仅如此,智能多算法融合平台还能实现最底层算力的智能"调度"和"弹性"供给,使算法更高效、更敏捷。

拥有了好的算法平台,还需要有强大的算力支持。智能多算法融合平台基于拥有华为昇腾系列AI芯片的Atlas服务器,可提供16TOPS@INT8超强算力,支持16路高清视频实时分析,功耗不足8W,为平台注入强劲的AI算力。比如,在平台上,其中一家的合作伙伴在特定车辆违法场景下应用频率高,智能多算法融合可智能调节算力,保证算法的有效执行。

现在，智能非现场执法已实现开车打手机、不系安全带等20多种常见违法行为的自动精准识别。经过测试，白天车牌识别精准度提升到99.33%，夜晚车牌识别精准度提升到98.72%；不系安全带识别精准度提升到95.1%，识别精准度有了巨大的提升，有效提升了准确度。

智能非现场执法，是华为将人工智能技术与交通管理业务深入结合的创新应用，对传统非现场业务做了智能化升级，改变了交警传统的工作方式，解放更多警力资源，为安全文明出行保驾护航。

（四）智慧高青，化工大县安全生产事故归"零"

据统计，近几年危险化学品相关的事故70%以上发生在运输环节。高青县有危险化学品生产制造相关企业40多家、危险化学品运输相关企业40多家，这一辆辆装载危化品的运输车，就是一个个流动的风险源。如何保证这些流动风险源的安全，涉及政府的安监、交通、质监、公安等部门以及危化品生产企业和运输企业自身，重点在装卸和运输两大环节。

高青县某危化品运输公司的车队负责人说："原来接单都不规范，所以司机经常接私活，有运输单来了，我还得打电话问问手下司机们在哪。派单也都是靠手写，整个运输过程操作是否规范我们也不清楚，只能靠司机自觉，所以每天都是不踏实的。现在不一样了，有了平台之后，我们企业和政府之间信息共享，使用电子派单，还可以实时掌握每辆运输车的状态。心里踏实了！"

在智慧高青的建设中，华为与中国安科院建设的危化品运输装卸全流程监管云平台（以下简称危化品平台），不仅打通了安监局、质监局、交通局、公安局四个主管部门的业务系统，还基于华为数字平台横向融合大数据、视频云、GIS一张图、云计算等新ICT能力，做到了危化品装卸运输全过程的实时可视可控。

运输车辆进入装卸厂区，从进厂、过泵、到位、装车、再过泵、出厂，需要经历六项安全检查。在车辆进入厂区时，通过华为数字平台的视频云，对车辆身份进行智能识别，核对完成即可轻松入厂，不再需要拿着手工填写的提货单去人工核验。进入厂区后，北斗定位和电子围栏告诉司机具体的车辆行驶路径和装卸位置，园区内安装的摄像机也会实时监控车辆的状态。为了满足园区的安全生产要求，减少有线网络的部署，摄像机都具备了防爆特性，直接接入高青的eLTE无线专网。在装卸过程中，防爆移动终端通过eLTE专网对接公安部的EID模块和人脸识别功能，对装卸区的人员数量和身份进行识别，比对通过后才能进行装卸操作。

这些手段不仅保证了装卸过程安全，一年来装卸出厂作业异率也下降为0，再也没有人员身份异常的情况发生。原来2.5个小时的操作时间节约到2个小时。

在运输过程中，危化品平台要求危化品运输车开到哪，平台就盯到哪。危化品的运输要按照申报的线路行驶，运输过程一定要安全驾驶。长途运输过程中，驾驶员打电话、疲劳驾驶、超速等情况时有发生，带来了极大的安全隐患。现在借助车载设备，平台还会对车辆的行驶状态，包括位置、车速、车辆油路和电路等进行实时监测，同时通过人脸识别及状态识别，实时分析驾驶人员的精神状态。如果发现有打电话、疲劳驾驶，甚至中途换人等行为，平台就会发出警报，并通知远程的监管人员。司机有了约束、多了提醒，半年内车辆违章率下降了99%，基本没有发生过中途换人等情况。

危化品平台的建设利用了智慧高青项目中的云计算、大数据等服务，实现了政府多部门以及企业的数据共享；利用视频云、融合通信、GIS等服务，提升了危化品装卸运输的工作效率，让安全多了一份保障，宛如"安全使者"，实现了对区域内危化品运输的全天候、全过程、全覆盖管理，有效护航经济发展和人民生命财产安全。

（五）苏州水务，通过人工智能，守住苏州平江河的那份美丽

"君到姑苏见，人家尽枕河。"从古至今，苏州"依水而筑，因水而秀，缘水而兴"，但也"因水而愁"。苏州著名旅游景点——历史老街平江路是一条沿河小路，河岸店铺林立、游人如织。由于商家、游客环保意识不强，向河内乱扔垃圾、乱排污水等破坏水环境的行为屡有发生。以前缺乏及时、高效的监管手段，只能通过人工查看监控视频的方式查找违规商家和游客，费时费力，效果甚微。为了保持河道的清洁，监管部门每天派出4条保洁船、8位保洁员进行清理和打捞，打捞的白色垃圾达500多斤，对政府管理是个极大的挑战。

基于此，平江河实施"自流活水"工程。华为联合合作伙伴帮助客户建设了从感知层到应用层的整套AI智能视频抓拍系统。

1. 在主干河道沿岸布置60台高清摄像机

通过部署光纤网络，结合小微波无线回传，实现平江路河道沿线的视频信息传输，汇聚到视频监控平台，实现视频接入、存储、实时调阅和录像回放等功能。

2. 华为视频智能分析平台提供视频智能分析能力

基于深度学习在图像、视频的特征提取和识别方面的强大能力，综合判断监控视频中出现的疑似违规行为（向河中抛物、泼水等），记录发生的时间，自动截取违规行为发生前后的图片并存储至数据库，支撑工作人员便捷地查看违规行为，作为日后执法证据。同时，当智能识别判断出现疑似违规行为时，系统自动推送预警提示，创建工单给工作人员进行现场执法。

3. 平江路河道视频抓拍系统

通过"预警—处理—备案—通告"一系列业务流程，成功实现定点对发生违法行为的商家、个人进行上门执法和震慑，从而进一步减少垃圾、污水入河的数量，提升水环境面貌，辅助河道管理工作。

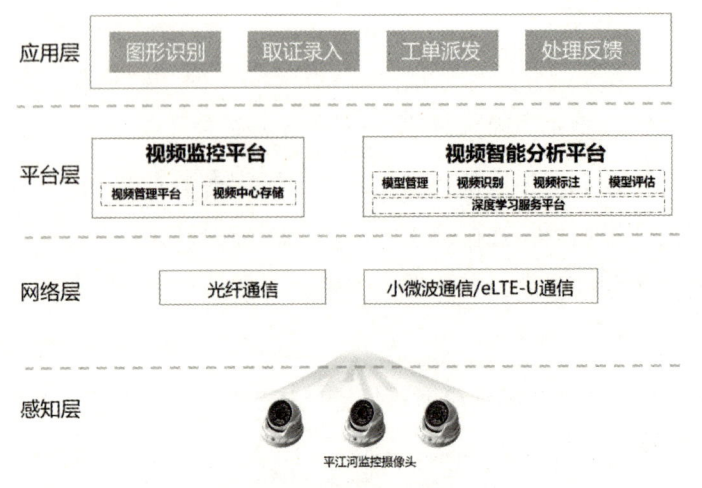

```
应用层    [图形识别]  [取证录入]  [工单派发]  [处理反馈]

平台层    视频监控平台              视频智能分析平台
         [视频管理平台][视频中心存储]   [模型管理][视频识别][视频标注][模型评估]
                                    深度学习服务平台

网络层    [光纤通信]              [小微波通信/eLTE-U通信]

感知层                    平江河监控摄像头
```

平江路河道视频抓拍系统

（1）软件层面，做到在不同条件、环境下的准确监控。华为提供的智能分析平台通过场景图像增强技术，如水面倒影调优、水面反射光调优、雨天水波纹调优、对比度调优、亮度调优、图像降噪、强光抑制、图像去雾等，实现 24 小时全天候高清、全场景可用。其中自研算法在深度服务平台基础上不断自我学习、自我演进，河道违规行为（向河中抛物、倒水等）的识别率也从最初的 50% 逐渐提高，未来能够达到 80% 甚至更多，能够快速支撑业务部门的诉求。

（2）硬件层面，老城区部署地下线缆等工程复杂，因此稳定、高带宽的无线回传技术就很重要。为匹配平江河河道、大堤沿线、闸口等区域的高清摄像头超带宽需求，网络端采用 PMP 微波回传技术以保证网络系统稳定可靠运行，不受复杂环境的干扰。采用 TDMA 时隙结构及调度机制，保障在多用户接入时系统吞吐能力以及时延最优，满足复杂场景的高质量传输。再加上长期部署在室外，需承受极端恶劣气候条件，一定条件下防尘、防水、防浸泡、防雷、防盐雾腐蚀等，要求网络在苏州历史最恶劣天气条件下仍能正常稳定工作，所以采用合金外壳的 PMP 微波设备。

系统建成后，与执法部门衔接，再通过部署的 AI 智能视频抓拍系统，对污染河道的人员及不文明行为实时识别并自动告警、视频曝光、警示甚至处罚，使得游客乱扔垃圾现象减少80%以上。现在的平江河，每天打捞的白色垃圾少于80斤，将近500斤的白色垃圾不见了。

（六）深圳IOC，数字化辅助决策支撑"经济分析会"

经济是政府最重要的关注点，深圳市政府每季度定期召开"经济形势分析会"。当前会议采用的是"文字报告"的形式，由发改委牵头组织，由发改委、统计局、经信委、科创委、市监委等部门进行汇报。由于很多数据只能在会议前一天提供，会造成会前数据刷新和准备工作量倍增。

深圳市政府为了解决这一问题，基于华为数字平台新上线的深圳市政务指挥中心（IOC）"经济发展"业务专题，设置专项活动——"经济形势分析会"。政府在指挥大厅召开经济分析会，将政务指挥中心（IOC）更紧密地融入业务数据的生产流程中。

从业务流程和数据流程来看，解决方案分成三步：数据汇聚、数据分析、数据使用。从文字汇报到数字化辅助决策，提升经济形势分析会效率，增强IOC作为指挥中心的业务价值。通过辅助决策系统，支撑会前准备、会议召开、会议保障、会议总结的全过程，会前准备时间缩短至1天。

"经济形势分析会"专项活动

在深圳市政务指挥中心的IOC系统中,"经济专题"可以汇聚各个委办局的数据。

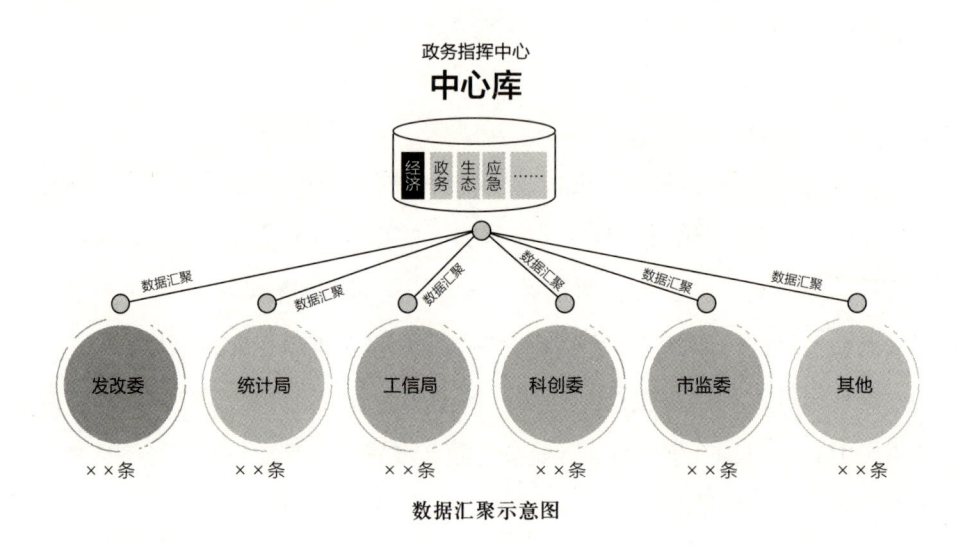

数据汇聚示意图

在政务指挥中心的中心库进行数据治理、融合数据,在存量数据基础上,新增数据可随时导入,并确保数据做到"一数一源"、可溯源,提升数据质量。各委办局通过账号实现分权分级登录,按照各自汇报逻辑调整界面,做可视化呈现,将会议遗留问题进行数字化跟踪,基于指挥中心数据库实现问题跟踪闭环。

发改委汇聚数据支撑"经济形势分析会"全程可视化,针对深圳市当季的宏观经济形势,主要从三个大的维度进行可视化呈现:

(1)宏观经济运行分析(主要是提供当期固投、GDP、产业运行、财政收入、创新驱动等的数据分析)、时间对标(按照季度呈现指标趋势)、区域对标(与全国/全省/北京/上海/广州/天津等对标);

(2)外部形势(全球/国内对比近两年IMF经济增长预测);

(3)走势研判(树形结构分析实物性指标、侧面指标、质量指标、速度指标,并层层递进展示详情指标)。

第六章

数字化转型的主要方法论及行业案例

第一节　业界数字化转型方法论

一、微软数字化转型方法与度量

微软的内部运营从被视为服务提供者的传统IT组织，转型为驱动微软成功和更高效率的产品与战略组织。微软的数字化转型最初由微软CSEO（Core Service Engineering & Operation，核心服务工程与运营）组织所领导和负责，这个组织的前身就是微软内部IT。在完成一轮数字化转型后，CSEO更名为Microsoft Digital。团队重新思考传统IT和业务运营，提高赋予员工权利、吸引客户和合作伙伴、优化运营和改造产品的能力，推动其全球16万名员工的创新和生产力来引领微软的内部转型。

以愿景为引领，是微软数字化转型的主要驱动力。以愿景为导向意味着要选择将工作重点放在哪里、哪些工作需要推迟或干脆不做。Microsoft Digital要确定优先次序，关注什么是应该停止投资的，也关注下一步应该投资什么，还要为质量、交付、成本和合规性设定高标准，方法包括遵守重要的指导方针，指导如何实现愿景及如何指挥行动。Microsoft Digital采用以愿景为导向的产品思维，其实际目标是发现最有效和最高效的解决方案，这些解决方案将对转型的重点领域产生最大的影响，使愿景成为现实。

（一）微软的数字化转型方法

1. 转型运营模式（Transformed Operating Model）

基于转变后的运营模式，Microsoft Digital可以摆脱基于预算的决策和方向，而转向交付明确和优先的业务成果。通过这种模式，Microsoft Digital赋予业务团队和员工自主权和决策能力，从而实现赋能。每个业务组都保持自己的愿景，根据该愿景来确定工作的优先次序。然而，这些工作仍然需要与 Microsoft Digital 的总体愿景保持一致，并在每年的集中审核中被评估两次。这确保了整个组织的工作得到正确的优先安排和拨款。

转型后运营模式的关键点如下。

（1）集中资金和优先排序：从分散、以部门为中心的预算模型转变为 Microsoft Digital 拥有预算的集中模型。Microsoft Digital 可以利用自己的项目优先权，根据自己的愿景来驱动预算和项目。

（2）核心系统和工程转为内包：用训练有素的全职员工，管理对微软的成功最为关键的系统。历史上，这项工作的大部分都是外包出去的，现在收回到自己员工的控制之下，并保留知识产权。自有员工参与到最重要的内部产品的设计、开发和运营中。

（3）将衡量标准集中在业务成果上：Microsoft Digital 的指标反映了转型所推动的业务成果，而不是传统的 IT 运营指标。为了成功转型，首要任务是与 Microsoft Digital 的愿景保持一致并为组织的成功做出贡献。因此，Microsoft Digital 衡量成功的方式是基于业务成果，而不是其他武断的衡量标准。

2. 基于产品的业务方法（Product-Based Approach）

微软把内部运营流程和系统都产品化，管理产品而不是项目，更专注于开发有助于实现愿景的解决方案，在开发过程中使用敏捷开发方法和以产品为中心的管理。

业务产品化的方法意味着以下三点。

（1）创建愿景和业务驱动型任务表：确保投资资源的任何事物都与愿景相吻合。要求内部团队始终以微软的最佳利益为重，而如果与愿景不一致，就应该受到质疑——不管是谁在质疑。希望为内外部客户提供最好的产品。

（2）专注于技能发展和 DevOps 结构：DevOps 将开发人员的管理生命周

期扩展到版本发布之外。使用 DevOps 方法，Microsoft Digital 中构建解决方案的人员要对他们编写的每一行代码的操作、修复、故障排除和所有权负责。DevOps 方法和敏捷方法使 Microsoft Digital 员工在解决方案的开发过程中和使用后都关注它的成功。这带来了产品功能更流畅的进化，以及对功能的关注，而不是对功能的增加。

（3）转向产品管理：产品管理使团队专注于产品的成功而不是项目的完成。产品经理参与了整个过程，从管理与利益相关者的关系到理解产品的技术基础。建立在 DevOps 结构之上的产品管理，帮助确保开发解决方案的团队，能够感受到这些投入会在后续的成功中体现，而不仅仅是最新版本的发布。

3. 贯穿所有流程的现代工程和设计实践（Modern Engineering And Design Practices Across All Processes）

现代工程侧重于提供一套通用的工具和自动化，通过实现持续集成和交付实践，向员工提供代码和新功能。Microsoft Digital 优先考虑对业务最有效的结果，根据对任务清单中的排序进行交付。Microsoft Digital 增加了遥测功能，以监测客户的使用模式，这为 Microsoft Digital 服务和客户体验的健康程度提供了洞察力。Microsoft Digital 希望消除组织中的功能孤岛，增加基础设施、应用程序和服务的连接和整合方式。在这一切的背后，Microsoft Digital 有一套统一的标准来保护和帮助员工。其通过以下方式为未来进行设计。

（1）建立一致的设计系统：在微软员工和客户所有的产品和解决方案中创造一个一致的、连贯的、无缝的体验。这意味着建立设计和用户体验的优先级和标准，并创建一个共享原则和准则的内部目录，使整个组织保持同步。从历史上看，微软的 IT 开发是孤立的，这导致了不同的用户体验和不同工具之间的不同步。现在，Microsoft Digital 正在对工作进行总体评估，并仔细检查用户体验，以提升用户的生产力。

(2) 创建集成和连接的服务：Microsoft Digital 转向云计算增加了开发过程的整体灵活性，并加快了向公司交付价值的速度。Microsoft Digital 通过将产品和服务组合重新定义为一个微服务架构来实现这一目标，该架构促进了代码重用，并通过 API 实现了跨服务的依赖性。这进一步使 Microsoft Digital 能够提供无缝和集成的体验，将数据和工具结合在一起，为用户提供直观的体验和新的洞察力。

(3) 工作流程中建立隐私、安全性和可访问性标准：Microsoft Digital 集成了一些工具，支持工程师在解决方案中建立改进的隐私度、安全性和可访问性。如果没有这些标准和自动化策略，Microsoft Digital 将不得不随着情况的变化进行返工和清理。这样做成本更高，并且会影响向用户发布的速度。Microsoft Digital 创建在整个组织范围内应用的标准，并从一开始就创造一个信任 Microsoft Digital 工程实践的环境。Microsoft Digital 在这一领域的创新，确保解决方案有利于客户，因为这些解决方案也被集成到微软的商用产品中。

（二）微软的数字化转型度量方法

微软从三个主要目标出发进行数字化转型的度量。

(1) 提高员工和供应商的满意度。

(2) 实现增长：通过指标帮助微软规划未来的增长，有助于朝正确的方向前进。

(3) 提高运营效率：微软的目标是"使地球上的每个人和每个组织都有能力做更多的事情并取得更大的成就"，该目标自然包括微软自己。

度量指标须满足如下标准：

(1) 指标必须反映组织的目标；

(2) 指标现实的数据必须是可操作的；

(3) 指标必须是最新且准确的；

（4）指标必须易于理解且定义明确；

（5）指标数据有效期必须至少一年；

（6）指标需要明确的目标值和时间表；

（7）指标必须有一个所有者。

微软在2020年有28个指标（比初始的80个指标进行了大幅收敛），主要包括以下四个方面的指标。

（1）业务关键结果：衡量业务流程的表现，如收益过程，业务周期时间；

（2）用户参与度：衡量员工、合作伙伴和客户如何参与到公司产品和服务中，如应用程序的可访问性，在线会议、电话和网络性能，销售员情绪；

（3）卓越服务：跟踪在管理IT运营方面的质量和绩效，如事件和事件自动检测，员工与外包人员比例；

（4）合规性：评估法律合规性和内部策略合规性等，如事件管理（自动检测和检测时间）、服务可靠性、安全性、隐私性和合规性。

二、埃森哲中国企业数字转型指数模型

埃森哲连续四年与国家工业信息安全发展研究中心（工业和信息化部电子第一研究所）合作开展中国企业数字转型指数研究，旨在对中国企业的数字化转型进行更加深入和多角度的分析。研究覆盖九大行业，包括高科技产品、电子零件与材料、汽车与工程机械、医疗医药、消费品、物流、传统零售业、化工建材、冶金。

基于对转型领军者数字化能力的洞察，埃森哲开发了中国企业数字转型指数，通过对企业的数字化成熟度进行全面的扫描和评估，描绘各行业在数字能力构建历程中的所处位置，并与转型领军者进行对标。

数字转型的指标体系共有四级。

一级指标包括主营增长、智能运营、商业创新三个指标项。

二级指标是对一级指标的分解，其中主营增长指标包括数字渠道与营销、产品与服务创新两个二级指标，智能运营指标包括智能生产与制造、智能支持与管控两个二级指标，商业创新指标包括数字商业模式、数字创投与孵化两个二级指标。

三级指标是对二级指标的进一步分解，指标关系如下。

（一）数字渠道与营销

1. 针对客户个性化需求实现精准营销
2. 实现线上线下全方位渠道建设
3. 保护自身安全及客户的数据隐私

（二）产品与服务创新

1. 对现有产品或服务进行数字化改造升级
2. 开发智能产品或服务
3. 基于用户个性化需求提供定制产品或服务

（三）智能生产与制造

1. 运用数字技术实现敏捷开发
2. 基于数字平台的合作研发
3. 实现智能制造与柔性供应链

（四）智能支持与管控

1. 依据业务需要灵活调整职能部门结构
2. 实现数据流与业务流在各部门无缝衔接
3. 搭建基于数据分析的决策体系与管控系统

(五)数字商业模式

1. 基于数字平台的商业模式
2. 开拓数据变现模式
3. 数字商业模式的迭代改进

(六)数字创投与孵化

1. 建立内部创投部门推动数字化新业务
2. 建立机制鼓励内部创新与创业
3. 和初创企业合作培育数字化技术

四级指标为具体数据采集项,分值为0～100分,共有52项。数据由下至上逐级加总平均,最终得到数字转型指数总分。100分代表当前所能预见的最先进状态的数字企业。

通过打分并与行业领军者进行比较,分析差距,评估自身转型缓慢的关键限制因素,如下图所示:

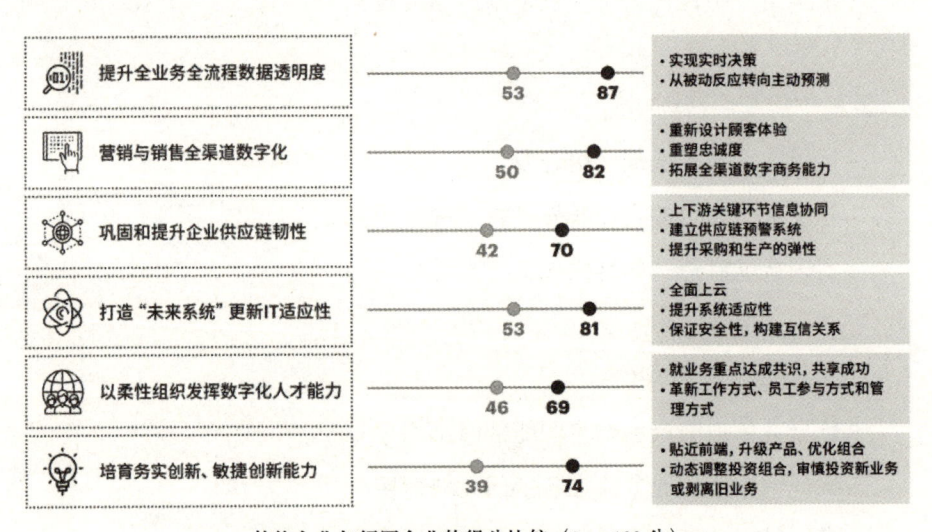

维度	其他企业	领军企业	关键点
提升全业务全流程数据透明度	53	87	实现实时决策;从被动反应转向主动预测
营销与销售全渠道数字化	50	82	重新设计顾客体验;重塑忠诚度;拓展全渠道数字商务能力
巩固和提升企业供应链韧性	42	70	上下游关键环节信息协同;建立供应链预警系统;提升采购和生产的弹性
打造"未来系统"更新IT适应性	53	81	全面上云;提升系统适应性;保证安全性,构建互信关系
以柔性组织发挥数字化人才能力	46	69	就业务重点达成共识,共享成功;革新工作方式、员工参与方式和管理方式
培育务实创新、敏捷创新能力	39	74	贴近前端,升级产品、优化组合;动态调整投资组合,审慎投资新业务或剥离旧业务

其他企业与领军企业的得分比较(0～100分)

最后，总结出企业数字化转型难以持续推进的主要挑战，并给出行动建议。例如，埃森哲基于2021年中国企业的数字转型指数，总结出2021年导致企业数字化转型缓慢的三大难点和挑战（战略缺位、能力难建、价值难现），结合转型领军者优秀实践，给出数字化转型的七点行动建议：战略为先，紧握业务；云筑底座，加速创新；数据重构，洞见赋能；体验至上，全链驱动；智能运营，规模发展；生态共进，突破"不可能"；多重价值，多维发展。

三、德勤国企数字化转型思考框架和演进路线

德勤认为数字化转型是推动创新，打造世界一流企业的重要抓手。德勤全球超过30年的创新实践经验表明，除了技术创新和产品创新，在商业模式、内部管理和客户体验等方面的创新也不容忽视，而几种创新方式组合起来更容易在实际中取得成功。同样，世界一流企业"三个领军""三个领先""三个典范"的标准也涵盖了技术、产品、服务、管理、品牌等各个方面。数字化转型不仅能推动技术和产品的创新，更应在商业模式、内部管理、客户体验等方面增强企业的创新力。

（一）思考框架

德勤基于以上的思考，结合国企所处的历史和现实，认为现阶段国企应以数字化转型为抓手提升创新能力，建议从技术与安全、组织与人才、运营管理、业务管理、战略、合规六个层面来考虑。

1. 技术与安全

如何利用和融合多种技术以适应新业务发展和创新的要求，同时解决好数据安全和隐私保护的问题。

2. 组织与人才

如何提高员工特别是中高级管理人员对数字化转型的认知度，让其认识到数字化转型的必要性和方法手段。如何调整培育相应的数字化组织，如何招聘、培养和保留数字化人才，支撑和落实数字化转型。

3. 运营管理

如何利用数字化转型推动内部管理效率提升、成本降低。

4. 业务管理

如何通过数字化转型推动企业寻找新的收入来源、新的产品和服务、新的商业模式、新的客户体验，带来新的价值。

5. 战略

要全面考虑数字化转型带来的机遇和挑战，将数字化融合进战略目标的业务、运营、组织、技术等各个要素，准备三至五年的转型路线图。

6. 合规

要考虑各国家和地区政府和监管要求及变动，针对数字化有不同的法律法规，企业必须首先了解这方面的要求和限制。

数字化转型是一个长期的大型变革，完整的数字化转型进程，将涉及企业内部流程再造、业务创新转型、组织变革、产业生态重塑等，这一变革管理涉及面广，影响深远。

（二）演进路线

实行数字化转型，需要以客户为导向，以数据为驱动，以平台为基础建立数字化转型的发展体系，通过顶层设计、筑基速赢、全面转型三个阶段来实现企业的全面数字化转型，如下图所示。

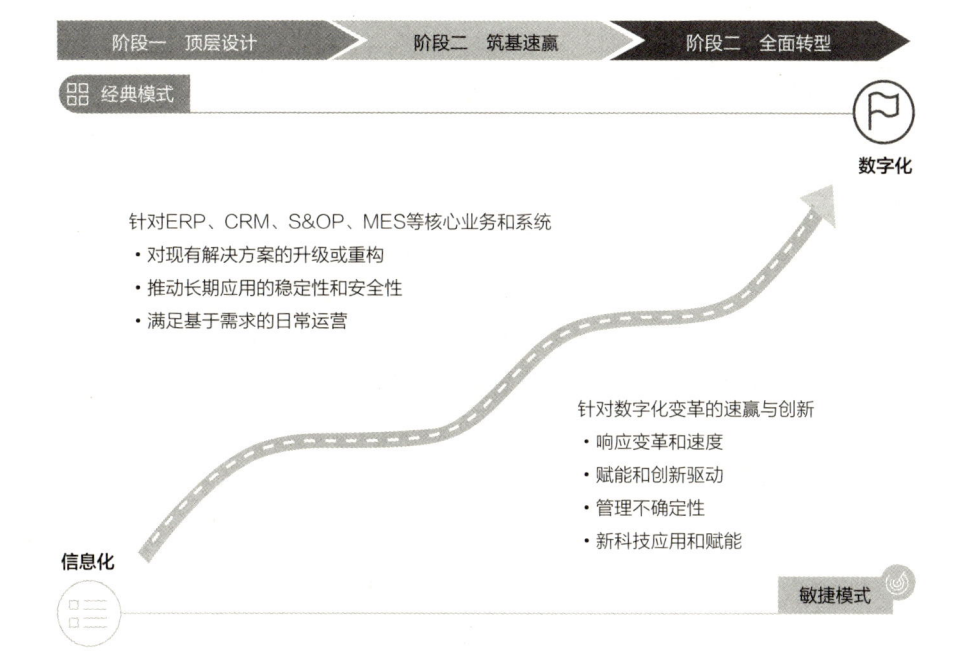

| 阶段一 顶层设计 | 阶段二 筑基速赢 | 阶段三 全面转型 |

经典模式

数字化

针对ERP、CRM、S&OP、MES等核心业务和系统
- 对现有解决方案的升级或重构
- 推动长期应用的稳定性和安全性
- 满足基于需求的日常运营

针对数字化变革的速赢与创新
- 响应变革和速度
- 赋能和创新驱动
- 管理不确定性
- 新科技应用和赋能

信息化

敏捷模式

国企数字化转型落地演进路线图

1. 阶段一：顶层设计

制订符合企业特点的前瞻性数字化战略。以业务引领、技术驱动为主线，立足当下，着眼未来，统筹规划，并围绕客户体验和业务战略展开数字化顶层设计。

2. 阶段二：筑基速赢

以顶层设计为指导，构建各类数字化平台能力，奠定数字化转型基础。在此基础上，持续对核心业务进行升级改进或重构，满足数字化变革的速赢与创新需求。

3. 阶段三：全面转型

以敏捷模式推进数字化转型，通过不断迭代，形成数字化组织的常态运营和演进能力，全面实现数字化转型，重塑产业生态价值链。

（三）统筹管理

数字化转型是一个长期的过程，难以一蹴而就，具体实施过程中需要综合应用面向稳态需求的经典模式和面向创新需求的敏捷模式，并按照顶层设计进行统筹管理。

1. 经典模式

针对业务需求清晰且变革周期较长的应用，以全面设计为先导，按照传统业务变革和系统建设模式进行转型。经典模式建设主要应用于企业内部管理和模式的转型和建设中。

2. 敏捷模式

针对业务需求部分清晰且变革周期较短的应用，基于业务需求进行任务拆解，以最小执行单元为单位，进行快速开发、测试、上线，不断迭代，及时支持数字化变革的速赢与创新需求。敏捷模式具备快速响应变革、创新驱动、价值赋能等特点。

企业应建立成熟的规划实施管理机制为数字化转型落地保驾护航。通过建立敏捷、全能型数字化转型管理办公室，增强跨职能综合业务需求分析能力和跨系统的高效协同与资源整合能力。统一管理顶层设计和需求，通过持续迭代的工作流与轻量级持续性治理方法，最终形成以数字化组织为核心、以数字化运营为目标的敏捷模式，全面实现规划管控，保证数字化顶层设计有效落地。

四、清华数字政府发展指数和数字生态治理理论

清华大学提出的数字政府发展指数评估，主要针对政府的数字化转型与治理现代化。政府数字化转型本身是一场关系到组织建设、体系优化、能力提升、效果评估的系统性工程，需要从理论、实践、操作三个层面展开。

（一）数字政府发展指数评估遵循理论先导原则

1. 治理现代化理论

该理论解析了国家治理体系的结构，提出政府治理是国家治理体系的重要组成部分，在推动国家治理现代化的过程中扮演着重要角色；点明社会治理是指在执政党领导下，由政府组织主导，吸纳社会组织等多方面治理主体参与，对社会公共事务进行的治理活动，进而厘清了国家治理、政府治理、社会治理三者间的关系。因此，评估数字政府发展既要关注政府自身，利用数字技术提供政府治理效能，也要关注政府与社会关系，利用数字技术提升政府对社会的治理能力。

2. 新公共治理理论

进入21世纪之后，新公共治理理论作为一种新的治理范式逐渐取代新公共管理范式。治理主体多元化，主体间关系网络化，以及治理主体之间的协调互补机制是该理论的核心主张。随着数字技术的普及，新公共治理理论获得了新的发展机遇。一方面以网状形式出现的政府与社会各组织的合作改变了以往官僚模式自上而下的运作方式。另一方面数字技术为公众参与公共事务提供了更方便的途径和手段，为政府与社会的互动提供了前所未有的便利条件。因此，评估数字政府发展应关注政府、企业、社会组织、公众多方主体之间的互动过程和协作关系。

3. 技术治理理论

该理论重在探讨数字技术与治理转型之间的关系，集中体现在技术赋能和技术赋权两个方面。技术赋能主要是指国家和政府利用数字技术实现自主意志、有效治理的能力，提升数字化国家能力。具体可分为：信息汲取能力、数据治理能力、科学决策能力、数字规制能力、回应吸纳能力和濡化传播能力。因此，评估数字政府发展要关注政府利用数字技术提取民情民意信息的能力，管理数字化平台和管理数据的能力，以及回应社会诉求和渗透治理价值的能力。技术赋权主要是指公众利用数字技术提升话语权和提高参与能力，以及社会组织利用数字技术提高自我管理和自我服务的能力。因此，评估数字政府发展要关注公众使用数字化渠道参与政府治理的频度和满意度，以及政民互动的程度。

数字政府发展指数评估力求实现五大目标：一是为数字政府发展相关决策提供参考；二是为未来数字政府发展提供路径参照；三是为扩大先进的数字政府地方实践范围提供支撑；四是为缩小区域发展不平衡提供靶向；五是为讲好"数字中国"故事提供客观数据。

（二）通过指数评估指标体系，呈现数字政府发展的整体态势全景

清华大学数据治理研究中心（Center on Data and Governance，CDG）在吸纳国内外已有评估指标体系的基础上，运用科学的研究方法，原创性地设计出一套评估中国数字政府发展指数的指标体系，为数字政府实践提供智力支持。

数字政府发展指数指标体系的构建与研究方法，从组织机构、制度体系、治理能力和治理效果四个维度构建数字政府发展指数的一级指标，将一级指标分解、细化，形成相对应的二级指标体系。针对每个二级指标，考察能够集中展现数字政府发展现实水平的主要表征，结合数据可靠性、评估可操作性等具体条件，选取具有代表性的三级指标，以恰当深化、度量相应二级指标。最终形成4个一级指标、12个二级指标和65个三级指标的指标体系。具体一二级指标、权重及释解如下图。

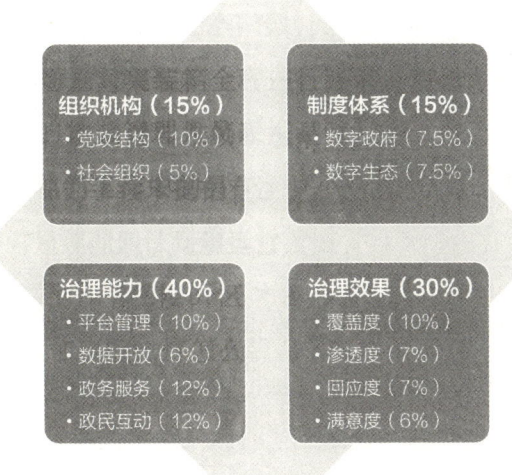

组织机构（15%）
- 党政结构（10%）
- 社会组织（5%）

制度体系（15%）
- 数字政府（7.5%）
- 数字生态（7.5%）

治理能力（40%）
- 平台管理（10%）
- 数据开放（6%）
- 政务服务（12%）
- 政民互动（12%）

治理效果（30%）
- 覆盖度（10%）
- 渗透度（7%）
- 回应度（7%）
- 满意度（6%）

指数评估指标体系

1. 组织机构

侧重评估数字政府发展的参与主体，是数字政府发展的组织保障，党政机构和社会组织共同构成数字治理的组织基础。数字政府发展必然要求成立统一、专门、权威、高效的政府职能部门和领导小组，以配置行政资源、发挥统筹职能。党政机构指标考察的主体既包括与数字政府发展相关的各类办公室和部门，也考察为推动数字政府发展而成立的领导小组和管理部门网站等。数字技术相关的行业协会、产业联盟、促进会等，为推动数字政府发展提供了重要的社会力量和技术支撑。社会组织指标考察互联网协会、电子政务协会、智慧城市协会、大数据行业协会、人工智能协会等社会组织的发展现状。

2. 制度体系

侧重评估数字政府发展的相关政策措施，设置数字政府和数字生态两类二级指标。数字政府指标主要考察数字政府的总体性政策和数据管理、数据标准、数据安全、互联网监管、"互联网+"政务等各方面的政策颁布情况。数字生态指标涉及新兴业态、共享经济、数字经济、智慧社会等各领域的政策法规建设，涵盖数字经济、智慧城市、人工智能、大数据发展、"互联网+"产业、"互联网+"民生方面的政策，以呈现地方政府通过颁布政策推进数字治理、数字经济、数字社会的投入水平。

3. 治理能力

侧重分析政府利用数字化平台提供公共服务、开展政民互动的能力，借助各类数字政府应用载体，设置以下四项二级指标，衡量数字政府发展各类功能载体的健全性、便利性、互动性、安全性等。平台管理指标考察政府门户网站的功能和质量，如网站平台是否具备隐私保护、搜索栏目、网站地图、语言设置、市民个人网页等功能；数据开放指标考察数据开放平台的建设情况；政务服务指标考察政府利用数字化平台为公众提供便民服务、为企业提供商事服务的水平，包含是否开通政务App、政务小程序、网上政务服务大厅、"最多跑一次"情况等；政民互动指标考察地方政府是否借助数字技术为政府和公众互动开辟多元有效渠道，如是否开通政务微博、网络问政平台、建立网上投诉举报渠道，是否开通12345政务热线、政府门户网站是否设有政策解读板块等。

4. 治理效果

侧重于分析数字政府发展与人民满意度、获得感间关系，以各类数字政府功能载体的覆盖度、渗透度、回应度和满意度作为衡量治理效果的二级指标。覆盖度指数字化公共服务的普及程度，主要考察政务App、政务微博、政务微信公众号、政务抖音这四类应用，在实际数量、安装次数、关注人数、发布篇数等方面情况；渗透度指数字化公共服务在公众生活中受到关注和使用的程度，以百度指数、支付宝城市服务和微信城市服务等为考量；回应度考察政府官员征集民意、回应诉求的情况，如在人民网地方领导留言板中，地方党政干部一把手2019年的回帖比及历史回帖比，地方政府门户网站中民意征集、政策解读、在线访谈的数量等；满意度指标采集公众对政务服务的主观评价来考量，如公众对政务抖音的点赞数和政务App的评分等。

（三）提出数字生态治理理论，探讨政府数字治理升级形态

从应然（应该的样子）与实然（实际的样子）的角度出发，针对数字政府发展进行深入剖析，包括数字政府的概念框架、理论体系、机制路径、层次与维度、生态体系等方面，为进一步促进中国政府数字化转型的本土化提供理论指导。

清华数字政府发展指数创新性地总结提出了政府数字化转型的要素、机制与路径——"技术赋能"和"技术赋权"的双重机制正推进着数字政府的建设。政府数字化转型不仅促使数字技术嵌入政府科层制内部以推进治理结构再造、业务流程重塑和服务方式变革，还构建着新型政府-社会关系、政府-市场关系，以支撑数字社会建构及数字经济发展。

在层次与维度上，数字技术是可运用于政府内部跨层级、跨领域、跨地域、跨系统的通用技术。因此，应从"全景视角"（Panoramic View）对国家治理体系和治理模式进行综合理性分析，以此制定和实施相应政策。数字技术在政府科层机制的嵌入，可以在政府内部自上而下重塑业务流程，革新组织架构，在政府外部突破政府科层边界，向更广阔的市场和社会渗透。

在生态体系方面，该指数创新性地提出具有包容性特征的数字生态治理理论，将数字治理的特征概括为治理内容的系统化、治理技术的数字化、治理主体的多元化，指出数字治理生态的形成将会是政府数字治理的升级形态。

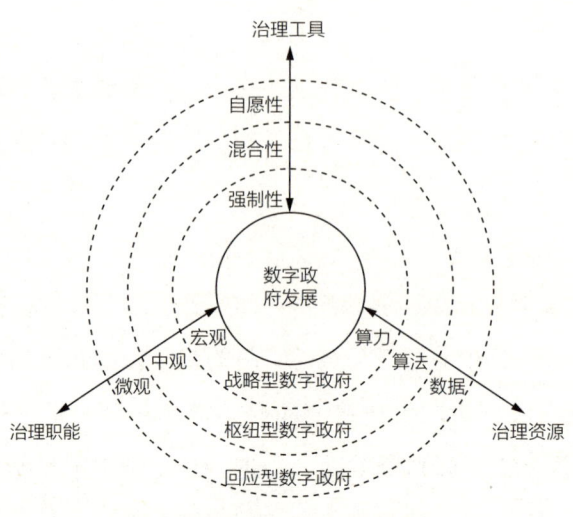

数字政府发展的层次与维度模型

（四）省市数字政府发展梯度，探析进度差异及基本趋势

从发展梯度、地域分布、类别分析三个方面，深入呈现了省市数字政府发展的基本形态。在城市层面，从发展梯度、地域分布、类别分析和相关分析四个方面，探析各省市数字政府的发展现状、进度差异和基本趋势。

对评估打分结果进一步细分，可以将省级政府划分为引领型、优质型、特色型、发展型、追赶型5种不同发展梯度，如下表所示。其中，综合得分在70分（含）以上的为引领型，得分在65分（含）至70分之间的为优质型，得分在60分（含）至65分之间的为特色型，得分在50分（含）至60分之间的为发展型，得分在50分以下的为追赶型。

数字政府发展梯度分布示例表

梯度	省份	得分	全国排名
引领型	上海	76.7	1
	浙江	74.5	2
	北京	71.6	3

续表

梯度	省份	得分	全国排名
优质型	广东	69.9	4
	四川	68.6	5
	福建	66.9	6
	贵州	65.8	7
特色型	山东	65	8
	江西	64.6	9
	江苏	64.5	10
	天津	63.5	11
	湖北	62.4	12
	海南	62.3	13
发展型	安徽	59.9	14
	重庆	58.7	15
	河南	58.7	16
	广西	58.3	17
	湖南	56.6	18
	宁夏	56.1	19
	吉林	55.9	20
	内蒙古	53.7	21
	山西	51.8	22
追赶型	陕西	47.8	23
	辽宁	46.9	24
	黑龙江	46.5	25
	河北	44.9	26
	甘肃	44.0	27
	西藏	41.7	28
	云南	41.1	29
	新疆	40.7	30
	青海	39.6	31

针对发展梯度、地域分布、类别分析的结果，一方面通过比较情况给出提醒，某级政府在数字政府建设上当前处于的时期（上升期、发展期

等），发展差异（不均衡状态和程度），存在的短板和进步空间；另一方面给出具体建议，例如，更好地应用数字技术激活局部、带动整体，充分利用后发优势避免弯路，持续完善数字技术背后的数据资源体系、数字生态体系、政策制度体系、规范标准体系以及数字人才体系等。

第二节　数字化转型行业案例

一、IT行业数字化转型案例

（一）微软数字化转型

2021年6月底，微软的市值首次突破了2万亿美元，这距离上一次突破1万亿美元市值刚刚过去了两年。也就是说，在两年的时间里，微软超过了过去33年（微软于1986年上市）的努力总和，微软已经将自身从一家传统软件公司转变为一家以数字产品和服务为主的数字业务优先的公司，数字化转型为微软带来超常规的发展。

微软自身的数字化转型由微软CSEO组织所领导和负责。微软CSEO的全称为Core Service Engineering & Operation（核心服务工程与运营），这个组织的前身就是微软内部IT。在微软自身数字化转型的过程中，微软内部IT的功能和职责发生了变化，也相应改名为CSEO。简单理解，作为微软内部IT组织，CSEO不仅要负责将微软的日常运营迁移到微软云产品及服务之上，同时CSEO还要负责维护微软对外的云产品及服务的IT基础设施。在CSEO的推动下，微软完成了自身的数字化转型，当然这个过程还在继续，但大部分的转型工作已经完成。CSEO后来再次更名为Microsoft Digital，其用意非常明显——大胆地再次革新微软的数字业务，让微软的数字业务成为业界的标杆和样板。

（二）微软内部数字化转型聚焦7大战略重点（4+3）

（1）以客户为中心（Customer Centric Systems）：让客户和合作伙伴感受到，不论是跨产品、服务还是渠道，都是与一个微软打交道。

（2）端到端的流程数字化（End-to-end Process Digitization）：去掉不必要的流程及简化和自动化剩余的流程；重新审视现有的商业模式，采用敏捷的方法，将人、政策、流程和技术结合起来，为客户创造差异化的价值。

（3）优化产品/服务上市的效率（Launch optimization）：上市流程100%转到线上，缩短微软全球范围内的产品/服务上市周期约50%时间，减少20%的成本。

（4）更高生产力的企业（Productive enterprise）：为微软14万员工提供现代设备和高安全的接入，以获得更高生产力，与客户保持连接。

（5）数据和智能（Data and intelligence）：把数据转换为洞察，使用AI驱动竞争优势；微软数据的价值与微软生态系统使用数据的人数成正比。

（6）安全企业（Secure enterprise）：在公司统一的安全策略指引下，将安全6要素融入转型各环节和公司产品中，包括设备健康、身份管理、信息保护、数据与感知、风险管理、安全保障，构建"零信任"下的安全。

（7）以云为核心的架构（Cloud-centric architecture）：灵活、安全地基于构建在云上的应用来运营业务。

我们对其中的"更高生产力的企业""数据和智能""安全企业"等3个重点进行具体描述。

（三）战略重点：更高生产力的企业

"高生产力的企业"愿景是：为员工提供高效、无缝的技术获取途径，为个人和协作工作提供强大的工具、集成的信息发现和智能设施，以及从新雇员到退休的工作体验。微软根据需求的层次对交付的体验进行优先级排序：

体验只有建立在牢固的技术基础之上，才会有意义并且令人愉悦，并释放用户的创造力和协作能力。

基于上述理念，微软从6个方面重塑员工的数字化体验。

(1) 无摩擦的装置（Frictionless devices）：无缝访问、可靠的设备、无中断的更新。

(2) 数字化辅助日常工作（Digitally assisted workday）：一致的搜索体验、轻松完成常见且烦琐任务。

(3) 增强员工的旅程（Empowered employee journey）：物理的和数字的工作场所。

(4) 无缝团队合作（Seamless teamwork）：增强的、自助的协同。

(5) 数字化工作场所（Digital workplace）：实现更多协作、快速分享想法和决策。

(6) 支持现代化（Modern support）：自助和虚拟助手。

(7) 微软构建Microsoft"My"Hub门户统一员工体验。

(四) 战略重点：数据和智能

1. 微软现代化数据治理的目标

(1) 通过构建单一的企业数据湖（EDL），以获得高质量、安全和可信的数据，减少数据重复和蔓延。

(2) 将来自不同孤岛的数据连接起来。

(3) 推动微软数据民主化。

(4) 在员工收集、管理、访问和使用数据的过程中提高效率。

(5) 满足或超过合规性和监管要求，同时不损害微软创造卓越产品的能力。

2. 智能：发力点在于"增强知识和技能""优化运营"和"数字代理"

CSEO部门引入"内包insourcing"模式，雇用基于Azure的数据治理人员、管理与分析人员、算法建模人员、机器学习人员，共同帮助业务设计BI、大数据分析和AI解决方案。

（1）增强知识和技能（Augment human expertise）

提升员工创造力并扩展员工的能力。

接管重复性活动，使员工可以将精力集中在其他更重要的事情上。

瞄准海量业务场景，比如对大量电子邮件进行筛选以找到可用的客户反馈，或者从数以千计的营销线索中找到最可行的线索。

（2）优化运营（Optimize operations）

帮助公司不断寻找削减成本、增加产量、缩短上市时间并改善客户服务的方法。

引入AI，深入研究提升效率的驱动因素时出现的问题：如何降低成本并突破瓶颈？在改善员工舒适度的同时如何节能？如何简化供应链？如何更有效地完成工作？如何更有效地开展业务？

（3）数字代理（Digital agents—Bots）

目前机器人已经融入了自然语言处理、语言翻译、视觉和其他有用的认知技能，成为企业至关重要的生产力。它们可以理解人类的言论及表达意图，以多种语言进行交流，并为员工或客户提供所需的解决方案。

机器人为组织内各种团队提供一站式服务，帮助员工了解就业政策或找到辅助工具以执行常见的任务，如获取休假时间或下载工资支票存根。

（五）战略重点：安全企业

微软CSEO部门负责企业安全（Digital Security），该部门定义了推进零信任（Zero Trust）架构的几个阶段，致力于建设由身份驱动的安全解决方案，聚焦于通过强认证保护用户身份，以及消除密码（用 biometric authentication 生物因子认证取代）、验证设备健康状况和安全访问公司资源。

1. 微软分阶段实施 Zero Trust 架构

Zero Trust 架构可以应对随着云迁移和移动应用带来的现代安全挑战。通过实施 Zero Trust 架构，微软采取分层的方法来保护公司和客户的数据。微软分阶段实施 Zero Trust 架构的核心如下：

（1）无处不在的强身份认证（通过认证来验证用户）；

（2）所有设备纳入管理，并进行持续的健康度验证；

（3）用户权限最小化（仅限需要访问）；

（4）服务健康度验证（未来目标）。

2. Zero Trust 架构的关键要素

（1）强认证：强大的多因素认证和会话风险检测。

（2）基于策略的自适应接入：为资源定义可接受的访问策略，并使用一致的安全策略引擎来实施。

（3）微分段（Micro-segmentation）：使用软件定义的全面和分布式分割。

（4）自动化：自动化警报和补救，以缩短平均时间响应攻击（MTTR）。

（5）智能：利用云智能来检测和响应实时访问异常。

（6）数据分类和保护：敏感数据发现、分类、保护、监控，减少恶意或意外的渗透。

二、制造业数字化转型案例

（一）宝马工业 4.0

宝马作为世界首屈一指的汽车公司，其制造模式也在向工业 4.0 进发，采用了包括大数据生产、智能生产、个性定制等信息技术。莱比锡工厂则是宝马在德国技术最先进、环保和可持续发展都走在最前列的汽车工厂之一。因在精益管理方面的卓越成就，莱比锡工厂多次荣获欧洲权威机构颁发的"精益和绿色管理奖"及"最佳工厂"等奖项。

莱比锡工厂标准化、模块化和数字化的产品设计是其实现工业4.0的基础。例如，宝马1系和2系车型同属一个平台，共用同一生产线，装配所需的大部分组件能够通用。通过选配不同模块、不同车体颜色，能够灵活产出满足客户需求的定制化车型，让模组的数量大大减少。莱比锡工厂出色的标准化产品设计，为实现小批量、多品种定制化混线生产奠定了基础；其模块化和数字化则为此生产模式创造了更多可能。正因为如此，莱比锡工厂既能够高效地生产出各种款型的汽车，也能够灵活快速地满足市场对定制化车型的需求。

与中国传统的标准厂房设计不同，莱比锡工厂围绕中央大楼建设了三大核心生产区域：车身车间、喷涂车间和总装车间。中央大楼核心区域天花板的上方是一个空中走廊，由一个有600台输送机的悬挂式输送系统组成。鉴于车身穿梭于空中走廊的创新设计，使得主要办公区和生产车间能够相互渗透、融为一体，这让各生产区域之间实现了高效互联，使车身输送过程一览无余。由此，宝马的工程师们可以在车间、走廊甚至餐厅的任何地方实时跟踪订单状态、及时调整生产进度，让人与工厂实现完美融合。该系统可将原始车身从车身车间输送到车身仓库，再送至喷涂车间，之后再将其送回车身仓库，最后从车身仓库送至总装车间。

宝马的生产计划主要根据客户订单制订，零部件供应商会按照生产订单的顺序供货。在莱比锡工厂，每天约有10000m^3材料被准确地输送到相应地点。运送不同零组件的货车可直接开至离装配线最近的区域，部件进厂后可直接送至相应工位完成组装，与先入库再二次配送上线的传统物流方式相比，节省了大量库存和不必要的作业时间。这种创新的物流模式，不仅缩短了生产和物流供应的距离，也为未来的生产线扩展、引入新技术打下了良好的基础，以最小的投资成本实现高效集成。

（二）海尔数字化转型

"互联网时代商业模式的创新"到底应该是什么样子的呢？这个问题正困扰着千千万万个在互联网时代着力转型的企业。2013年，海尔启动了"企业平台化、员工创客化、用户个性化"的"三化"改革。在近一年的时间里，张瑞敏遍请了凯文·凯利（《失控》作者）、舍恩伯格（《大数据时代》作者）等全球互联网思维代表人物，走进海尔交流学习，并发动企业300多名管理骨干进行深度互动。

早在2005年，海尔就提前锁定了数字时代用户不断涌现的个性化需求，开始了组织活力的重塑。这一年，由张瑞敏首创的"人单合一"模式，将员工（创客）的价值融于为用户创造的价值之中，将决策权、用人权和分配权让渡给创客，员工角色从自上而下的层级执行者转变为自我驱动的创新贡献者。2013年，海尔更进一步，将研发、设计、生产、销售等全流程所有部门分拆成几千个自主创业、独立运营的"小微"。这些小微之间自由流动、横向交流，并与外部贡献者建立双向联系，形成一个充满活力因子的非线性网络。小微将用户作为价值链的中心，自主并联为生态链小微群（链群）。在链群组织模式下，用户需求与反馈可同步抵达研发、设计、制造、销售等全流程各环节的小微，小微们可形成合力，迅速响应，链接资源，满足用户需求。

数字时代充斥着断点、突变、不连续性、不确定性，各个行业的边界都在被重新界定。企业如果不转变思维方式，继续沿用传统商业模式中筑起堡垒、对立竞争的老路，一定找不到数字化新大陆，转型注定是空谈。海尔在数字时代的"新地图"就是生态思维，通过开放式创新连通生产上下游与用户，创造协同价值，与用户及合作伙伴共同打造一个向全球开放、多边共创共赢的物联网生态系统。海尔不愿成为一座人工雕琢的有围墙的花园，而是致力于成为一片没有边界、生生不息的热带雨林。海尔以全球首个"物联网生态品牌"亮相BrandZ全球品牌百强榜，就是其生态系统思维在数字时代取得成功的注脚之一。

在生态思维驱动下，海尔借助数字技术打造了全球首家引入用户全流程参与体验的COSMOPlat工业互联网平台。COSMOPlat可实现设计研发、生产制造、物流配送、运代升级等环节全流程和用户零距离，提供大规模定制解决方案。除了推动海尔自身转型，COSMOPlat正从家电行业向汽车、建陶、服装等行业延伸，复制形成了衣联、食联、农业、建陶等15个行业生态，并在全球20多个国家跨文化推广，助推全球企业的数字化转型。

以其中的"衣联网"生态为例，海尔以洗衣机产品为媒介，与用户在社群中绘制出多元化、个性化的需求图谱，链接服装、家纺、采购、洗涤等多个产业，形成衣联生态联盟，为用户提供洗、护、存、搭、购全生命周期的智慧解决方案，已吸引4800多家生态合作方，覆盖6500多万用户。

对于以用户体验与需求为导向进行跨领域生态赋能的海尔，其企业定位、品牌价值不再局限于单一的产品载体，就像热带雨林不可能独木成林。目前，在海尔开放共享的创业平台上，节能环保、区块链、大健康、智能制造、智能硬件、智慧教育、现代农业、新材料等多个领域正植根于用户需求这块无边的土地自由生长，生生不息地涌现出来的"新物种"生态思维让海尔不再受制于有限的企业生命、产品生命周期、争夺用户的时间窗口，在产业快速重组、用户需求不断迭代的数字时代，获得永不衰竭的生命力。

（三）中国商飞

中国商飞作为中国民用飞机产业的领头企业、民航客机的主制造商，业务涵盖民用飞机及其相关产品的科研、生产、试验试飞、销售及服务、租赁和运营等。

中国商飞提出"抢抓信息技术革命机遇，实现数字化转型""持续推进5G工业应用，推动新一代信息技术与大飞机研制融合创新"等有关促进信息化与业务深度融合的要求，通过数字技术深度应用提升飞机的研制能力，持续改进数字内核，提升运营能力，实现数字化转型，推进中国商飞构建可持续的竞争优势，向"四个世界级"航空强企迈进。

中国商飞数字蓝图包括：聚焦数字化市场与营销、数字化设计与验证、数字化制造、数字化试飞、数字化运营和数字化管理6个业务领域，整体基于统一的基础设施、统一的云开发平台、统一的数据管理、统一架构、统一管控来展开。

中国商飞数字化转型围绕客户和产品两类对象，对外提升客户体验，对内提升运营效率。主线一，以客户为中心，通过交互全程数字化，提升客户体验；主线二，以产品为中心，对准缩短产品研制周期和订单交付周期两个目标，提升运营效率。中国商飞提出数字化转型蓝图"51919"，即5个数字化目标、1个数字化底座、9个关键举措、19个跨领域和领域级数字化场景解决方案。

通过自上而下的顶层规划，明确了中国商飞"十四五"数字化转型蓝图和演进路线。围绕客户体验、提质增效、模式创新三大方向，通过数字化目标牵引，驱动各数字化场景解决方案的落地，有效强化了中国商飞"X个统一"原则，保证统一规划、统一架构和统一平台。

三、交通行业数字化转型案例

当前，交通行业已有一定的信息化基础，人们通过手机就可以随时随地购票、导航，查询包裹的状态和位置。虽然信息化让人们获得了前所未有的便利，但是，线上购票的方便并不代表人们可以高效出行，包裹可以精确查询，也不代表货物能够更快拿到手中。目前，全球出港航班的准点率仅为75%，26%的北京上班族单程通勤耗时高达1小时。因此，对于交通行业来说，当今的痛点不再是道路没有修好，而是信息之路不够畅通，数据分散在孤立的系统中，缺乏与路侧、车流及客流等信息的互动。

交通是物理世界的通信，通信是数字世界的交通。随着5G突破距离的限制，AI突破能力的瓶颈，ICT的发展将有利于交通行业的全面数字化转型。如高速公路通过ETC替代人工收费，提高了通行效率，缓解了拥堵；地铁乘客进站就能了解下一趟列车哪节车厢人最少，提升了乘客体验。智慧交通通过基础设施及业务流程的数字化，将参与交通运输的每个人、每件货物、每个交通工具及每项业务流程数字化，通过跨部门的信息互通、数据融合，用算力驱动运力，向数据要生产力，更全面地提升交通运输的安全性、效率和体验，达到以人为本的交通和谐。

交通数字化的本质是要解决业务问题，提升安全性、效率及体验，释放和激发生产力，通过构建全流程、全架构、全生命周期的综合大交通，实现行业高质量发展。综合交通数字化需要循序渐进、分步实施、分步推进。首先，要完成航空、城轨、铁路、公路、物流、港口等若干垂直子行业里每个业务场景的数字化，将多个数字化业务场景串联起来，形成客流、物流、载具流贯通的业务流，以实现垂直子行业的数字化。其次，将数字化后的垂直子行业并联起来，通过打通断点、融合积淀，形成门到门的出行服务流、端到端的货物运输流，使其全程可感知、可预测、可协同、可联动，打造出面向未来的综合大交通。最后，实现人悦其行、物优其流的愿景。

交通数字化包括基础设施数字化（Digtazation）及业务流程数字化（Digitalization）两个层次，其中，基础设施数字化是业务流程数字化的前提和基础，而业务流程数字化则是打通断点堵点，解决痛点难点的关键。

基础设施数字化的技术特征是全方位的感知与联接，主要涉及IoT、5G、机器视觉、雷达等感知及联接技术。业务流程数字化的技术特征则强调融合、智能、可视及决策支持，典型技术包括云计算、大数据、AI等。

基于20多年来在交通行业数字化的持续深耕，华为提出的交通行业数字化参考架构"交通智能体"，通过有效整合联接云计算、AI等多种技术，构建了一个开放、立体感知、多域协同、精确判断及持续进化的智能系统，可实现云、网、边、端的高效协同。

利用5G、云计算、大数据、人工智能等数字技术的叠加效应，可以深化多源数据的融合，整合线上和线下资源，促进交通出行、公务商旅、旅游购物等各类信息的充分开放、共享、融合，打造出以乘客出行为中心而不是交通资源为中心的MaaS出行服务。以数据衔接出行需求与交通服务资源，使出行成为一种按需获取的即时服务，为乘客带来全新的出行体验。

比如，如何通过数字技术改善机场的通行体验并缩短通行时间？智慧机场的解决方案是以乘客为中心，沿着出行路线构建全场景、个性化、线上线下融合的精准服务，打造出行更便捷、体验更幸福的"出行一张脸"。目前，成都双流机场即将实现全流程无感自助服务，通过科技惠民打造高效的出行体验，有效减少乘客丢证的风险。同时通过智慧航显系统，乘客还可以便捷地获取航班信息、室内路线导航等资讯。目前，国内登机口自助设备的覆盖率已达100%，可减少乘客通行时间15分钟以上。

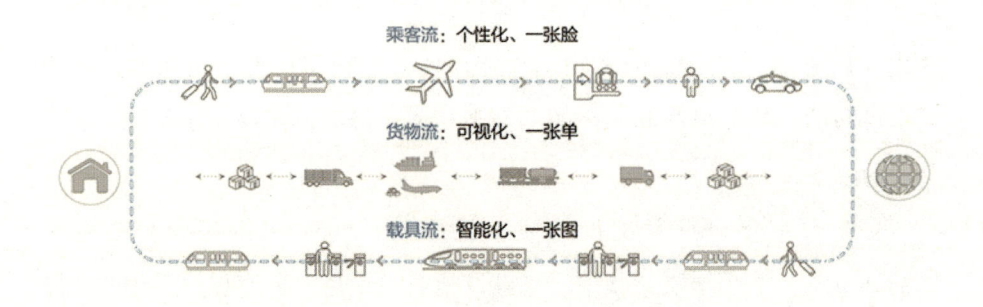

乘客流：个性化、一张脸

货物流：可视化、一张单

载具流：智能化、一张图

5G、物联、视频、大数据、云、AI等数字技术，是安全、效率、体验的最小公倍数。

3个业务流：寻求安全、效率、体验的最大公约数

（一）深圳智慧机场

深圳机场通航32年来，发展速度位于国内前列，创造了国内民航发展的"深圳速度"。深圳机场作为特区门户，不仅是深圳改革开放的一个缩影，也为全国机场管理体制的改革创新、建设"四型机场"积极探索。服务大湾区，建设国内一流、世界领先的国际航空枢纽，赋予了深圳机场新的定位和使命。深圳机场在数字化转型的道路上进行了积极探索。2017年9月，深圳机场作为国内唯一代表，与国际航空运输协会（IATA）签署了合作备忘录，正式参与"未来机场"项目试点工作，深圳机场正式提出将数字化转型作为战略任务之一，全力推进智慧机场建设。2018年，深圳机场携手数字化转型战略合作伙伴华为，共同打造标杆性"最具体验式"智慧机场。

深圳机场在智慧机场建设过程中，从"打基础、建平台、补短板"开始，将平台建设作为数字化转型的核心和关键。基于"平台+生态"的理念构建"未来机场数字化平台"，以华为ICT基础设施为基础，通过数字化平台整合物联网（IoT）、大数据+AI、视频云、GIS（地理信息系统）和融合通信（ICP）五大资源，并联合合作伙伴构建平台生态系统。在新ICT基础设施之上，深圳机场围绕"运控、安全、服务"三大业务领域，构建"机场运行一张图""机场安全一张网""机场出行一张脸"的场景化解决方案。

1. 大运控体系

深圳机场以航班流为核心构建"机场运行一张图"，打造机场运控大脑，构建未来机场的综合指标体系，支撑从传统AOC到未来全面机场管理（TAM）的平滑演进。以智能运营中心（IOC）为牵引，优化建设流程、组织和IT系统，应用创新技术，构建智能、高效的大运控体系，通过"机场运行一张图"实现了未来机场运营管理中心对空侧、陆侧及地面交通全局精准可视、智能精准预测、多域高效协同，提升指挥调度水平，提高资源利用效率、航班保障效率和航班正常性。

2. 大安全体系

深圳机场以全场景为目标构建"机场安全一张网",构建机场立体大安防,实现运行无阻,出行无忧。通过流程、组织优化及创新技术应用,以智慧机场安全保卫控制中心(SOC)为牵引,从地面到空中、从人防到技防、从被动到主动构建立体化安全保障体系,实现风险隐患精准识别、异常事件高效处置、安全态势全局掌握,在稳定可控的前提下,提升安全处置效果和响应效率。基于智慧机场新ICT基础设施,通过构建"机场安全一张网",实现联动、智慧、精准的一体化安防。

3. 大服务体系

深圳机场以旅客流为核心构建"机场出行一张脸",让机场成为家的延伸。基于数字化平台,融合AI、大数据和视频云技术,"机场出行一张脸"解决方案为旅客提供机场出行全流程、全环节服务:刷脸值机、刷脸托运、刷脸预安检、刷脸安检、智慧航显、高舱精准服务、催促登机和刷脸登机。旅客服务向个性化升级,变革出行模式,进一步改善出行体验。旅客在机场的每一个环节,都用人脸作为OneID,实现无感畅行机场。其背后是八个子业务系统的流程打通,而最具挑战的是八个子业务系统的数据异构及对人脸识别算法要求不统一。数字化平台通过数据融合解决以上问题,支撑八个子业务系统的应用开发,满足不同业务子系统对人脸算法的要求。面向未来,基于数字化平台,智慧机场可构建完整的旅客画像,提供商务、购物等全方位差异化服务,进一步提升旅客满意度。

4. 围绕机场关键业务流,打造"出行一张脸,运行一张图"场景化应用

智慧化主要围绕机场关键业务流、航班流和旅客流,以提升旅客无感便捷的出行体验和满意度,提高机场运行效率和提升保障能力为目标,依托新技术打造"出行一张脸,运行一张图"的场景化应用。

"运行一张图"围绕航班流,从飞机进近、落地机场滑行、地面上下客及服务保障到再次起飞,整个流程用一张图展现出来。

如飞机进近前,机场运控中心会实施智能机位分配和资源分配,以提升靠桥率及安检口登机口等的利用率。

在飞机滑行入位、地面保障等阶段,运控中心可以基于机场IOC,对机场全流程(空中、空侧、机坪、航站楼等)、全业务(航班流、旅客流等)、全保障要素(人员、车辆、设施、设备等)实现全局一张图精准可视;实现指标的精准预判预测,为机场决策提供重要依据,并实现各部门的高效智慧协同。

"出行一张脸"围绕旅客流,从旅客走进机场开始到登机离港,涵盖刷脸值机托运、刷脸安检、预安检、智慧航显、刷脸登机等几个主要环节,在征得旅客同意的情况下,基于视频分析技术打通旅客流和航班流信息,实现全程刷脸无感出行的顺畅便捷体验。

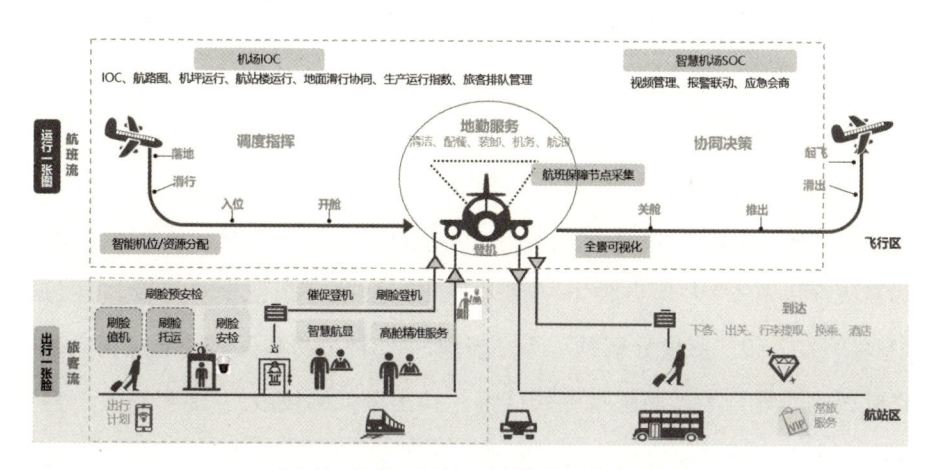

"出行一张脸,运行一张图"场景化应用

深圳智慧机场建设已取得了一批智慧化成果:深圳机场成为全球首家在IATA的NEXTT平台发布实践案例的机场,入选中国民航"2020年度四型机场示范项目",获评国际机场协会颁发的2020年度全球旅客吞吐量4000万级以上机场服务质量最佳机场大奖。

深圳机场是华为联合伙伴一起践行"数字生态立方",共创价值的案例。从沿着航班业务流,深入机位分配、地勤保障等一个个细分场景,到聚合伙伴软件开发、数据治理的能力,再到围绕项目全生命周期的开放合作,深圳机场仅2019年就减少摆渡超过260万人次,安检效率提升60%。

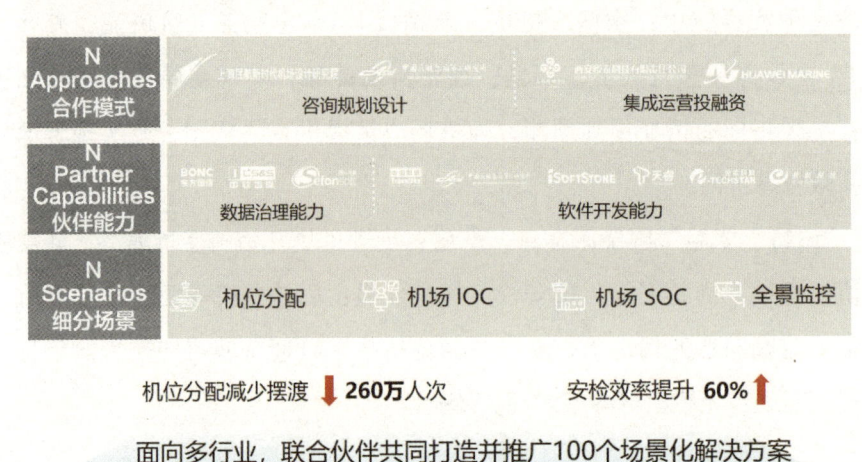

以机场场景为例:华为机场"运行一张图"方案

(二)西安铁路局智慧西铁

2018年,全国有13万公里铁路,40亿吨的货物、13亿人次的铁路旅客都靠火车头拉。"火车头医生"对火车的安全运行来说至关重要,其包括"专科医生"和"影像分析师"等。当前,"影像分析师"需要通过视频监控分析司机违规行为,面临视频转储慢、检出率低的挑战;"专科医生"需要对火车头进行反复检修,但是时间紧、任务重、检修频率高、工作效率低。

通过对铁路行业的深刻观察,基于通信和数字平台能力,针对西安铁路局"智慧西铁"建设目标,华为携手业界伙伴联合创新,推出基于5G+AI的智慧机务解决方案,通过先进技术的使用,降低"火车头医生"的劳动强度,提升智能化水平,更好地保障运输安全。

1. 5G代替人工，转储效率提升10倍，自动获取真实完整的驾驶视频

"智慧西铁"基于5G无线通信技术，工作于新兴的毫米波免费频段，采用波束赋形和智能跟踪技术（智能跟踪算法随时确保对准车载台，维持稳定带宽），实现车地自动高速转储。机车缓慢进段，在咽喉区300～500米范围内，自动和地面站间建立千兆以上的高速通道，转储速率1.7Gbps，火车跑一趟30GB的机车数据在3分钟内即可完成转储。即在火车头停稳前，数据已传完。转储全程不需要人工干预，数据完整、安全可靠，和人工拷贝一次耗时1小时相比，效率提升10倍以上。

2. AI助手，造就"影像分析师"的"火眼金睛"，让司机不再心存侥幸

全量视频数据在5G回传后，通过高速缓存设备进入智能分析中心，自动识别司机违规行为。依托华为AI平台领先的算力，合作伙伴可将一个模型的训练时长从一周缩短到1～2天，实现快速应用，可根据实际场景，进行视频行为分析和算法定制开发。目前合作伙伴已实现11个违章项的自动智能识别（如未比手势、玩手机、未握大闸、瞌睡等），构建司机智能评价模型，规范行为，保障安全，从而解决"影像分析师"人工抽查不全面和效率低的问题。人工抽查方式一个月发现50例安全隐患，通过智能视频全量分析，一个月能发现80例以上，大幅减少漏查漏报导致的安全隐患，违规行为检出率提升60%。此外，人工分析每人每天只能抽查4台车，智能分析每人每天可处理40台以上的分析结果，分析效率提升10倍。

3. 大数据诊断，让关键部件健康状况可预测

"智慧西铁"通过大数据平台的集成、存储、查询、分析和良好的数仓、BI支持能力，以及ROMA平台的数据联接和共享能力，打通20+个核心业务系统的数据，打造机务全流程信息共享平台。平台基于6A的走行部车载传感器数据及地面运安、整备、检修等数据，结合在走行部领域积累的大量专家经验和故障样本，构建机车走行部的故障预测和健康管理模型，

可以实现走行部的健康评估、寿命预测等，不断让机车从"计划修"向"预测修"转变，为修程修制改革提供科学依据。

每次进段，工作人员通过敲听来判断走行部2306个螺栓及关键部件是否正常，且需要频繁检查。而大数据平台可以对走行部传感器状态的海量历史数据进行分析和健康评估，绘制寿命曲线，并对亚健康的部件及时预警，从而帮助"专科医生"从烦琐高强度的过度检修中解放出来，将人工检修次数降至最低，同时避免"小病"向"疑难杂症"的转化。

（三）北港集团数字化转型

广西北部湾国际集团（简称北港）以港口为核心，覆盖港口、物流、工业、贸易、建设开发、能源、金融等多个业务板块，同时还承担国家"国际门虎港+西部陆海新通道"重要战略。北港的数字化转型工作是围绕客户服务体验、运营管理提升、产业生态协同等方面展开的一次全局性思考与实践，通过实践来解决北港四个维度的需求。一是面向客户、生态、区域保持开放与先进；二是提升集团化管控决策水平；三是板块专业化运作提质增效；四是围绕供应链和产业链协同，加强板块间的集成与联动。

2020年初，北港集团数字化转型工作正式启动，规划了集团及业务板块的数字化蓝图、架构和运营场景，设计并实施上线了OCC数字化运营管控平台和统一数字平台，实现了供应能力和业务过程可视、可控、协同与服务，对外提升客户满意度，对内提升整体运营效率，为北港全面数字化奠定了基础。

北港统一数字平台已经连接26个业务系统，采用服务化的架构，实现了数据标准化、资产化、服务化、运营场景化，通过OCC平台的上线运营，产生了一系列阶段价值。

以集装箱生产运营全过程可视为例，通过打通数据和业务断点，实现港口生产全流程运营，明确锚地有多少船、等待了多长时间、有没有超时及集港、疏港、堆场箱量等情况，让运营人员方便、及时了解生产状态，并对关键问题进行主动预警，及时干预协同，提升整体集装箱流转效率。

在陆海新通道场景对集装箱全程进行跟踪，对于即将抵港的船，港口可以提前安排资源；明确港口堆场积压是否过多，是否要通知货代货主尽快办理提柜手续；已办手续未提柜有多少，超了几天，倒运是否有异常等。通过这些信息及时发现问题，提醒运营人员主动干预，协同各方进行处置。

四、电力行业数字化转型案例

（一）中国能源集团大渡河智慧电厂

中国能源集团通过实施智慧电厂解决方案，以实现电厂信息数字化、通信网络化、集成标准化、运管一体化、业务互动化、运行优化、决策智能化为目标，以新型传感、物联网、人工智能、虚拟现实为技术支撑，以创新的管理理念、专业化的管控体系、人性化的管理思想、一体化的管理平台为重点，通过对电厂物理和工作对象的全生命周期量化、分析、控制和决策，打造生产运行安全可靠、经济高效、互动友好的智慧电厂。

大渡河公司引入华为的云管理平台，实现了对软硬件的统一管理。数据中心资源由原来的独立采购模式转变为按需提供服务模式，大幅提升了工作效率。通过打破传统存储瓶颈，IOPS提升了2倍，储存整体性能提升了1倍。同时，云管理平台使得用户能够通过通用终端灵活接入数据中心虚拟桌面，明显提升了办公的便捷性。

该项目通过发电业务数字化转型，推进了基建生产一体化，打通了建设和运营之间的信息链路，提高了电厂基建运营一体化水平，并为资产全生命周期管理奠定了基础；通过工单和检修项目、设备、备品备件的信息联动，提高了检修过程成本跟踪水平，在保障安全的前提下提高了设备状态检修水平，逐步实现设备全生命周期绩效分析，优化资产配置策略，实现了设备绩效最大化。

（二）南方电网5G+智慧电网

电力行业智能化连接需求主要为eMBB大带宽需求，电网需要通过高清视频实现输电线路、变电站监测及应急现场的实时回传，带宽需求达到100M级以上；uRILL低时延业务，包括配网继电保护（≤15us）、精准负荷控制（≤30us）、配网三遥（≤30us）、智能配电网微型同步相量测量（≤30us）等电网控制类业务。

为解决行业痛点，南方电网、中国移动与华为三方进行联合创新，搭建了5G+智慧电网。2019年1月，三方外场测试顺利完成，包括差动保护及5G切片验证多项测试。5G+智慧电网的三个关键应用如下。

1. 差动保护

差动保护要求网络时延小于等于15ms。南方电网联合华为主要通过5G低时延网络进行差动保护，实现配电网络故障精准定位和实时切换，减少故障时间。

2. 无人机巡检

无人机通过5G网络实现电力输电线路的巡视，将高清视频实时回传。无人机巡检在巡视线路偏远、道路环境恶劣等方面具有优势，相比传统的车辆巡检，巡检效率大大提升。

3. 高级计量

我国当前电力计量处于人工抄表与集抄同时存在的阶段，人工抄表存在效率低的问题；集抄按天采集，不能很好满足智能用电和个性化客户服务需求。5G+智慧电网建成后，抄表将由集抄向直抄演进，实现主行业客户用电数据智能分析，实现家庭用户关键用电信息、电价信息的共享，促进优化用电。高级计量数据传输由单向变双向，连接数相对集抄增长50~100倍。

五、水利行业数字化转型案例

（一）智水苏州

苏州素有"东方水城""江南水乡"之称，水网密布、河湖纵横，水域面积占总面积的42.5%。在地理位置上，苏州东临上海、南接浙江、西抱太湖、北依长江，境内50亩以上湖泊有384个，各类河道2万多条，构成了苏州"一江、百湖、万河"的独特平原河网。拥有"江南水乡"美誉，河网密布、水系丰富在为苏州带来重大利好的同时，也为城市长期发展带来忧患。苏州产业发达、经济总量大，整座城市"淹不得"，更"淹不起"。此外，作为国家历史文化名城，苏州在保护生态环境、打造江南水乡品牌上面临着极大的压力。

苏州水务基于数字平台构建水务综合能力，搭建起了"智水苏州"的总体框架，如下图所示：

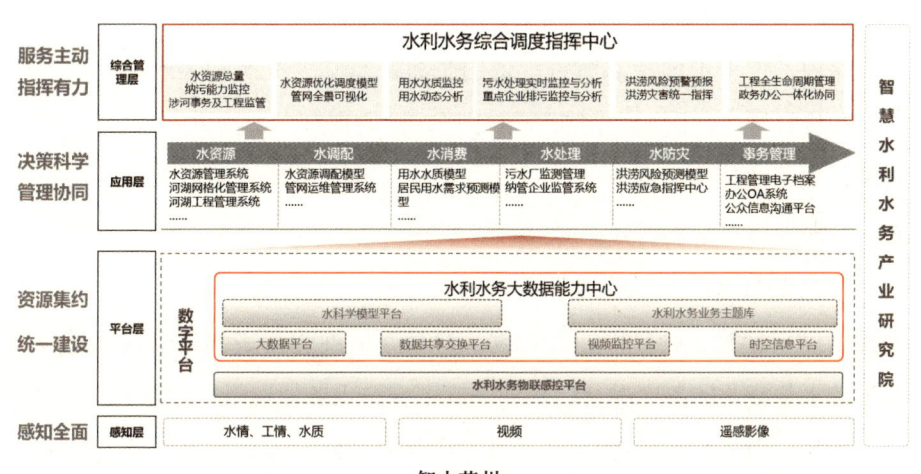

智水苏州

通过水利水务大数据能力中心、水利水务综合调度指挥中心，构建起防汛排涝决策支持、生态河湖管理、供排水监管和信息化治理与支撑4大体系，建设起以科学治水、精准治水、依法治水、全民治水为核心的"智水苏州"全国智慧水务样板,推进苏州水务现代化发展。

随着"智水苏州"项目的推进,通过统一规划、统筹建设,构建感知与仿真、决策与预警、调度与控制三大核心能力,实现感知全天候、业务全覆盖、监控全过程。在防汛排涝上,苏州水务设计防汛排涝决策支持应用体系框架,建设防汛综合决策支持相关业务子系统;在供排水监管上,通过集成分散的供排水数据,实现从取水、供水、用水到排水、污水处理、排放全流程、全业务的覆盖,形成供排水闭环监管;在生态河湖管理上,通过视频图像的识别和分析,实现对河道区域内乱扔垃圾、倒排污水等场景的自动抓拍,实现河道管护的现代化与智能化,从而提升工作效率,促进河道管理可持续发展。以"智慧驱动、精准治理"为理念,苏州水务还将持续推进,建设以科学治水、精准治水、依法治水、全民治水为核心的"智水苏州"全国智慧水务样板。

(二)深圳智慧水务

深圳,位于中国南部海滨,依山临海,东临大亚湾和大鹏湾,西濒珠江口和伶仃洋,南隔深圳河与香港相连,境内现有大小河流160余条,水库24座,地下水资源总量6.5亿立方米/年。作为粤港澳大湾区四大中心城市之一,深圳与水密不可分。

为积极响应市委市政府将深圳建成国家新型智慧城市标杆的号召,大力探索以云计算、物联网、大数据、移动互联网为代表的新一代信息技术与传统水务行业的深度融合,深圳开启了智慧水务建设新征程。

首先,引入华为的数字化转型咨询服务,协助深圳水务完成相关业务的梳理,完成对智慧水务的顶层规划设计,制订深圳智慧水务分期建设、分步推进的路线图。其次,通过搭建智慧政务、调度、管理、服务等4个类别8个管理系统,遵循"基础先行""示范带动""急用先建、分步实施"的建设思路。最后,实现水务要素全面采集、数据信息全面融合、管理行为全面智能的智慧水务建设。

在一期建设中，基于"政务云""水务控制云"两朵云整合水务系统内外部数据，构建"1中心、4平台、N模块"的总体架构。

"1+4+N"架构搭建起了智慧水务一体化门户，帮助深圳水务实现了从全景展示、态势感知、预警预测、智能决策到联动指挥的一体化行动。

在流域管理上，深圳水务实现了"一张图作战、一站式调度、一体化管控"；在水源调度上，构建起全市水资源供水调度模型，为全市水资源优化调度及应急供水调度提供支撑服务；在智慧水库上，实现了标准化、智能化管理，利用科技省人力、赋能力。通过搭建智慧工程管理平台，建立基于BIM+GIS的水务工程建设管理新模式；通过搭建安全及执法监督管理平台，实现监管流程全打通，市区街道全覆盖和可视化指挥调度，逐步具备"可视、可知、可控、可预测"能力。此外，通过搭建指挥服务平台，构建起"六心"服务新模式，打造阳光水务，提升公众的参与感、幸福感和满足感。通过数字化转型，深圳水务持续推动水务管理模式的转型升级，打造具有深圳特色，引领全国的亲水型韧性城市。

六、汽车行业数字化转型案例

（一）北汽智能汽车

北汽与华为联合打造的智能汽车阿尔法S华为HI版，是中国自主品牌在全新智能电动汽车时代参与激烈竞争的合作范本。阿尔法S华为HI版是首个搭载3颗激光雷达的量产智能电动汽车，同时搭载华为ADS高阶自动驾驶全栈解决方案，为消费者打造数字化、智慧化、娱乐化的生活空间。

阿尔法S华为HI版汽车提供了针对中国道路和交通环境设计、以用户驾乘体验为目标的全栈自动驾驶系统，自动驾驶可支持城区范围内1000km。相比于普通版车型，阿尔法S华为HI版搭载鸿蒙OS智能互联座舱，使用麒麟990A座舱芯片，算力达到了3.5TOPS，支持更多更复杂的智能运算，支持多达24个应用生态，包括畅联通话、高德地图、酷狗音乐、酷我音乐等，实现人车交互一体化的驾乘体验。

（二）吉利领克互联网营销平台

吉利领克是欧洲技术、欧洲设计、全球制造、全球销售的高端合资汽车品牌。领克汽车很早就搭建了新零售营销平台，它颠覆了传统主机厂做DMS经销商管理的方式，以用户为中心，将数据贯穿领克各个业务场景，把产品的数字化属性融合在消费者各个接触点上，实现领克汽车的数字化新营销。

1. 线下＋线上全渠道布局，丰富客户体验

线上领克商城和线下领克中心、领克空间各有侧重，全面协同。线下领克空间主要位于都市中最具活力的大型商圈，集展示、销售功能于一体，方便消费者选车、购车。领克中心则致力于为用户提供工作和生活之外的第三种空间，在这里，除了提供购车、售后等传统服务，还可以利用周末、世界杯的球赛日举办社交派对。线上领克商城则主要是为了给消费者带来透明、便捷的购车体验。领克商城采用透明的订单系统，让消费者看到车辆制造与物流过程，清晰展示出领克及合作伙伴提供的多种拥车模式和分期付款购车产品，经销商的服务评价也会被公开展示。

领克汽车旗下首款车型领克01在领克商城线上抢订。抢订开始后，137秒售出6201台，并在57分钟内全部完成支付，刷新了汽车行业的销售纪录。当天，领克商城接收了来自33个省、市、自治区的近400万次访问，同时在线人数最多达96556人。开启抢订的第1秒，2800人同时下单，数字化新营销激发了市场活力。

2. 为年轻人打造真实潮空间，让车"不止于车"

领克新零售营销平台的Co：Club领克会员俱乐部，基于客户全生命周

期旅程设计，是集分享、体验于一体的品牌专属社交平台，以定期社交和分享活动的形式，结合相应参与激励机制，承担6S服务模式中Social和Share的功能。

"Co客"们不仅可以在线上分享生活，还通过线上报名、线下参与的方式参与活动。社区生活中的Co币激励体制全面服务于客户从选车、购车到拥车的全方位出行生活。Co币可以用来购买配件，比如车辆行李架、儿童安全座椅等，当不用时可以将配件还到领克中心供其他消费者使用。让"Co客"们将线上行为和线下生活紧密结合，体验到"共享"生活的便利。

3. 以传统经销模式为基础，对渠道进行科技赋能

在整个体系搭建上，领克并没有脱离传统的经销模式，而是通过数字化手段提升渠道的服务能力。领克通过新零售营销平台，对所有渠道的销售与服务业务进行了数字化升级。领克为销售顾问配备了销售助手App，为服务顾问配备了相应的服务助手App，除了可以将线下客流状态、销售过程和服务过程实时记录成数据，销售顾问和服务顾问还能从App上获取高质量的行为指导意见。来自领克商城的线上线索会通过新零售营销平台的"营销大脑"进行数据清洗和人物画像分析，将有效线索派送到相应销售顾问和服务顾问的App上。

七、种植业数字化转型案例

（一）海水稻培育

袁隆平院士率领团队培育的耐盐碱水稻，俗称"海水稻"，测产620.95公斤，这是一项举世瞩目的成就。团队的目标是在5～8年内将1亿亩盐碱地改造为良田。这1亿亩盐碱地可以为国家每年增产300亿公斤粮食，养活8000万人口，人口数量相当于欧洲的一个中等国家，也是我国未来20年新增的人口数量。这就是为什么海水稻获得了上至国家领导人、下至普通民

众的普遍关注。该项技术也引起"一带一路"沿线多国的关注，团队开始向沙特、越南等国家推广这项技术，帮助这些国家将沙漠、滩涂改造为良田。这项造福人类的创举背后，是数字技术运用所带来的现代农业转型。

1. 场景一：要素物联网系统（物联网＋大数据＋AI）赋能盐碱地改良

海水稻项目并不是单纯地为了培育一个品种在盐碱地上种植，海水稻品种只是一个必要条件，还必须对盐碱地进行改良。袁隆平团队在海水稻种植中采用了四维改良法，这是一套综合性的盐碱地稻作改良技术，涉及改良土壤、调节植物生长等农业生产环节全要素的优化，整套方法的基础是"要素物联网系统"。具体地说，就是在土壤下面部署了两套水肥循环的管路，上面一套位于地下50厘米处，下面一套位于地下2米左右，这样就可以精准地将水和肥运输到上层管路当中，供给植物吸收。当有水渗到下面的时候，水可以通过下部的管路循环利用。同时，深层管路可以隔绝地下水渗入导致的次层盐碱化。

在这个过程中，信息技术起到重要作用，因为首先需要知道地下水肥一体化的情况，才能控制水肥的循环。团队通过在灌排管网安装传感器，采集土壤、水肥等环境信息，通过NB-IoT物联网将数据回传到云数据中心，通过大数据分析，结合AI和专家诊断，从而对水、土、肥、药进行智能化控制。

通过四维改良法，团队已经在青岛城阳将千亩滨海盐碱地改良为优良耕地，同时通过对水肥循环的智能化控制，实现节水30%、节费40%、经济增效20%。

2. 场景二：无人机植保（5G＋视频云＋AI）赋能农业全流程智能化

广大的盐碱地地区劳动力相对缺乏，怎么对大田里的苗情进行监测，及时采取恰当的植保措施？答案是使用无人操作的机械来进行农业植保，因此我们需要打造无人智能化产业，把农业操作进行数字化转型与控制。

事实上，在农业种、管、收全流程中，耕种有拖拉机，收割有联合收割机，基本上已经实现了机械化和产业化，最薄弱的就是管理过程的植保方面。

无人机技术的发展为植保环节机械化提供了基础。目前航空植保占比的世界平均水平在17%左右，发达国家如日本已经达到60%，而我国只有2%；另一组数据显示，我国拥有全球7%的耕地，但化肥农药的使用量却是全球化肥农药使用量的35%，农药利用率只有36%左右。

相对于传统植保方式，无人机植保有着作业效率高、省水省药、能够适应不同地形等多重优势，对农业生产提质增效意义重大。特别是广大的盐碱地地区劳动力相对缺乏，地形地势不利于人工作业，构建一个无人的智能化业态更为重要。但现实中要想用好无人机还存在着很多挑战。华为通过ICT来帮助发展无人机植保，与海水稻研发中心合作，将面向未来的5G和AI融入农业数字平台，将更高效、精准作业的无人机引入海水稻种植。

5G网络部署完成后，就可以将无人机拍摄的高清视频流实时回传到视频云；通过AI对视频进行分析比对，实现病虫害识别、杂草识别、长势识别，这比单纯基于传感器参数的识别更加精准；基于农业大数据分析和GIS，对不同地块进行精准的农药剂型匹配，制订差别化的喷洒方案。

对于一片600亩的麦田，人工打药需要2个月，使用无人机只需1天就能完成；无人机低空喷洒、精准施药，可节约农药用量40%以上，有利于减少农药用量和环境污染，是加速实现农业现代化的助推器。

（二）农业数字平台解决方案

盐碱地改良和无人机植保只是智慧农业解决方案中的两个场景，通过帮助海水稻研发中心搭建农业数字平台，华为提供了云计算、农业大数据、GIS信息管理、视频云管理、指挥调度服务、物联网平台和AI分析能力，并整合了上游传感器供应链、下游农业管理应用供应商等资源，实现了土壤改良大数据管理、精准种植管理、病虫害预警诊断、农机管理、加工管理、仓储管理、市场评估等功能，为农业生产提供精准化种植、可视化管理、智能化决策的能力。

八、教育行业数字化转型案例

当今时代是一个变革的时代，变革不仅发生在科技、经济和社会等领域，教育领域也在发生一场广泛而深刻的变革。每次变革的发生都是由技术进步驱动的，比如第一次工业革命蒸汽动力的使用，第二次工业革命电力的使用，第三次工业革命则由计算机引领。如今，以信息化、智能化为主导的第四次工业革命正以更快的步伐到来。以互联网+、大数据、云计算、人工智能技术为代表的新时代对学生技能的需求已大幅改变，从基础技术技能越来越多地向创新创造力转变。建设能够培养学生的21世纪技能、激发学生创新思维与创造能力的新形式未来创新学校已成为世界各国教育界共同关注的话题。

伴随着各行各业信息技术的发展，市场的经济竞争力在很大程度上取决于其教育机构如何有效地吸引、启发和促进学生好好学习，积极创新——这是社会和经济发展取得可持续成功的关键所在。学校教学实践的重心也正在发生转变。创造力日益成为主动学习、实践性学习的主旨，这一点可以通过过去几年中日益增多的学生原创视频及越来越多的创客群体体现出来。教育信息化建设对于转变教育思想和观念、促进教学改革、加快实现教育发展和管理手段现代化有积极作用，尤其是对于深化基础教育改革，培养"面向现代化，面向世界，面向未来"的创新人才更具深远意义。

（一）微软创新学校

微软针对学校教育的数字化转型，着眼于使教育工作者能够最大限度地利用科技来大力提升教学效果，由此帮助每一个学生获得其应有的教育。微软依托自有应用的云服务平台，结合教育数字化转型中的实际需要，通过打造"微软创新学校"品牌，联合生态伙伴线下交付、线上收益，实现"线下牵线上"做强生态，成为推动教育现代化、教育信息化和教育国际化的重要载体。微软创新学校带有鲜明的信息化特征，是学校深入实施教育信息化的"实验室"，是促进信息技术与教育教学深度融合的重要抓手，帮助学校将各种新技术真正运用到教育教学的实践中。

微软创新学校模块包括：创新教师培训、未来课堂、创客空间、微软创客课程等几个部分。微软为学校量身定制独具风格的教学环境，营造一个富有高科技感、未来感的氛围，营造一个能激发学生学习、交流和实践的氛围，充分考虑通识教育和专业教学的需求，空间布局由主功能区和辅助功能区构成。

（1）主功能区——主要用于课堂教学。利用智能硬件设备，实现远程教学与课堂教学的全面结合，支持小组学习、讨论式教学，真正实现远程授课和互动教学。

（2）辅助功能区——主要用于辅助教学。支持创客空间、MR混合现实课堂、3D工坊等。

（二）苏州大学——"云中大学"

苏州大学建校于1900年，是国家首批"211"入列高校，是教育部与地方政府共建"双一流"高校，11个学科进入ESI前1%，拥有6万多名师生。随着可持续发展和教育信息化建设的深入，学校发展面临教育大数据治理、系统性教育信息化架构设计等新机遇。在数字化浪潮下，苏州大学通过数字技术和平台致力于实现学校高质量发展目标。

苏州大学通过AI+大数据，将校园智能化系统升级，造就一个镜像化、数字化、智能化的"云中大学"。以顶层设计为牵引，苏州大学联合行业伙伴打造了技术总集的智慧校园数字平台，成立中国高校首个"数据资源管理办公室"。"云中大学"的建设目标是成为未来大学的典范，为未来高等教育向全数字大学的转型提供可以复制推广的成功经验。可以说，在高校加速数字化转型迈向智慧校园的今天，"云中大学"正在成为高校数字化、智能化转型的新模式和新形态。

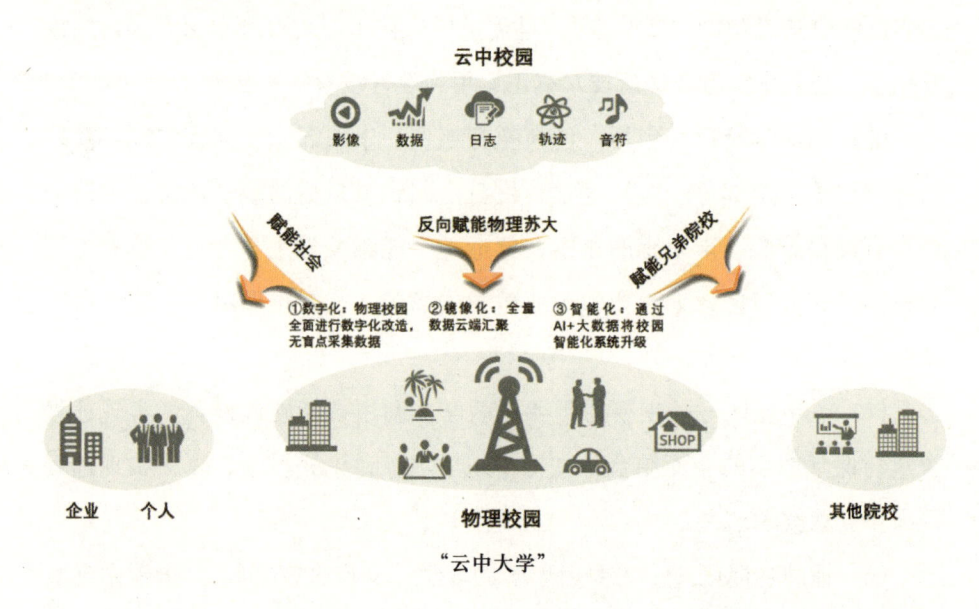

"云中校园"

①数字化：物理校园全面进行数字化改造，无盲点采集数据　②镜像化：全量数据云端汇聚　③智能化：通过AI+大数据将校园智能化系统升级

赋能社会　反向赋能物理苏大　赋能兄弟院校

企业　个人　物理校园　其他院校

"云中大学"

"云中大学"以数字化使能平台夯实基础底座，基于终端物联，实现泛在感知；基于ICT基础设施服务，构建数据中台，支撑多类型应用场景。针对校园管理者、教师、学生、科研人员提供智慧化服务，如助力校园治理，推出管理可视、智慧办公、平安校园、访客接待；创新教学方式，推出智能考勤、在线课堂、教学探索、教学资源；协助学生学习，做到快乐学习、安心入住、精准就业；创新科研模式，推出科研大数据、高效服务、项目管理、科研管理。

在"云中大学"，数字化是基础，镜像化赋予数字生命，让数字变成数据；智能化通过人工智能和大数据，让现实校园更智能。具体来说，"云中大学"的建设为大学带来的变革体现在以下三个层面。

首先,"云中大学"的建设将打破时间和空间的界限,不仅可以打通学生、学校和老师的界限,实现"时时可学、处处可学",还能通过虚拟大学与现实大学的对接,打造沉浸式课堂,让学生能够用自己的多维感官来全面参与整个学习过程。

其次,"云中大学"可以打破传统的知识体系框架,让教育资源更加普惠,学生既可以根据自己的情况制订学习计划,构建自己的知识体系,也能与老师更加深入地沟通交流,真正让学习者成为教学的主体,实现以人为本、因材施教。

最后,"云中大学"还能让大学管理与服务变得更加精准。其中,云计算、大数据、人工智能等技术的应用,可以让老师更清晰地了解学生的学习状态和学习需求;同时,帮助高校管理者更精准地了解大学发展的态势,预测大学的未来发展方向。

"云中大学"的建设催生高等教育从传统的"一所学校、一间教室、一位教师、一群学生"转变为"一张网络、一个终端、成千上万名学生、学校教师任挑选"的新型教育形态,实现"人人、时时、处处"学习,使每一个学习者都行进在"上好学"的路上。

"云中大学"重塑了大学与师生的关系、大学与社会的关系。苏州大学实现"虚拟校园"与"现实校园"的无缝对接,为建造大学新形态,成为国内一流、国际知名高水平研究型大学,实现高素质创新创业人才的培养、高水平科学研究和高新技术研发提供了坚实支撑。

九、证券业数字化转型案例

招商证券陆续引入和建设了大量的企业级AI能力,并借助海量样本对AI能力进行了标注训练,使得AI能力不断进化。同时建设数字员工管理中心,实现数字员工精细化管理。招商证券数字员工作为新的数字劳动力逐步被应用于诸多业务场景中,可以独立或者协助自然人完成业务工作,实现了"两优两降"的目标,即优化业务流程、优化人才体系、降低操作风险、降低人力成本,成为数字化转型的有力抓手。同时,数字员工还助力招商证券提升了部分业务的行业竞争力。通过深度挖掘招商证券全公司范围内的业务场景,通过数字员工建设面向未来的生产力,招商证券打造了差异化的竞争优势。

在战略规划方面,为了确保数字员工助手项目的顺利开展,通过以下机制提供全方位的保障。

(1) 成立专门的数字员工建设组织,由业务、运营、技术三方构成,三位一体联合保障。

(2) 搭建运营管理平台,实现数字员工全生命周期管理,覆盖需求收集、设计开发、上线运行、监控管理等。

(3) 制订数字员工助手运营制度,形成数字员工应用文化。理清AI定位和职责划定问题,从制度上明确AI为人工辅助的定位,人仍然是责任的最终主体,AI流程将预留人工确认的过程;将安全机制固化到系统,设计流程和标准固化到自动化流程中,严格要求人工执行。

(4) 建立数字员工建设ROI(投资回报)评价体系:综合考量实现复杂度、产生能效、使用频率、用户数量等,形成四个优先区域,指导实际建设计划排程,聚焦高价值数字员工建设。

(5) 打造数字员工中台化的零件工厂,实现敏捷建设和维护:抽离构建通用性智能化组件,实现低代码可视化设计,基于数字员工的能力扩展层,将图像识别、OCR、图像分类、预约识别、情感分析等AI能力封装为智能化数字员工,形成AI-Hub,支持业务快速试用和其他场景调用。目前已累计建设2900多个AI公共组件,建成AI中台化零件工厂。

在技术架构方面,数字员工以RPA(机器人流程自动化)技术为基础,融合NLP、ASR、OCR等人工智能能力,形成综合智能体,以虚拟云桌面资源池的模式将数字员工动态部署在350多个节点上。采用云原生架构，快速迭代；故障自动转移，实现低故障运行；资源动态伸缩，复用率超过60%，资源闲置率从80%降至40%，自研与引进厂商原子AI能力相结合，共同打造数字员工产品生态圈。

在业务模式方面，数字员工分布在17个部门及主要业务线（逾300个场景），实现相关业务提质增效，并对外服务客户。沉淀通用化能力组件、专业化业务场景解决方案，快速对外输出赋能，目前数字员工已在招商证券旗下子公司推广使用。通过数字员工建设和运营，招商证券人力成本降低，效率提升显著，同时在作业质量提升和风险控制等方面也取得了显著的效果。数字员工服务430余位同事、5000余家客户（目前以机构客户为主），日均等效人工工时4万余分钟（约80多个总部的人力），200余个风险点自动化监测和预警，1.3万个碎片流程被数字员工线上化，每天3万余页非结构化文档被数据化，数字员工7×24小时无间断工作，服务时间得到延长。

招商证券通过企业级数字员工建设，形成了分布在各个业务条线的数字员工集群，将大量业务场景流程线上化管理，大幅提升了业务管理效率和风险控制水平，部分关键业务在数字员工的助力下竞争优势明显。从社会价值看，一方面，数字员工作为黏合剂可融合各种AI能力，实现人工智能对证券业务的赋能，加速行业从人力智力密集型向AI密集型运营快速转型；另一方面，客户服务及业务运营模式发生了深刻的变化，对提升上市公司治理水平有着积极的借鉴意义。

十、政府/城市数字化转型案例

（一）政府/城市数字化转型新趋势

百年未有之大变局下，中国正在走向新发展阶段，在新技术、新动能的加持下，迫切需要"城市数字化转型"驱动整体变革，以提升城市整体竞争力，更好适应国际国内新竞争环境的需要。随着改革的全面深化，改革从局部走向整体，进入深水区。2017年开始的政府数字化转型成效显著，进一步促进城市进入"城市数字化转型"新阶段。

"城市数字化转型"是指以业务价值提升为导向，以机制体制优化为保障，以技术创新应用为手段，最终提升城市面向未来的综合竞争力和城市发展新范式。"城市数字化转型"的本质是改革，这已经成为领先城市的共识，各城市相继推出相关政策规划并启动新一轮变革，间接推动"城市数字化转型"上升为国家战略。总体上，在"十四五"规划、国内国际双循环、高质量发展、创新驱动等背景下，本轮"城市数字化转型"面临三个诉求，期望利用数字化转型驱动生活、生产、治理方式的变革，最终实现城市的高质量发展、高效能治理、高品质生活。

（二）数字深圳

深圳是经济特区、粤港澳大湾区中心城市，2019年国务院批复建设的中国特色社会主义先行示范区。与此同时，深圳提出建设"国际一流"智慧城市，创建社会主义现代化强国的城市范例，数字深圳建设成为国内城市关注的焦点。2021年深圳市政府印发《深圳市人民政府关于加快智慧城市和数字政府建设的若干意见》，提出打造数字政府、数字经济和数字市民三位一体的数字深圳；到2025年打造具有深度学习能力的"鹏城智能体"，成为全球新型智慧城市标杆和"数字中国"城市典范。

虽然深圳在新型智慧城市和"数字政府"的规划建设上起步早，并取得了一定的成绩，但是与"国际一流"建设目标、实现高质量发展的要求相比，仍存在一定差距。亟待解决的重点问题主要有六个方面。一是体制机制问题。现有体制机制与"数字深圳"发展要求还不能完全适应，有体制无机制、有体制但机制不足以支撑体制等现象较为普遍，宏观上可行，但缺乏具体操作手段。二是业务优化问题。目前深圳尚未能全面实现跨部门、跨层级、跨区域的一体化业务协同，特别是行业性、领域性应用系统未横向联通，需对业务流程和业务系统进行整合优化，提升协同办公效率。三是数据共享问题。基础库与业务专题库未实现联动，"一数一源"数据确权机制尚未建立，"一数多源"数据校核机制尚未建立，数据完整性、一致性、时效性、可用性有待提升。四是全景应用问题。应用碎片化、场景碎片化现象较为突出，以对象为中心、以"办成一件事"为目标的全景式服务体系尚未建立，群众体验感和获得感亟待加强。五是能力提升问题。对现代信息技术给政府管理和服务带来的新变化主观上认识不足，对新技能的掌握客观上准备不够充分，普遍缺乏用新思维优化和重组业务流程的能力，智慧系统智能化程度不高。六是建设模式问题。信息系统在使用中需要迭代更新，但现有立项模式无法保障应用软件升级改造经费快速到位，亟须将应用系统升级改造费用纳入部门年度经费预算。

规划编制组在深圳政数局的带领下，对全市所有市级单位和12个区开展了全覆盖的书面调研，对全市29家重点单位进行了深入访谈，分批次与深圳市政务服务数据管理局各处室、深圳市电子政务资源中心、大数据资源管理中心、安全测评中心，以及区级政务服务数据管理局进行座谈交流，最终形成调研报告。

结合深圳定位和城市特色，确定数字深圳发展理念：

针对城市发展三大主体"政府、企业、市民"，聚焦"善政、兴业、惠民"，以"协同零障碍、数据零壁垒、服务零距离"为发展愿景，推进数字政府七大协同治理任务，撬动数字经济五大创新发展动能，优化数字市民五大智享生活服务，构建"以人为本、数据驱动"的新一代智能城市，使得大数据成为处理政府复杂治理问题的有效手段，数字政府有力引领数字经济、数字社会发展，为全国新型智慧城市和"数字政府"建设输出深圳样本。

以问题为导向，数字深圳总体架构明确数字深圳建设的五个核心原则。

1. 整体协同

全面梳理政府服务和管理事项，以主题式、场景式视角，打造一体联动的跨层级、跨地域、跨部门协同机制，优化和重构业务流程，提高协作效率，提升政府效能；推动多场景化的跨行业、跨业务的大平台及大系统建设，实现城市整体感知和应用融合。

2. 共享开放

强化开放合作意识，充分利用政务服务资源，开展多行业领域合作，实现跨界融合；优化营商环境，积极构建开放合作、协同发展的产业生态；完善数据治理和共享开放机制，推动数据在政府和社会之间有序流动和高效应用，实现城市数据价值最大化。

3. 精准主动

构建城市感知体系，强化大数据、人工智能等技术应用，全面感知城市状态，实现对城市运行态势精准预判和主动治理；借助个人画像和企业画像，精准识别服务对象需求，以最适合服务对象的方式提供最需要的服务内容，打造精准化、主动式服务典范。

4. 智能高效

加强智能化基础设施建设，促进数据融合应用，加强数据模型的快速构建和自动生成，有效提升辅助决策和管理效能，实现感知、汇聚、研判、决策、处置、反馈全链条智能化闭环管理，提升城市智能化水平。

5. 移动便捷

大力推进"互联网+政务服务"，打造"i深圳"品牌，融合政府、企业和社会组织提供的与市民生活相关的各类应用，充分利用"i深圳"App、微信公众号、小程序、政务微信等多元化移动端渠道，提供全城全域全时的政务服务、协同办公、交通出行、文化旅游等智慧服务。

打造"三横五纵"的"数字深圳"分层架构。"三横"包括应用服务、智能中枢和基础设施三个层次,"五纵"包括网络安全、标准规范、运营运维、政策制度和组织队伍五个保障体系。深圳提出了构建智能中枢、构建深圳城市智能生命体(鹏城智能体)的理念,并通过一系列架构设计,支撑鹏城智能体的实现。如下图所示:

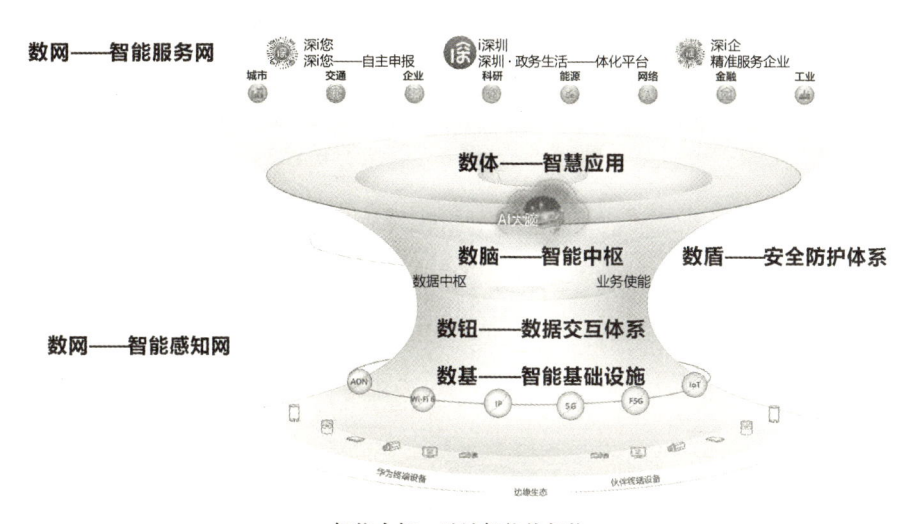

智能中枢:鹏城智能体架构

通过鹏城智能体的设计,高起点谋划中国特色社会主义先行示范区的智慧城市发展路径,让广大市民、企业都能享受无所不在、智能、高效、贴心的城市服务和管理体系,同时促进深圳特区的数字经济发展。

深圳确立多方协同的管理架构,建立从规划到执行的组织体系:

"数字深圳"建设是一项复杂的系统工程,需按照国家和省、市新型智慧城市和"数字政府"建设总体要求进行规划,对接行政主管部门,指导市区相关职能部门。通过建立市级部门间和各区相关部门间的工作协调机制,以及省、市、区高效协同联动机制,统筹开展"数字深圳"建设应用、管理运营和绩效考核,推进市区一体化协同创新。在推进"数字深圳"建设中,市政务服务数据管理局、市级部门、各区相关部门认真履责、协同推进。其中,市政务服务数据管理局是"数字深圳"建设的统筹部门，市级各部门是"数字深圳"主体责任单位和市区垂直应用牵头单位，各区政务服务数据管理局是本区"数字深圳"建设的统筹协调部门，社会力量是"数字深圳"建设的重要组成部分。

通过持续推进，今天在深圳，约95%的行政许可事项可实现"零跑动"；城市高峰期机动车通行速度提升10%；智慧机场出港航班准点率达90%，旅客平均等待时间缩短近40%；创新推出的"秒报秒批一体化"政务服务新模式，据推算每年可至少惠及10万人，节约办事成本近亿元。

第七章
未来预测与展望

企业制订战略,尤其是数字化转型战略的方向选择与新技术的应用密切相关,必须要考虑对未来的预测与展望。如何预测未来科学研究与商业愿景,洞察未来先进技术进展情况,以及面向未来智能世界2030的新的场景化需求与能力要求,是数字化转型战略制订的必要条件。

第一节　未来科学与商业愿景

面向未来，我们认为数字技术将以百倍的速度增长，数字化将促进人和社会加速发展。

在走向智能世界的路上，我们面临着巨大的挑战，一方面，幸福生活、高效工作、绿色环境还需要感知、连接和计算提升成百上千倍能力；另一方面，过去的几十年中相关科学与技术都没有大的突破，甚至已经接近瓶颈。例如通信领域的奈奎斯特采样定理和香农定律、计算领域的可计算性理论和冯·诺依曼架构、半导体领域的摩尔定律等。我们迫切希望有新的假设和愿景来牵引突破。

面向未来，大胆提出假设、大胆提出愿景，敢于打破既有理论与技术瓶颈的局限，才能大踏步前行。

一、未来已来，人类对未来的追求永无止境

企业数字化转型战略的规划、制订与选择，需要与未来发展相结合。人类追求未来的健康与幸福，通过运动健康管理、面向未来的药物与疫苗研究提升健康与幸福感；通过AI的普及与智能机器的使用，在服务、生产、运输、学习等各行各业实现智能管理与服务；结合绿色可持续发展的诉求，在能源变换、调度及储能技术方面获得可能的突破；同时，未来生活、学习的物理世界会与虚实融合的数字世界、数字孪生场景和真人全息的数字技术紧密结合。

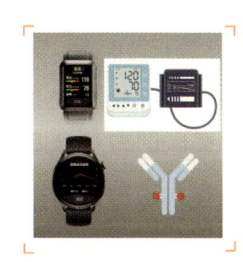

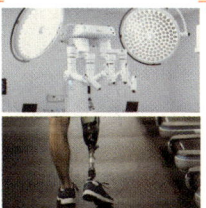

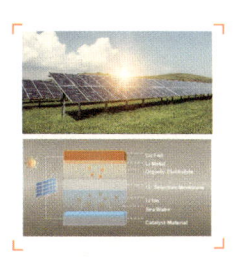

人的健康和幸福	AI的普及与智能的机器	绿色可持续发展	虚实融合的数字世界
运动健康，慢性病管理 药物和疫苗设计、筛选	穿戴式 机器作业	能源变换、调度 催化剂、储能	生活、学习 数字化孪生

未来已来，人类对未来的追求永无止境

二、面向未来的4个科学假设和商业愿景

（一）探索基础科学和前沿技术，拓展认知边界

未来物质的特性有可能通过计算预测出来，而不依靠漫长的试验来进行摸索。物理、化学、生物等领域的突破，将使我们能够更好地发明新分子、催化剂、蛋白质等材料和器件，以及新的装备和新工艺。例如采用USPEX计算方法，用100万核时的算力可以计算出小于200个原子组成的分子的主要特性。有了更好的计算和数字化手段，我们有望发现或者发明更好的催化剂、化学药品、生物药品与疫苗。

科学假设
探索基础科学和前沿技术
使我们能够更好地了解世界及规律

光 电 磁　　声 热 力

量子存储、"光子黑洞"　　光学声子与声学声子

商业愿景
发明新的分子、催化剂、蛋白质等材料和器件
新装备和新工艺

半导体器件　　　　　　　原子分子尺度
7 nm process Kirin 990　　　0D quantum dot, 1D nanowire,
One transistor ≈ 2.75B Si size　　2D TMDs, 3D DNA storage

纳米粒子　　超导　　化学药品、生物药品、疫苗

拓展认知的边界，物理、化学、生物……

第七章　未来预测与展望

（二）扩展感知世界、自身的能力，增强数字体验

未来感知能力的发展，将从接近人类感知到超越人类感知、从替代感知到扩展和创造感知、从人类感知到机器感知。

拓展对外部世界的感知，可以借鉴生物界进化出的特性。例如在视觉上，蜘蛛眼睛在物体轮廓和运动计算上远远超越了人眼，有利于快速精准捕获猎物，而自动驾驶汽车正好需要这种视觉感知能力。

此外，还可以增强对人体自身的感知和控制。像ECG、EEG、PPG等技术目前还没有系统、便捷、低成本地发展起来。对于人体八大子系统的实时度量感知，可借助新的传感器实时、无感知地测量血压、血糖、心电等重要的健康参数；我们可以发展新的神经系统脑机接口、肌机接口，更好地与机器协同，将来有可能用思考来交流和工作、用思考来开车和娱乐。

我们也可以发展虚实融合数字世界新的体验，例如3D显示和虚拟触觉，以帮助在数字世界中"看得真、摸得实"。

科学假设
扩展感知世界和感知自身的能力
从接近到超越人类感知、从替代感知到扩展感知、从人类感知到机器感知

商业愿景
感知和控制身体，交流&工作、开车&娱乐
建设虚实融合的数字世界

计算机视觉　自然语言处理　味觉传感器　嗅觉传感器　机器人　脑机接口
LOCOMOTOR NERVOUS HORMONAL

拓展感知极限，更好地了解世界和人类自身

（三）适应目标与环境的计算模式与高效实现方式

信息领域经过多年的积累，已经发展出了十几种广泛使用的计算模式，例如无线和光通信大量使用基于快速傅立叶变换的蝶形计算模式，路由器大量使用基于逻辑状态转移的有限状态机计算模式，AI目前大量使用

基于统计和相关的计算模式等。然而，计算模式仍有很大的发展空间。

在通信上：随着未来的通信系统不断走向高频、高速，我们将面临越来越多的非线性信道和非线性器件带来的问题；在AI上：随着应用的不断拓展，我们面临统计相关AI计算模式不可解释、不可调试的问题，同时还有很大的能效挑战；在科学计算上：矩阵复杂度需要进一步降低；在具体实现上，超级计算机往往要用巨大的能耗来实现大算力。

因此，计算模式可以发展适应性与高效性计算模式，创造新架构与新部件，而不受限于传统的可计算性理论及冯·诺依曼架构。

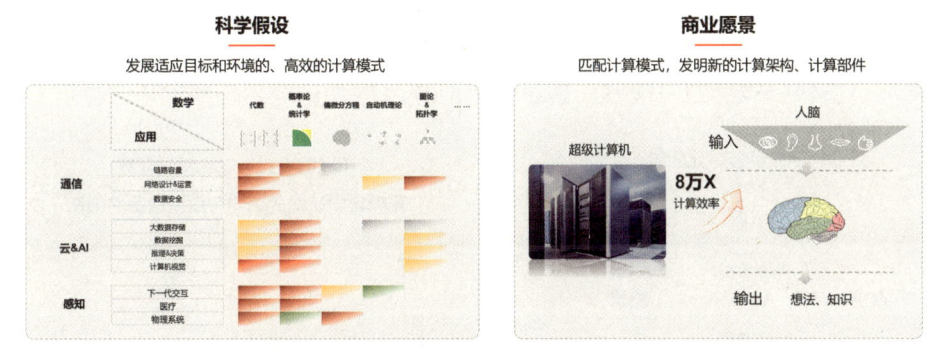

探索新的计算模式与实现方式，认知世界、解决问题

（四）突破香农定律的假设，在更大的时空中发展信息通信

将来的真人级全息通信需要接近2Tbps的带宽，以及1～5ms的时延；自动驾驶如果采用12个摄像头，每天可能产生高达4T字节的数据，目前的5G网络远远达不到这个容量。

对于这些挑战，也许存在解决的理论和技术手段。例如，在工程上，一个量子级联激光器可以同时产生几百个波长，实现上百T的流量。未来如果我们能做出高重频阿秒激光器，甚至可能产生百万T的流量。

科学假设

在有先验知识的世界假设和更大的时空中，
创造更强、更多的联接能力

商业愿景

跨越空间的障碍，建立全球直达的能力，
连接虚拟世界&现实世界、无处不在的机器

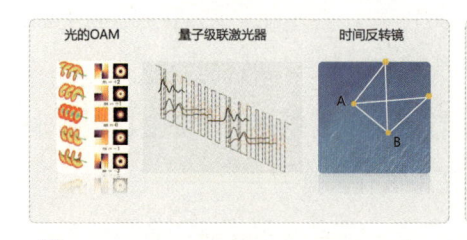

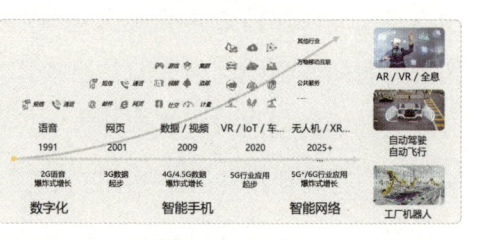

来源：
wikipedia Orbital angular momentum of light, CC BY-SA 3.0;
Wikipedia, Quantum cascade laser, CC BY-SA 3.0

突破香农定律的假设，在更大的时空中发展信息通信

这些技术如果能嫁接到无线和光领域，也许可以成千上万倍提升通信性能，从而跨越空间的障碍，连接虚拟与现实世界，以及无处不在的机器。

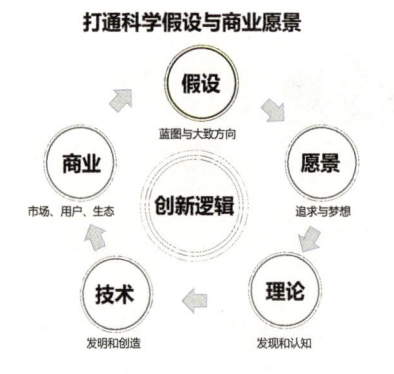

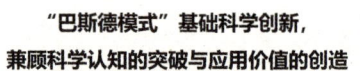

打通科学假设与商业愿景，创造知识与价值

为了打通科学假设与商业愿景，我们把创新分成前后相关的5个环节：从假设和愿景，到理论、技术和商业创新。越靠近后端商业、客户和用户的创新，效果就越明显；而越靠近前端假设、愿景和基础科学，就越需要耐心。

在基础科学研究上，除了以科学家兴趣驱动的"波尔象限"创新，还有以应用引发基础研究的"巴斯德象限"创新，既能拓展科学认知，也能创造应用价值。

三、面向未来的10个问题和挑战

面向未来，我们要敢于向前端基础研究寻求答案。围绕假设与愿景，聚焦"巴斯德象限"，提炼出面向未来可以重点考虑的2个基础科学问题，以及8个前沿技术挑战。

（一）2个基础科学问题

（1）机器如何认知世界，能不能建立适合机器理解世界的模型？

（2）如何理解人的生理学模型，尤其是人体8大子系统的运行机制，以及人的意图和智能？

（二）8个前沿技术挑战

在人机接口上如何发展新的感知和控制能力，例如脑机和肌机接口、3D显示，虚拟触觉、嗅觉、味觉等。

在健康上如何连续、无感知地测量人的血压、血糖和心率？能不能通过AI强人工智能帮助发明新的药品和疫苗？

在软件上如何发展以应用为中心，面向价值与体验的高效率自动化和智能化软件？

在通信上如何接近和扩展香农极限，实现区域级和全球级的高效、高性能连接？

在计算上如何发展适应性与高效率的计算模式，发展非冯·诺伊曼计算架构与非传统部件，发展可解释和可调试AI？

在材料上，如何通过AI帮助发明新的分子、催化剂和器件？

在制造上，如何发展出超越传统CMOS制造的技术，达到更低的成本、更高的效率？

在能源上，能不能发展出安全、高效的能源转换和储能，提供按需服务？

第二节　新技术趋势

随着社会进步和科技发展，传统理论和技术面临新的挑战。例如ICT技术发展遭遇瓶颈，香农定理面临理论天花板，摩尔定律遭遇工程天花板，冯·诺依曼架构也面临算力瓶颈……行业数字化转型加速，使得技术创新进入智能升级新阶段，需要基础理论突破和应用技术发明。展望未来，将会产生先进无线、先进储能、量子计算、量子通信、硅光子技术、DNA存储、原子制造……颠覆性技术。

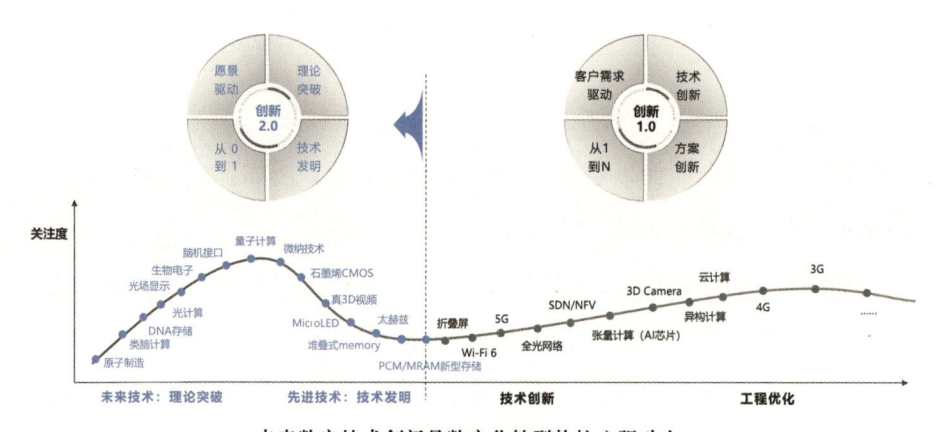

未来数字技术创新是数字化转型的核心驱动力

一、先进无线

先进无线能够提升百倍能力，空天地海万物互联，构筑智慧全连接竞争力，实现2C极致体验、2B极致效率、2S极致广度。

为探索全球先进无线技术解决方案的应用情况，了解疫情期间各方所持观点，2020年第4季度，德勤对来自9个国家（中国、印度、日本、英国、德国、荷兰、葡萄牙、巴西和澳大利亚）的多位网络高管进行了调研，这些高管均来自正在采用或计划采用5G或Wi-Fi 6技术的企业。结合2020年第1季度美国的一项针对来自此类企业的网络高管调研，德勤发布了《借助5G和Wi-Fi 6加速企业创新和转型》调研报告（Accelerating enterprise innovation and transformation with 5G and Wi-Fi 6）。

5G和Wi-Fi 6已被视为对于企业业务计划而言最重要的无线技术。网络技术高管深知先进无线技术对于企业在当前情况下取得商业成功，以及在后疫情时代实现繁荣发展至关重要，80%的受访者认为先进无线技术对他们的商业成功非常或极其重要。企业正在同步采用5G和Wi-Fi 6；98%的企业预计将在2~3年内同时应用这两种技术。

二、先进储能

先进储能实现智能终端可吸能、储能，在个人终端上实现高能快充，吸收环境能量。家庭用车下一代EV电池，让"一日任行"成为可能。工业储能成为先进电池制造商最新的竞技场。锂电池公司开始转型，创新电池公司志在必得。制造业巨头通用电气的钠盐电池抢先迈出了第一步。通用电气公司位于美国纽约斯克内克塔迪（Schenectady）生产钠盐电池的工厂在今年7月举行了盛大的开工仪式，正式进入了商业化规模的量产。此刻，他们正在为自己的第一位顾客——南非工程公司Megatron Federal赶制订单，这批电池将被装在尼日利亚的一些手机信号发射塔上。

制造钠离子电池的创新公司——阿奎昂能源公司（Aquion Energy）在3月宣布该公司的电池已经研制成功，首个工厂将在2013年投产。麻省理工学院教授唐纳德·山德维（Donald Sadoway）的"液态金属电池"公司（Liquid Metal Battery）也获得了来自包括比尔·盖茨等在内的1500万美元投资。这两家新兴公司都以突破性的、新一代电池技术为核心竞争力，并因在大规模电力储能方面的应用潜力被普遍看好。

同时，以A123系统公司（A123 Systems，以下称A123公司）为代表的一大批昔日的明星企业——锂电池公司们，正在努力开发大规模电力储能业务，希图借此熬到电动车市场快速增长的美好未来。A123公司宣布申请破产保护，江森自控（Johnson Controls）将收购其汽车电池业务，而A123公司继续在电网和后备电力电池领域开展业务。

三、量子计算

量子计算，通过计算速度指数级加速，解决大规模计算科学难题。量子优化快速找到复杂系统最优解，可用于大规模交通调度、物流调度等。量子模拟在分子层面上模拟物理、化学特性，发现新材料，挖掘物质新特性。量子人工智能并行求解大规模线性方程组，指数级加速AI计算。量子模拟探索量子物理学中超出传统计算系统能力的特定问题。模拟复杂的量子现象可能是量子计算的重要应用之一。

四、量子通信

（一）量子通信技术发展趋势概析

量子物理学在向我们展现量子计算巨大威力的同时，也为我们提供了无条件安全的保密通信方式——量子通信。量子通信是利用量子叠加态和纠缠效应进行信息传递的新型通信方式，基于量子力学中的不确定性、测量坍缩和不可克隆三大原理，提供了无法被窃听及计算破解的绝对安全性保证，主要分为量子隐形传态和量子密钥分发两种。

量子隐形传态基于量子纠缠对分发与贝尔态联合测量，实现量子态的信息传输，其中量子态信息的测量和确定仍需要现有通信技术的辅助。量子隐形传态中的纠缠对制备、分发和测量等关键技术有待突破，目前处于理论研究和实验探索阶段，距离实用化尚有较大差距。

量子密钥分发，也称量子密码，借助量子叠加态的传输测量实现通信双方安全的量子密钥共享，再通过一次一密的对称加密体制，即通信双方均使用与明文等长的密码进行逐比特加解密操作，实现无条件安全的保密通信。经过近30年的发展，量子密钥分发从理论协议到器件系统初步成熟，目前已有小规模的试点应用和初步产业化趋势。以量子密钥分发为基础的量子保密通信成为未来保障网络信息安全的一种非常有潜力的技术手段，是量子通信领域理论和应用研究的热点。

国内外实验室研究和现场试验结果表明，目前量子通信理论和实现方法研究已取得突破性进展，量子通信技术已初步成熟。我国在量子通信技术方面整体上并不落后，在理论和实验两方面均走在了世界前列，在有些方面甚至处于世界领先地位。我国政府和相关管理部门对发展自主量子科学技术十分重视，为量子通信技术基础和工程化研究提供了有力的政策和财政支持。以上为我们加快实用化量子通信技术研究，占领信息技术前沿领域制高点，实现通信装备的跨越发展提供了千载难逢的历史机遇。

理想的量子通信系统模型与经典的通信系统模型一样，由信源、变换器、信道、反变换器、信宿组成。变换器将经典信息转化为量子信息，在量子信道中进行传递，反变换器将接收到的量子信息还原为经典信息。

理想的量子通信与传统通信方式相比，有两个突出的特点。一是与生俱来的安全特性。无法在不破坏或不改变量子态的情况下通过测量确定得到量子状态。因此，在量子信道上传送的信息不可能不为所知地被窃听、被截获、被复制。通常被称为无条件安全性、被严格证明的安全性或绝对安全性。二是无障传输信息的能力。量子纠缠态，相互纠缠的两个粒子无论被分离多远，一个粒子状态的变化都会立即使得另一个粒子状态发生相应变化的现象。利用量子纠缠态进行量子态隐形传输是间接传输技术，具有极好的实现无障碍通信的能力。

但是，理想的量子通信信道目前仍难以实现。对单光子通信而言，单光子源、量子态的控制、量子测量等技术还没有完全成熟，单光子信道在工程上难以完美实现，不能保证量子信道在不被察觉的情况下不被窃听。例如，窃听者对采用弱相干光源的量子通信系统进行光子数分离攻击（Photon-Number-Splitting Attack），即对于非单光子情况，窃听者截取携带有相同信息光子群中的部分光子，对于单光子情况则不进行操作。采取这样的攻击方式，在传输距离较长时（例如10km量级），窃听者的窃听行动所带来的扰动将会被环境扰动所湮灭，即通信者无法察觉信道被窃听，通信不安全。对纠缠态通信而言，纠缠对的产生、传送和保存技术还没有完全被攻克，基于纠缠的量子隐形传态方式仍处在实验室阶段。

（二）量子通信应用前景展望

由于量子通信具有突出的优点，其应用前景极为广阔。目前，基于光纤信道的量子通信技术在研究方面已趋于成熟，设想其现实应用可以有以下几种。

1. 应用一：城域通信密钥生成与分发系统

通过量子路由器互联，可以在任意两个量子密码机间生成共享的量子密码，供各类通信保密机（成对）使用，可以用于逐比特实时加密，也可以非实时使用。

2. 应用二：城域严格安全通信专网

在城域量子密钥生成与分发系统的支撑下，在城域网范围内，任意两用户之间可以实现量子密钥逐比特加密通信，从而构成具有严格安全性能的通信网络。

3. 应用三：广域高安全等级通信网络

由于目前量子传输信道长度有限，还不能直接构建广域量子通信网。但是，可以通过分段采用量子密钥逐比特实时加密的形式，构成较经典网络具有更高安全等级的广域通信网。其缺点是做不到全程端到端加密，在节点加密信息需要落地，存在安全隐患。

随着基于自由空间光信道量子通信技术的成熟，通过建立天基平台，可以扩大覆盖范围，延伸量子信道传输距离。如果量子存储和量子中继技术得以突破，将进一步延伸量子信道传输距离，拓展其应用范围。展望未来的量子通信将有以下应用方式：广域通信密钥生成与分发系统、广域严格安全通信专网、区域机动严格安全通信专网、对潜安全通信系统。

由于量子密钥分发系统在协议原理、组网方式、器件性能和现实安全性等方面存在局限，商用化系统的安全密钥速率仅为10kbit/s量级，现网传输距离100km左右，实验报道的最高密钥速率为2Mbit/s量级（约40km传输距离时），光纤传输距离最长达200km（约1kbit/s密钥速率时）。量子密钥分发目前主要面向城域范围的语音加密应用，随着协议、器件和系统技术的发展与改进，有望提高密钥速率和传输距离，逐步扩展到干线高速传输的加密应用。

量子通信的试点应用催生了一批由科研机构孵化的科技产业实体。其中具有代表性的包括美国MagiQ公司和瑞士IDQ公司等，能够提供初步商用化的量子密钥分发系统器件、终端设备和整体应用解决方案。在国内，国家对于量子通信的专项投入和政策扶持为其快速发展注入了强劲动力，中科大在量子通信产业化方面表现突出，合作建立了安徽量子通信技术有限公司、安徽问天量子科技股份有限公司和山东量子科学技术研究院有限公司，进行量子保密通信前沿研究成果向应用技术和商用化产品的转化。

五、硅光子技术

（一）硅光子技术发展趋势概析

微电子技术按照"摩尔定律"飞速发展已有 50 多年了，但随着器件的特征尺寸减小到十几个纳米以下，微电子产业能否再依照"摩尔定律"前进已面临挑战。一方面，器件的速度、功耗和散热已经成为制约微电子技术发展的瓶颈。另一方面，基于计算机与通信网络化的信息技术也希望其功能器件和系统具有更快的处理速度、更大的数据存储容量和更高的传输速率。仅仅利用电子作为信息载体的硅集成电路技术已经难以满足上述要求。因此，应用"硅基光电子技术"，将微电子和光电子在硅基平台上结合起来，充分发挥微电子先进成熟的工艺技术，大规模集成带来的低廉价格，以及光子器件与系统所特有的极高带宽、超快传输速率、高抗干扰性等优势，已经成为信息技术发展的必然和业界的普遍共识。

硅光子是一种基于硅光子学的低成本、高速的光通信技术，用激光束代替电子信号传输数据，将光学与电子元件组合至一个独立的微芯片中以提升路由器和交换机线卡之间芯片与芯片之间的连接速度。硅光子技术是基于硅和硅基衬底材料（如 SiGe/Si、SOI 等），利用现有 CMOS 工艺进行光器件开发和集成的新一代技术，结合了集成电路技术的超大规模、超高精度制造的特性和光子技术超高速率、超低功耗的优势，是应对摩尔定律失效的颠覆性技术。这种组合得力于半导体晶圆制造的可扩展性，因而能够降低成本。硅光子架构主要由硅基激光器、硅基光电集成芯片、主动光学组件和光纤封装构成，使用该技术的芯片，电流从计算核心流出，到转换模块通过光电效应转换为光信号发射到电路板上铺设的超细光纤，到另一块芯片后再转换为电信号。

与传统光模块相比，硅光技术是基于硅和硅基底衬材料，将信息吞吐所需的各种光子、电子、光电子器件，包含光源、探测器、光波导、调制器等全部都集成在硅光芯片上，从而满足光模块低能耗、低成本、高性能、小体积的市场需求，其具体优势如下：

（1）能耗少，成本低；

（2）集成强，整合易；

（3）带宽大，速度快。

根据Intel的硅光子产业发展规划，硅光器件每秒峰值速度或将较传统光电子器件提升64倍，能耗及成本方面降低98%。

硅光电子学包括硅基光子材料、硅基光子器件和硅基光子集成三个主要方面。硅基光子材料包括硅基纳米发光材料、硅基光子晶体，硅基光子器件包括硅基发光二极管、硅基激光器、硅基光探测器、硅基光调制器，硅基光子集成包括光电混合集成和单片集成。

（二）硅光子业务发展趋势概析

近年来，在硅晶圆上实现光传输的"硅光子"技术，使各种光传输元件的大部分都可以通过CMOS技术集成到硅芯片上，其实用化和研发的推进速度都超过了预期，"硅光子"已经进入全面普及阶段。

硅光器件市场由美国占据主导，2018年TOP3分别为Acacia、Intel和Luxtera，其中Luxtera和Acacia分别在2018年和2019年被思科收购；SiPh目前主要在数据中心和长距（相干光模块）传输领域应用，数据中心发展最快，2022年市场占比将达到70%。

整个硅光子的产业链正在逐步形成，IDM+Fabless+Foundry模式并存。硅光技术的高度集成特性在对尺寸更加敏感的消费领域存在更大需求，在消费电子、智能驾驶、量子通信等领域有很大的发展空间。

六、DNA存储

DNA存储突破数据存储极限，相对磁带容量提升万倍至百万倍。1克

DNA可存储百PB数据，数据保存时间可能长达数千年……DNA的数据存储密度远远高于如今已知的任何其他存储技术，重量不到一块方糖的DNA可存储世界上所有的电影，一辆两座厢式货车大小的DNA可容纳世界上产生的所有数据。

DNA存储的应用随着微软等商业公司的加入，正从实验室走向商用。DNA要真正商用，还需要克服性能和成本问题。从性能上看，DNA存储在编写、保存和读取方面，密度是最高的，1克DNA可存ZB级数据；但读取速度和编写速度目前还比较慢，尤其是编写速度，是通过人工合成DNA的方式，200MB数据需要几天时间写完。读取速度要快一些，高通量读写，时长需要进一步提高；成本方面，读百万碱基只需0.1s，写百万碱基只需10s。好消息是这些成本和性能问题近些年正快速改善，我们应该时刻保持对DNA存储的观察。

微软正在尝试用DNA取代数据中心。该公司和华盛顿大学的研究人员已成功实现了将数字信息转换为DNA，再将DNA中的信息转换成数字信息的自动化过程。他们现在拥有了第一个完整的端到端自动化DNA存储设备。虽然还有改进的余地，但微软希望这种概念验证能够推动DNA存储技术的发展。在第一次运行中，这台价值1万美元的原型机将"HELLO"转换为DNA。该设备首先将位（1和0）编码为DNA序列（A、C、T、G），然后合成DNA并将其作为液体储存。接下来，用DNA测序仪读取储存的DNA，最后，解码软件将序列转换回位。5字节的消息需要21个小时来回转换，但研究人员已经确定了一种方法，可以将所需的时间缩短10到12个小时。他们还提出了一些方法，可以将成本降低数千美元。

在核苷酸形式中，"HELLO"产生约1mg DNA，仅保留4微克用于保存序列。按照这个速度，存储在仓库大小的数据中心的所有信息都可以放入几个标准尺寸的骰子中。一旦技术完善，它可以存储的数据比我们目前能够存储的要大得多。正如微软指出的那样，一些DNA在巨大的象牙和早期人类的骨骼中已经保存了数万年。这就是为什么微软和其他科技公司正在将DNA作为解决数据存储问题的方法。DNA存储并不新鲜，但这次的新颖之处在于该系统是完全自动化的。然而，在商业上取得成功之前，还需要降低合成DNA和提取信息的成本，换句话说，我们需要一种经济高效地合成DNA的方法。

七、原子制造

通过原子制造，突破摩尔定律极限。今天，"宏观制造"的加工精度达到"微观水平（纳米）"，已经遇到瓶颈。未来，"原子到产品"，从单个原子开始，直接将其装配成纳米结构，然后，再将这些纳米结构组装成更大的微器件。

制造技术的不断迭代发展带来了器件性能的飞跃，也推动着人类技术的进步。伴随着器件特征尺寸的不断缩小，制造技术先后经历了宏观制造、介观制造、微观制造和纳米制造等多个阶段，当前最具代表性的半导体工艺，已经从微米尺度走到最前沿的 3 nm 左右，并进一步向更小的尺度迈进。因此，制造技术进入到原子尺度已不再是遥不可及的梦想，而成为现在科技界研究前沿的现实对象。

然而，在原子尺度下，常规制造技术在材料、结构和器件的制造过程中遇到了原理性和系统性的瓶颈和壁垒，这种制造精度的提升将不再是线性微缩，而是从经典行为到量子行为的跨越，势必孕育出颠覆性的新材料、新器件和新原理。

例如，有限原子数的小团簇会呈现与块体截然不同的结构和物理性质，甚至产生类似高温超导的"能隙"；超导基底上的铁磁原子线会形成马约拉纳费米子器件，是拓扑量子计算的载体；二维原子晶体材料家族中，石墨烯的费米速度比块材石墨高上千倍，扭角石墨烯则可以形成奇特的莫特绝缘体态，单层的二硫化钼具有比块材高10万倍的二阶非线性光学系数；

原子精确操控的晶体管有可能形成相干的高质量量子点阵列，也有可能成为具有选择性的极限单分子灵敏度的气体传感器，等等。因此，单原子层次上的功能器件设计与制造—原子制造，迅速成为当前科学、技术和产业界共同关注的前沿研究热点。

原子制造是采用"自下而上"的变革性技术路线，原子水平的高效制造工艺，是精细制造技术发展的必然趋势，也是物质科学的终极梦想之一。我们希望从原子这一常规物质世界的底层，通过对单原子的精细操控，制备新型原子材料，构筑新器件，并制作出新系统，为解决"未来制造"提供一条从基础研究出发的新路线。

第三节　未来智能世界2030

一、未来已来，智能世界未来展望将极大影响企业数字化转型战略

科技的发展速度远远超越我们的想象。以5G、云、AI为代表的数字技术不断突破边界，实现跨越式发展。技术的创新正从单一学科到跨学科交叉，从单点技术到跨技术协同，从垂直行业到跨行业融合，数字化、智能化的未来正在加速到来。未来智能世界中的数字手印，将会深度融合生物特征与数字信息，这将让我们对未来的智能世界充满想象。

到2030年，全球联接总量将突破2000亿，与此同时，企业网络接入、家庭宽带接入、个人无线接入突破万兆，迎来一个万兆联接的时代。人类将进入YB数据时代，全球通用计算算力将达到3.3ZFLOPS（FP32），AI计算、算力将超过105 ZFLOPS（FP16），增长500倍。

每一个企业、城市、国家，都必须紧跟数字技术的发展，结合未来的技术创新与场景进步，制订有利于企业发展、城市发展与国家进步的战略方向。所以，预测未来技术方向与场景对企业决策者和战略制订者至关重

要。甚至可以说，我们的想象力决定了我们的未来能走多远，行动力决定了我们到达未来的速度有多快。预测未来最好的方式就是创造未来。展望未来，才能制订好现在的数字化转型战略。面向智能世界2030的美好图景，我们相信智能世界拥有无限可能，需要各行各业持续协作，不断探索，共创美好未来。

二、智能世界2030的八大展望

2030年，人类希望活得更有质量，食物更充足、居住的空间可拓展、上班的路上不用担心拥堵；生活在宜居的城市，享有可再生能源，把重复的、危险的工作交给机器，安全放心地享用数字服务等。围绕这些需求，我们提出了八个维度的展望，下面我将分享每个普通人的"医、食、住、行"会有哪些变化。

在健康方面，到2030年，通过对公共卫生和医疗健康数据的建模计算，我们将能实现主动预防，从"治已病"到"治未病"；借助物联网、AI等技术，让未来的治疗方案不再千篇一律。

在饮食方面，到2030年，利用类似"垂直农场"的新种植模式，帮助我们通过数据打造不受气候变化和自然地理环境影响、可全球复制的智能农业形态，普惠绿色饮食；通过3D打印，还可以获得符合个人健康需求且口感最佳的人造肉。

在居住环境方面，到2030年，我们有可能在零碳建筑中工作和生活，基于下一代物联网操作系统，实现居家和办公环境的自适应，打造新的交互体验，让人们拥有"懂你"的空间。

在出行体验方面，到2030年，有了自动驾驶技术的新能源汽车，能让我们拥有专属的移动第三空间；新型的载人飞行器不但能提升紧急救援效率，降低救急医疗物资的输送成本，甚至还能改变我们的通勤方式。

除了日常的"医、食、住、行",我们还探索了城市、能源、企业和数字可信的未来,期待和每个人、每个家庭、每个组织一起翻开2030,探索无限可能。

对未来的预测,"医、食、住、行"是人类最根本的需求,而企业存在的核心价值就是满足客户需求。所以,未来预测与企业的战略发展紧密相关,从联接百亿人到联接千亿物,我们认为通信网络2030将具备六大特征:立体超宽、确定性体验、智能原生、通信感知融合、安全可信和绿色低碳。

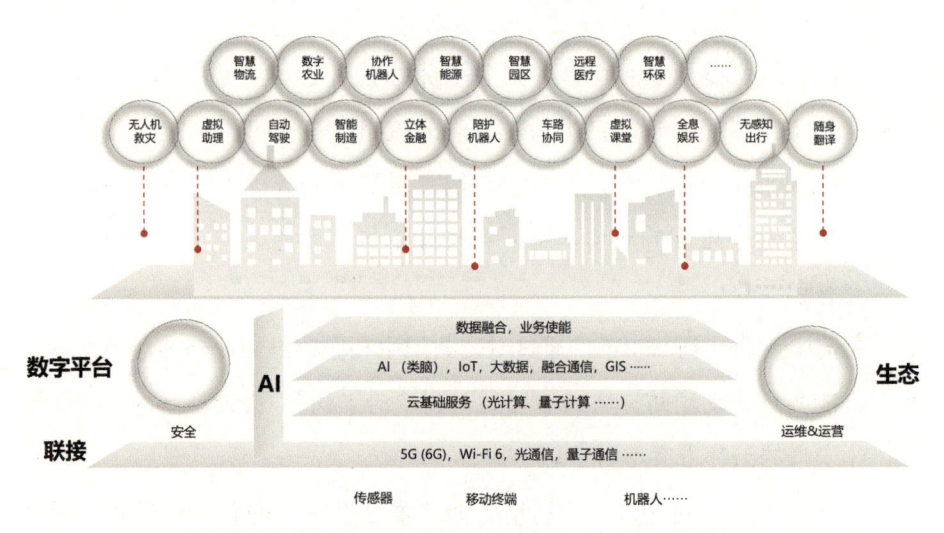

引领数字技术创新,打造数字平台云底座,共创智能世界2030

未来10年,我们乐观地判断全球联接数将达到2000亿,人均无线蜂窝网络流量将超过600GB,增长40倍,XR的用户数将超过10亿,包括个人、家庭、组织,物理世界与虚拟世界的交互将达到一个全新的高度,超现实的体验将无处不在。

10年前人类进入ZB数据时代,移动互联网、云计算、大数据刚刚起步,现在已经深刻地改变了人类社会,计算发挥着前所未有的重要作用。

今天,一部智能手机的算力,已经远远超过了当年阿波罗登月时主控计算机的算力。我们预测到2030年,人类将进入YB数据时代,全球通用计算算力将达到3.3 ZFLOPS，AI算力将超过105 ZFLOPS，增长500倍。

数字世界和物理世界无缝融合，人与机器实现感知、情感的交互；AI无所不及，帮助人类获得超越自我的思想力与行动力，成为科学家的显微镜与望远镜，让我们的认知从微小的夸克跨越到广袤的宇宙，千行万业从数字化走向智能化。

未来计算将面临物理极限的挑战，既要从软件、架构和系统层面创新，更要产业界共同探索新的计算基础，突破半导体物理层极限，构建智能、绿色、安全的未来计算。

未来10年，我们将进入数字能源时代，全面推进低碳化、电气化、智能化转型。解绑化石能源依赖，全面进行能源结构变革，是推进碳中和进程、应对气候危机最关键的举措之一。光伏、风电等新型可再生能源已经进入商业化拐点，电力电子技术和数字化技术正深度融合，形成一朵"能源云"，实现整个能源系统的"比特管理瓦特"。

预计到2030年，在能源生产侧，风光新能源成为主力电源之一，可再生能源占全球发电总量比例50%，其中光伏度电成本将低至0.01美元，装机超过3000GW；在能源消费侧，终端电气化率将超过30%，电动汽车占新车销量的比例将超过50%，保有量超过1.5亿辆，超过80%的数字基础设施将采用绿能供电。

华为将致力于与全球志同道合者共同推动低碳化、电气化、智能化的数字能源变革，共建绿色美好未来。

电动化+智能化的大潮已经不可阻挡，ICT与汽车产业的融合成为趋势。预计到2030年，中国自动驾驶新车渗透率将>20%；车载算力将整体将超过5000TOPS；车载单链路传输能力将超过100Gbps。抓住智能化趋势，产业将迎来智能驾驶、智慧空间、智慧服务和智能生产的大发展，华为希望以自身的ICT技术赋能产业智能化，帮助车企造好车。

10年前的选择决定了现在，下一个10年的未来，又取决于我们今天的选择。这个未来将影响每个人的"医、食、住、行"、每个企业的生产与效率、每个城市的建设与运营、每个国家的发展与未来。

智能世界 2030：信息流孕育万物

最强的智是众智，最大的力是合力，科学技术依赖的思想的力量是世界进步的根本驱动。共同迈向智能世界2030，企业、城市与国家需要提前谋局规划，才能在未来立于不败之地。